本书是2015年国家社会科学基金教育学一般课题“PLC视域下教师专业发展研究”（BDA150021）的研究成果

TOWARD COOPERATION
Reflection and Reconstruction of Teachers' Professional Development from the Perspective of PLC

走向合作

PLC视域下教师专业发展的反思与重构

杜　静　王晓芳　等◎著

科学出版社
北京

内容简介

PLC视域下教师专业发展是基于生态取向的教师专业发展思想，其目的在于构建一种自然的合作文化。以PLC的理论视域审视教师专业发展，它赋予了教师合作新的发展理念和路径。本书采用理论研究与实践相结合的形式，基于PLC理论反思了我国教师合作的现状与困境，阐述了教师专业发展的理论基础和应然追求，介绍了英美两国基于PLC促进教师专业发展的具体案例，从原则、形态拓展等方面指出了我国特色PLC的构建策略和教师专业发展的建构基模。

本书可以供从事教师教育研究的专业人员和业余爱好者参考使用。

图书在版编目(CIP)数据

走向合作：PLC视域下教师专业发展的反思与重构 / 杜静等著. —北京：科学出版社，2019.12

ISBN 978-7-03-063935-6

Ⅰ. ①走…　Ⅱ. ①杜…　Ⅲ. ①师资培养－研究　Ⅳ. ①G451.2

中国版本图书馆CIP数据核字（2019）第288895号

责任编辑：崔文燕　张春贺 / 责任校对：贾伟娟
责任印制：李　彤 / 封面设计：润一文化
联系电话：010-64033934 / E-mail：edu_psy@mail.sciencep.com

科学出版社 出版
北京东黄城根北街16号
邮政编码：100717
http://www.sciencep.com
北京虎彩文化传播有限公司 印刷
科学出版社发行　各地新华书店经销
*
2019年12月第　一　版　开本：720×1000　B5
2019年12月第一次印刷　印张：17
字数：350 000
定价：99.00元
（如有印装质量问题，我社负责调换）

作者简介

杜 静

1964年8月出生，河南省许昌市人。河南大学党委研究生工作部部长、教授、博士研究生导师，河南省“四个一批”人才，河南省优秀专家，河南大学教师教育学科带头人，中小学校长国家级培训专家，河南教师教育研究中心兼职研究员。

在《教育研究》《比较教育研究》《课程·教材·教法》等刊物上发表论文30多篇，主持国家社会科学基金教育学一般项目3项，主持和参与国家级或省部级课题多项，获河南省教师教育教学成果一等奖2项。“教师专业发展”课程获“教师教育国家级精品资源共享课”。专著《历史与现实的追问：英国教师在职教育的发展与动因研究》获河南省社会科学优秀成果奖一等奖、第六届全国高等学校科学研究优秀成果奖三等奖。

目 录

第一部分

呈现与批判：PLC视域下对我国教师合作的反思

单个的人是软弱无力的，就像漂流的鲁滨孙一样，只有同别人在一起，他才能完成许多事业。

——叔本华（Arthur Schopenhauer）

俗语言："单丝不成线，独木不成林。"《礼记·学记》曰："独学而无友，则孤陋而寡闻。"教师专业学习共同体（professional learning community，PLC）是教师专业发展的重要途径和方式，教师的专业发展离不开彼此的合作。富兰（M. Fullan）认为，"个人的力量与有效的协作相结合将变得更为巨大"①。世界范围内不同国家或地区的教师专业标准，都将"合作"作为教师应该具备的专业品质之一，如英国的"团队合作"、美国（全国专业教学标准委员会）的"学习共同体"、澳大利亚的"与同事、家长和社区建立专业关系"等。2012 年，我国教育部颁布《小学教师专业标准（试行）》和《中学教师专业标准（试行）》，将"沟通与合作"作为衡量教师专业能力的一项标准，要求教师要与同事加强合作交流，分享经验，共同发展。虽然教师合作小组、教研组、研学组等在教育实践中并不是新事物，且已有所发展，教师之间相互帮助的现象在我国也相当普遍，但用 PLC 的视角审视我国教师合作的现状，笔者发现仍有不少问题亟待正视、研究和解决。

20 世纪 80 年代，将社会学概念"共同体"（community）引入教育是教师专业发展的一次有效探索，这源自当时世界范围内学校改革带来的对学校组织形式的重新认识。哈格里夫斯（A. Hargreaves）指出，在教师教育领域，教师专业发展具有三种取向：理智取向、实践–反思取向和生态取向。其中第三种取向——生态取向不仅关注个体层面，更重视学校中的群体、组织、脉络等层面，它关注的是整个教师群体发展的生态转变。这恰为共同体在教育中的落地生根奠定了理论基础。1997 年，美国西南教育发展中心首次对 PLC 进行描述，随后美国学者克鲁斯（S. Kruse）等将教师专业发展与共同体理论相结合，提出 PLC 促进教师专业发展的分析框架。在我国，自 1982 年起"教师共同体"的概念开始见诸期刊，但在发表于《人民教育》的《南斯拉夫评选"最亲爱的教师"》一文中，"教师共同体"的概念是基于集体主义和国家主义的立场提出的，和今天"教师共同体"的内涵大相径庭。

然而，实践中教师的专业生活却表现出较为明显的个人孤立倾向，教师在日常的教学活动中缺乏与其他教师以及教师群体的沟通和交流，学校中普遍存在专业孤立、个人主义、技术心态及专业意识模糊等现象，这势必会影响教师的专业成长。基于此，教师专业发展的研究重点开始逐渐从教师个体的专业化转向教师 PLC，这种转变对于作为合作的组织者和实施者的教师来说提出了较高的要求：教师要改变

① 迈克·富兰. 变革的力量：透视教育改革[M]. 中央教育科学研究所，加拿大多伦多国际学院译. 北京：教育科学出版社，2000：25.

自身孤立的状态，就要以开放的心态加强彼此之间的合作，互相学习，共同发展。

不难看出，从20世纪初，合作的重要性受到教师教育研究领域的重视，世界范围内的专家学者开始对这一理念进行积极的研究与实践。共同学习、民主管理、教师协作、同伴互助、校际合作、虚拟合作等形式迅速在以学校为本的教师专业发展路径中得到实施和拓展。英国提倡将校际合作、建立教师合作伙伴关系作为促进教师专业发展的途径和方式。美国的“教师专业发展学校”强调中小学与大学之间建立合作关系，互相分享知识和实践经验。高校为中小学提供理论支持，帮助其解决困惑和难题，并获取较为丰富的实践资源；中小学则依赖高校专家的指导，解决实践中遇到的问题，以此实现高校教师和中小学教师的相互支持、共同学习和发展。随着教师合作的发展，教师教育研究领域逐步出现了更高要求和更深内涵的专业发展形式——教师PLC。教师之间的有效合作是教师PLC研究的核心问题，也是促进教师专业发展的关键所在。那么从PLC视角关注教师合作，我国的教师合作现状如何？存在哪些问题？从文化视角探究这些问题存在的原因是什么？如何通过PLC视角再次审视和促进教师合作？这一系列问题都值得思考。

第一章 我国教师合作的现状与问题

一、我国教师合作的现状

教师合作是教师为了改善学校教育实践，以自愿、平等的方式就共同感兴趣的问题共同探讨解决的办法，从而形成的一种批判性互动关系①。教师合作应该是一种自然而然状态下的教师行为，是在日常生活中自然而然地生成的一种相互开放、信赖、支援性的同事关系。在这种环境氛围中，教师对于教育教学上的失败和不确定性不再采取防卫性态度，而是相互援助，相互讨论；同事间的追求在教育价值上具有广泛的一致性，但对个别的不一致也应保持宽容态度。

受集体主义教育的影响，我国在教师发展中强调集体学习、教师协作、互助和支持等理念，有较为适宜教师合作发展的文化土壤和教育环境，长期以来积累了丰富的教师合作经验，特别是教研组制度经过几十年的探索和实践，发展出了更多形式的教师合作活动。如今教师合作已经成为推动教师专业发展的重要途径，并得到了实质性的发展。

（一）我国的教师合作更多地表现为一种教育行政行为

合作是出于教师自愿的，是建立在平等的基础之上的。应然的合作应以平等协商为前提，强调资源的互惠，关注实践中的反思，以及在合作中的融合、竞争和冲突，注重教师 PLC 的建构②。然而，回顾我国已有的教师合作，一部分属于人为的合作，另一部分则属于自发的合作，但是在实际实施的过程中，人为的合作要远远多于自发的合作。这种人为的合作背后体现的是一种教育行政行为。以教研组为例，这种合作的形式是“某一学科教学研究组织”，于 1952 年因效仿苏联而被引入我国。1957 年 1 月，教育部颁布《中学教学研究组工作条例（草案）》（简称《草案》），

① 饶从满，张贵新. 教师合作：教师发展的一个重要路径[J]. 教师教育研究，2007，(1)：12-16.

② 杜静，王晓芳. 论基于社会互动理论的教师合作[J]. 教育研究，2016，(11)：113-118.

对教研组的名称、任务、工作内容及组织问题作了原则性的规定[①]。同时，《草案》还对教研组工作内容作出了规定：学习有关中学教育的方法、政策和指示，研究教学大纲、教材和教学方法，结合教学工作钻研教育理论和专业科学知识，交流、总结教学和指导课外活动的经验。教研组组长由校长聘请有丰富教学经验并有一定威信的教师担任。这种制度是我国特殊历史条件下的产物，是在多数学校尚不具备成立学科教学研究组织条件的情况下形成的，它不只是教师进行教学研究的组织，更是为学校行政部门分担教师管理事务的组织[②]。受这一制度的影响，基于我国学校情境产生的教师合作，较大程度上带有教育行政行为的色彩，是在教育行政部门的规定和要求下产生的，是我国教师合作的主要形态。显然，人为合作的目的在于通过操纵教师工作和生活的环境，培育教师自下而上地解决问题的能力，这是教师合作的低级阶段。

（二）我国教师合作的形式呈现出多样化形态

我国已有的教师合作模式主要有资深教师辅导（mentoring）、同伴互助（peer coaching）、师徒结对、传帮带制度、合作反思、合作科研、合作叙事、集体备课制度、构建学习型组织（PLC、实践共同体、学习型教研组、学习型年级组、虚拟共同体、校际合作组织）等。教师合作的主体也呈现出多样化趋势，如由跨班级、跨年级的教师组成的教研组，大学和中小学等校际教师合作，虚拟世界中不同学校、年龄、年级和学科的教师之间的合作。合作的活动形式各异，具体来说，基于课堂教学的合作主要有集体备课、示范观摩、听课评课、同课异教、微格教学、案例分析等；基于同伴互助的合作主要有以老带新、结对互助、教研活动、专题沙龙、兴趣小组等；基于校际合作的合作主要有对口支教、影子培训、项目合作、基地活动、校际结对、区域联盟等。总的来说，我国的教师合作已经在学校和教师的集体智慧之下，拓展出了形式多样的活动形态。

以教研组及教研活动为模板拓展的合作是我国教师合作的主要形态。在一定历史时期和教师专业发展的一定阶段，我国中小学学科教研组在教师发展方面起到了不可替代的作用，促使教师集体备课制度产生，以帮助新入职教师快速地提升教学技能，并且拓展出了形式多样的教师专业发展活动。以教研组为模板，学校结合其变革和发展的内涵，拓展出了多种形态的教师合作形式，为教师合作学习、实践反思、自主发展等提供支持，培养其专业情感，巩固其专业信念，丰富其专业知识，提升其专业能力，最终实现教师个人的专业成长。随着对PLC理念的深入研究，用共同体的理论关注有中国本土特色的教研组制度，就会发现其中存在的问题，如

① 何东昌. 中华人民共和国重要教育文献（1945—1975）[Z]. 海口：海南出版社，2003：720.

② 陈桂生. “中国的教研组现象”平议[J]. 南通大学学报（教育科学版），2006，(4)：1-4.

教研组无法满足共享的决策权、组织的自发性等关键特征。因此，如何基于本国的文化土壤丰富 PLC 理论，并结合我国的学校教育实践，改革和重组我国 PLC（尤其是教研组）的教育生态，建设具有中国特色的教师 PLC 是目前改革的重要方向。

校际合作是一种问题解决式的、探究式的学习过程，包括中小学教师之间的合作以及中小学与大学教师之间的合作。不管是大学教师还是中小学教师，他们都是各自领域内的专家，彼此之间的合作是基于 PLC 的，它扩大了教师的互动范围，扩展了教师的学习情境，是校内教师合作在空间上的延伸，这为教师提供了丰富而多样的学习机会和资源，既有利于解决各个学校存在的共同问题，又有利于实现专家与一线教师之间的互动和交流。我国校际合作型的教师专业发展形式主要是教师发展学校，它是以中小学为基地，由大学或教育科研机构和中小学合作建立的旨在促进教师专业发展的教学研究共同体，它打破了我国大学与中小学相对封闭、职前教育和在职教育相互脱离的状态，以构建教师专业发展一体化模式，并促进教师专业发展。2001 年，首都师范大学教育科学学院启动了中国首批大学与中小学校际合作的教师发展学校建设，其后，我国一些教育发达地区相继建立了教师发展学校，并积累了一定经验。但由于校际合作的理论来自西方教育理论，其本土化理论研究和相关运行机制尚未成熟。总体而言，教师发展学校在我国尚处于探索尝试阶段，还存在着一系列突出的问题，如在大学及中小学校重视程度较低、缺乏资金和制度支持、合作双方地位不平等、共享机制匮乏等。

此外，网络虚拟合作也逐渐得到学校教育的重视，教师基于网络的合作是将其合作的地点延伸到虚拟空间，合作不再受地域和条件的制约。随时随地的交流增加了合作的机会，拓宽了教师共同学习和实践的深度与广度。可以说，在实践形态上，教师合作的形式多种多样，且为教师专业发展提供了较为广阔的资源支持。

（三）教师合作已成为我国教师专业发展的途径之一

20 世纪 80 年代以来，世界范围内教师专业发展路径由“孤立主义”“个人主义”转向“群体专业主义”，全球范围内展开了对教师实践–反思以及教师发展的生态和文化情境的研究。受实践–反思型和生态型的教师专业发展取向的影响，我国的教师专业发展由重视教师理论知识的提升而展开的各种培训转向基于具体情境的校本教师专业化路径，众多学者对基于我国文化传统和学校情境的教师专业发展进行了深入研究。目前，国内对教师合作的研究也取得了一定的成果，主要集中于对其内涵、特征、形式、意义、存在的问题及影响因素等方面的论述。合作能力也逐步成为衡量教师专业能力的一个重要指标，与沟通和合作相关的理论研究的增多及其实践中的应用给我国教师合作的发展创造了良好的条件。因此，在学校范围内，学习型组织、学习共同体、合作小组等形式的教师合作开展得日益热烈，并逐步成为促进教师专业发展的重要途径之一。其中一个重要的表现就是教师合作意愿和能力的提升。从某种程度上来说，合作是一种意愿、一种态度。调查发现，绝大多数教师有合作的意愿，也能认识到孤立的、单纯依赖自我的发展是不能使自身专业能力得到快速提升的。尤其是年轻教师，他们的合作欲望更为强烈，希望通过合作提高自己的专业水平。新进教师和年轻教师能够充分认识到合作的价值，相信自己能够在合作活动中提升自己的专业发展水平，这增强了他们参与合作活动的意愿。同时，他们还能在日常工作中主动地寻找合作的机会。尽管年轻教师缺乏较为成熟的教学技能以及合作的技巧，但他们有主动发展的意识和需求：一方面，他们会主动地向经验丰富的资深教师请教合作的技巧，不断拓展合作的范围与内容，如将课堂教学研究、教学艺术探讨、作业设计与布置、试题库建设、课程资源的开发和利用、学生管理等都纳入其中；另一方面，他们会基于自身专业需要寻找合作者，从专业接近、工作性质相近的教师出发，在同一备课组、同一教研组、同一年级组中寻找合作伙伴。虽然新进教师在入职前期缺乏一定的话语权，但是在合作活动中他们既能主动地陈述自己的想法，又能尊重别人的观点，在完成任务的过程中贡献自己的智慧。

总之，从性质上来说，我国的教师合作更多地表现为一种教育行政行为，其自然性和自发性较弱，具有较为浓重的强制色彩。以“教研组制度”为模板而拓展出的形式多样的教师合作也具有一定的行政强制色彩，这是我国本土化的、具有中国特色的教师合作形式。它扎根于中国的文化传统以及教育实践，已经成为促进我国教师专业发展的途径之一。

二、我国教师合作中存在的问题

PLC 视域下的教师专业发展，是针对学校教育的特殊性和教师专业发展的情境性提出的，有其教育学的特殊内涵，而 PLC 视域下的教师合作与其他领域的合作相比，也有其特殊的教育内涵。PLC 对教师合作的任务、等级、载体、支持性平台、合作组织保障、教师的合作意识等都提出了更高层次的要求，仅仅在自愿与平等、共同的探讨等前提下阐释教师合作则过于表面化、形式化。也就是说，看似存在合作的教师互动并不一定是真正的合作。因此，在 PLC 视域下审视教师合作，笔者发现近年来我国教师在日常工作场域内的合作走进了无法挣脱的困境：合作的目的在实践中逐渐迷失，与竞争的张力失衡，无限度的冲突管理日益凸显，硬造合作（contrived collegiality）兴盛并泛滥。如果不及时纠正这些错误的倾向，教师合作就会走向随意化、形式化、表面化，就可能造成对教师合作现状的表层化描述，对教师合作问题的片面化解读，以及对合作策略缺乏理性的建构，不但不能提高教师的专业性，反而会造成教师对合作这一形式的反感，导致合作的失败。

（一）教师对合作认识模糊，合作效果较差

目前，我国教师普遍存在对合作认识模糊、合作效果较差的情况，主要表现为教师合作理论知识匮乏、合作目的随意性大、合作内容窄化、合作形式化。

1. 教师合作理论知识匮乏

我国中小学教师尤其是年轻教师，绝大多数在从教之初有较为强烈的合作意愿，然而在实际工作中却较少表现出合作行为，一部分原因在于教师对合作的认识非常有限，对于什么是合作、合作的形式有哪些、合作有什么意义、合作要达成什么目标等问题的认识比较模糊，理论知识匮乏。20 世纪 30 年代，西方学者开始对教师合作进行了一系列研究，从社会学、管理学、心理学等视角对教师合作进行了多维度的分析。富兰曾说："协作对于个人的学习非常重要。如果我们不与人交往，我们能学到多少东西是有局限的。协作的能力，不论在小范围还是大范围内，在后现代社会正在成为十分需要的能力之一。"[①]我国所关注的教师合作理论主要来自西方教育理论，尽管我国在理论上对教师合作的研究起步较晚，但作为一种教师专业发展理念和方式，教师合作的实践形态始终受到关注。然而，如果把合作作为一种理念来提倡，那么这种理念对各国的教师教育来说都具有一定的普适性。当把教师专业合作落实到实践中的时候，其途径和方式的选择就受到了特定的文化传统和教育实践特殊性的制约。我国对教师合作研究较晚，再加上还未将西方教育理论中教师合作的理论与我国文化传统和教育情境进行适切的结合，导致相关理论模糊不清，尤其是选择合作平台的原则、合作的要求、合作的标准、合作的类别、合作的等级、合作的方法和技巧、合作中教师身份的获得等方面在中国本土的情境中尚未取得较有价值的研究成果。因此，对教师合作理论的模糊认识导致教师合作在教育实践中缺乏理论指导，一旦需要采取合作的形式展开教学或教研的时候，该不该合作、是否适合合作、该采取哪种形式的合作、合作过程中应该注意什么等现实问题就困扰着教师，以至于部分教师采取消极的方式对待合作行为。即使他们在学校强制要求下进行了合作，效果也不佳。对合作的模糊认识也会导致教师在实际活动中，由于不了解合作的目的、如何进行监控、如何恰当地约束合作行为等内容而随意地进行合作活动。长此下去，教师合作行为的失范最终会导致教师对合作这一形式产生抵触情绪，对合作活动的开展产生敷衍心理。

2. 教师合作目的随意性大

合作从根本上来讲是自主、自愿、自治的，具有非标准化、非操纵性的特点。它不是被动的、强迫的、他治的，它主要依靠的是道德手段的制约而不是政策制度

① 迈克·富兰. 变革的力量：透视教育改革[M]. 中央教育科学研究所，加拿大多伦多国际学院译. 北京：教育科学出版社，2000：27.

的调控。保持各方的个体性和自主性始终是合作的显著特征。自主不意味着随意，尊重个体的自主性不意味着没有合作的规则和要求。然而，教师在合作中往往把握不好合适的度，具有较大的随意性，主要表现为选择合作对象随意性、合作目的的随意性。

选择合作对象的随意性是指教师不考虑对方的能力以及合作的要求，在学校中与谁的关系好就与谁合作，并不是针对所要解决的问题，或者与自己形成互补来合作。这种合作对象的选取是随机的，缺乏具体的合作方案的指导。合作一旦出现问题，合作方案就会搁浅，合作也就不了了之。教师合作目的的随意性表现为，学校一说合作，教师就马上着手合作，对于为什么要合作、合作的程序和最终目标并不是很清楚，甚至存在主观上故意不关注的情况；还有的教师并不考虑其主题是否具有合作研究的价值、是否通过合作能够完成，只要有问题就合作，合作结束也不去反思有无实质性的收获。

具有实践和反思能力的教师一直是教师专业发展的目标之一，然而教师的反思意愿和能力并不能自我生成，反思策略也不能仅凭教师个体的努力而形成，只有教师合作的理念蕴含以教师群体反思的方式建构教师群体性专业生活，教师合作才能走进世界教师教育理论的视域内，成为基于个性、反思通过教师协力合作促进教师以反思方式生成教育智慧和促进教师发展的路径。如果在合作中教师没有意识到反思的必要性，没有获得足够的反思策略和智慧，没有实质性的收获，那么教师专业发展就无从谈起。

3. 教师合作内容窄化

有学者专门对我国北京、广东、山东等地的中小学教师合作现状进行调研，研究结果表明，只有20.9%参与调查的学校成立了专门的合作团队，82%的教师参与最多的合作方式是日常与同事的交流和讨论，仅有14.6%的教师认为合作是有成效的[①]。教师经常参加的合作活动依然停留在集体备课、开教研会、听讲座或示范课等比较单一的方式上。这种合作一般是单向度的，由新教师向有经验的老教师求教，一人主讲，其他人听讲；研讨也往往局限在一般性的浅层次交流上，缺乏对问题的商讨甚至是适度的争论；很多地方把集体备课简化为同年级同学科教师的备课任务分配，套话多，缺乏操作性；听课、评课形式单一，评课时碍于情面，“只唱颂歌不言缺点”，“不说好，不说坏”，泛泛而谈，敷衍了事。

另外，虽然虚拟平台这一形式为教师合作提供了更广阔的空间，但也对教师自身的合作能力提出了一定的要求，即合作者要具有共同体意识和共同学习的任务，要根据学习任务自主地选择合作的方式。同时，虚拟共同体要为教师提供公平的、随时随地可学的学习资源，尽量避免简单信息传递，提倡进行交互式的活动，通过

① 陈雅玲. 基于合作的教师专业发展实证研究[J]. 中国教育学刊，2012，(5)：84-87.

成员之间的密切交流、相互影响和感染，不断地为合作组织注入活力，提升整个合作的品质。在虚拟学习平台上，教师能够共享有价值的学习与教学方法、教学文化，在学科专业范围内进行跨院校的交流，在项目合作中进行跨学科的交流。理论上，虚拟合作学习对虚拟平台建设有较高程度的要求。然而在现实中，受虚拟平台建设以及教师自身专业自主性、专业发展能力的限制，教师运用网络虚拟平台进行合作学习的比例较低，一些教师即使经常使用 QQ、微博、微信等网络平台与同事或其他教师进行互动交流，也仅限于互通和传递信息方面。教师普遍不善于主动拓展合作范围，而是待在自己的安全区，学习交流很少，其中涉及专业内容的更少。虚拟合作学习最大的优点在于有较为全面的专家引领，在共同体中有来自各地的学科专家、资深教育专家、经验丰富的教师等，如每个论坛、博客圈、QQ 群都有威望较高的社区成员，他们具有精深的专业知识和丰富的实践经验。他们在社区中积极参与讨论，热情发言，引导社区健康发展。他们从普通成员的疑问中获取进一步研究的养料，从而促进了社区成员的共同成长，也在一定程度上决定着社区的生命力。然而，真正有专家引领的虚拟平台的教师合作共同体却很少，进行专题讨论也不是每个共同体都能开展的。受我国虚拟学习平台建设以及教师专业能力的限制，虚拟平台上的教师合作效能还比较低。

除此之外，教师合作的内容也比较狭隘，往往仅限于同年级、同学科之间的交流，不同学科、不同年级的教师囿于学科和年级，很少进行专业方面的合作，交流的机会更少。这种传统教育观念和教学理念限制了教师合作的内容和空间。岂不知，正是这种不同的年级和学科、不同的领域和年龄特点，才能提供多种教学模式，才能展现多学科的知识观，也才能更好地促进学生全面而个性的发展。

4. 教师合作形式化

我国人为的合作多于自发合作的现状，造成了教师在合作中存在一定程度的形式主义。之所以说是“一定程度”，是因为教师并不是以形式主义的方式来搪塞合作的，而是缺乏一定的合作基础和合作方法[①]。形式化合作表现为教师间的合作主要是日常性的、指令性的工作联系，很少是自愿的或自然状态下的合作，有合作之名，无合作之实，结果是“合而不作”[②]。当前教师合作还滞留于简单的形式上，任务过于单调，参与合作的教师之间难以达成共识；有些活动主题和任务本身不具备合作价值，缺乏合作的实效性。即使是以课题组的形式密切合作，由于教师本身还有很多事务性的工作，常常是开题以后，组织和管理逐渐松散，最终

① 马玉宾，熊梅. 教师文化的变革与教师合作文化的重建[J]. 东北师大学报（哲学社会科学版），2007，（4）：148-154.

② 崔允漷，郑东辉. 论指向专业发展的教师合作[J]. 教育研究，2008，（6）：78-83.

也无法达到合作的真正目的。虚假合作是形式化合作的极端表现，这种现象更加令人担忧。有学者对 860 位中小学教师进行问卷调查，91.4%的教师肯定了校际教师合作对其专业发展的作用，但是在实际生活中，与高校教师的实际交流互动只占 30.6%。教师合作还出现了低效现象，存在单向的甚至是虚假的互动①。虚拟合作由于时间、地点的限制，没有相应的制度保障，缺乏软硬件环境的支持，对“重要他人”的影响不足，合作的深入程度不够。相比而言，基于同一任职学校、任职学科间教师的互动更容易发生，也是最便捷、最有效的教师合作路径。然而，恰恰是这种形式的合作，其虚假成分及程度更为严重。37.0%的教师认为合作中骨干教师发言较多，占主导地位，52.4%的教师在合作中没有进行深入实质性的互动，而是应付了事②。许多教师间的合作仅限于一些相关学科知识的咨询、简单的任务分工，缺乏对教学技巧和促进学生学习等教法的深入探讨，更没有新的知识和理念的生成。虚假合作已经成为广大教师默许且无力改变的存在。

（二）合作与竞争、冲突之间的博弈

1. 合作与竞争的张力失衡

芝加哥学派的帕克（R. Park）等将互动的过程分为四个阶段：竞争、冲突、顺应和同化③。显然，竞争是进行社会互动的首要阶段，也是合作的必要前提。作为个体为实现自己的目的而进行的博弈活动，竞争具有一定的冲突性、利己性和破坏性。然而，适当的冲突是十分必要的，适度的、高层次的竞争非但不会阻碍教师间的合作，还会有助于合作的产生与发展，推动教师从专业发展的视角进行职业规划、理念更新以及知识与能力的提升。合作与竞争是影响教师互动的两个因素，两者是相互依存、对立统一的。没有竞争，合作就失去了活力与动力；没有合作，竞争就没有了限度而变得盲目。

但是在现实中，学校往往缺乏维持竞争与合作平衡的土壤，传统的教师评价只重视教师个人成绩，只看重结果，不重视过程。特别值得注意的是，过度强调竞争是教师之间合作观念淡漠、互动不足的重要原因。一方面，学校以学生的成绩来评估教师的业绩，甚至将其与教师职称评定、年终考核以及绩效评估等挂钩；另一方面，评价标准较多地注重对教师个人的评价，轻视或忽略对群体的评价。其结果必然会加剧教师间的竞争，导致其合作意愿或愿望的下降，甚至导致恶性竞争泛滥和“派别文化”日益滋生蔓延。这种小团体意识会妨碍小团体内部与外界的信息交流。受限于狭隘的圈子，教师的眼光相对短浅，缺乏问题意识，难以激发教师争论的热情和其观点的碰撞。

---

① 宋燕. 和合学视野下教师合作研修共同体建构的研究[D]. 重庆：西南大学，2011.

② 孟令泽. 小学教师专业合作的实证研究[D]. 长春：东北师范大学，2013.

③ 杜静，王晓芳. 论基于社会互动理论的教师合作[J]. 教育研究，2016，（11）：113-118.

2. 无限度的冲突管理

教师合作是与冲突并存的互动过程。在面对不同程度的复杂问题时，由于教育理念、经验和策略以及生活经历的不同，互动冲突的发生在所难免。然而在教师合作中，评课环节的“集体表扬”以及些许“形式化的建议或批评”等现象司空见惯。有些教师认为备课很辛苦，评课教师应该对此进行充分表扬，对不足之处留有情面地点评一两点就可以了。点评的内容也往往局限于稍具争议性的领域，大多数评课教师不愿也不敢挑战现行的教学实践，只是恭维一番或发表一些无关痛痒的评论[①]。广大教师对此或许习以为常，甚至把这当成一种正常现象看待。然而仔细想来就会发现，这是我国教师合作中的一种普遍且奇怪的现象——“过度的一片和谐”。这种现象透射出的是虚假和谐以及对冲突无限度的管理。冲突有其正面属性，有其建设性和推动性的教育作用，但并不是所有的冲突都会发挥积极的教育功效。因此，对教师合作的冲突要进行有限度的管理，冲突等级过低和过高都是不可取的。积极的对抗、适当的冲突会最大限度地激发共同体中的教师智慧，提升其处理复杂问题的有效性，增强共同体的作用，最大限度地发挥教师合作的作用。但冲突等级太低或刻意回避和忽视冲突的存在，会导致教师“团体思维”的产生，抑制教师创造性和创新性思维的发挥，泯灭其个性和独立性。冲突等级太高则容易提高教师感知冲突行为的敏感度，导致教师人际关系的恶化，以及共同体中教师群体的严重分离，降低 PLC 的功能和价值。

（三）硬造合作的兴盛与泛滥

硬造合作是指教师基于学校行政管理的规定和要求，被要求在某个固定的时间和地点开展合作活动。在这种合作中，教师常会被要求完成一定的任务，即使不是出于自愿，也必须去完成。我国的教师合作从一开始就带有较强的硬造色彩，如今有泛滥的趋势。我国最早制度化的教师合作——教研组，是中华人民共和国成立后在学习苏联“教学法小组”的组织形式的基础上建立起来的学校基层教学研究组织[②]。这种合作方式，在时间、资源、合作机制、学校内外的社会资本等学校因素以及与之密切关联的校长参与等方面，为教师有效合作提供了保障和支持条件。但是在这种带有较强硬造色彩的制度影响下，以教研组为模板建立起来的科研组、备课组、年级组以及教研组开展的所有活动几乎也都带有硬造色彩。教师参加学校开展的集体备课、说课—听课—评课、校本培训等活动，并不是根据个体自身专业优劣发展需要选择的，也不是在尊重教师个人意愿的基础上开展的，而是被动参加的。即使出现了一定范围和程度上的教师自愿合作，也难以常态化。

① 冯生尧，李子建. 教师文化的表现、成因与意义[J]. 教育导刊，2002，（7）：32-34.

② 单志艳. 走向中国特色教师专业学习共同体的教研组变革[J]. 教育研究，2014，（10）：86-90.

如今，硬造的合作到了泛滥的地步，但任何强制性的或者受规约的互动，其合作关系都难以维持长久，更别说有实效性的深层交流了，失衡的合作必然会阻碍教师智慧的碰撞。那些看似是建立在“平等协商”“对话反思”基础上的合作，其实只是打着合作的旗号，实则极易导致专业个人主义的滋生。

硬造合作泛滥的直接后果就是教师的专业自主性减弱。在硬造合作文化的影响下，学校的行政机制和组织架构会对教师在合作中的行为进行多重规定和限制。学校规定合作就开始进行合作，即使没有进行对相关主题的反思，也要开展合作活动。这样的合作活动的开展不是基于教师专业发展的需求，而是基于学校的要求，教师在合作中所需要的专业性和自主性无从体现，更无从发展。作为衡量教师专业发展水平的一项重要指标，教师专业自主权被剥夺就意味着教师丧失了提升自身专业性的自由选择权以及不断追求超越自我境界的教育自主权。亚里士多德（Aristotle）认为，科学的产生需要同时具备三个条件：闲暇、自由和好奇心。有专业自主权的教师更加容易形成自己的教学风格，从而成为一名独具特色的教师，且其会逐渐地将这种特色凝练成学校文化的组成部分。事实表明，走向专业自主、具有独特教学风格的教师对学校文化有着特殊的贡献。一位有独特教学风格的教师，能够避开教学过程中的各种细枝末节，引领学生直达知识的核心，让大家在品味知识饕餮大餐的同时，感受学习的趣味和魅力；一个有独特教学风格的教师，会在日常的工作中发现无尽的乐趣，不会产生职业的倦怠，而会产生孜孜以求的探究欲望，生成心无旁骛的教育定力；一个有独特教学风格的教师，能够较为准确地预见自己所施加的教育影响带来的效果，并从中感受到自身教育的力量。然而许多教师在学校管理文化的影响下，受到学校规则制度的多方限制。他们受到的束缚越多，思想就越得不到解放；思想被禁锢了，不仅会慢慢丧失自我，其工作和生活的精神状态也会高度紧张。若这根弦始终紧绷着，教育实践的创新、师生关系的和谐、课堂教学的实效以及自身专业的发展等方面都会受到影响。

（四）深度合作无法得到学校支持

教师的合作绝不是教师个人的事，仅凭教师个人意愿也实现不了合作。教师合作在一定程度上受到环境特别是学校的影响，因此，学校的制度、组织结构、文化氛围等方面的支持对于教师合作的实现尤为重要。一些学校领导虽然能够认识到合作对促进教师专业性提升的重要性，并在一定程度上给予支持，但在合作制度设计及时间上无法提供强力保障。

1. 缺乏教师合作的制度设计

在合作之初，尽管学校制定强制性的规则让合作活动能够开展，但合作活动的持续要靠制度的引导。大多数学校领导能认识到合作的重要性，口头上也要求教师进行合作，但不够重视教师合作活动的具体展开，也没有建立相应的制度作为保障。

首先，学校缺乏对教师合作的目标设定。共同奋斗目标的制定是教师合作形成的前提。教师有了共同的奋斗目标，才会有共同的信念、共同的利益；目标统一，才能使全体教师同心协力，团结一致。在实际操作中往往存在教研只有计划而无实际行动、教师参与学习的意识淡漠和积极性不高、教研流程不科学、教学与科研两张皮等现象。学校领导要求教师合作，推广合作与创新的理念，但往往缺乏明确的合作目标与指导。其次，学校缺乏对教师合作过程的指导。除了规定的教研会议外，学校并没有起到引导的作用，没有明确地指导教师应该在哪些方面合作、采用何种合作方式、如何监控合作行为，也没有相应的合作评价体系与激励措施。再次，学校缺乏对合作文化环境的营造。教师合作需要一个民主自由的学校文化氛围，只有通过民主协商、平等互助的形式进行的合作才可以持久稳定。在具体的合作活动中，学校应采取民主决策的方式，让每个教师都有机会发表自己的意见和建议，真正做到相互尊重、平等、团结和协作，否则就会导致教师对合作产生抵触情绪。学校应以全体教师的专业发展为宗旨，进行广泛而深入的宣传，积极鼓励教师开展多样化的合作；应充分整合现有的人力、物力、财力、时间、空间与信息等资源，探索新型的专业合作平台，特别是基于网络的技术平台，为教师合作提供保障，并为教师寻求校外专业支持创造条件与提供便利。但目前，大多数学校对合作制度的建设和文化环境的营造还尤为欠缺，这种民主的氛围恰恰是我国学校教育中较为缺乏和亟待提升的。最后，学校缺乏对教师合作的政策支持。教育行政部门没有制订鼓励教师合作的政策，同时缺乏校长赋权；学校没有将教师合作纳入日常管理范畴，缺乏教师与教师、教师与管理人员之间的协作沟通机制。学校也不重视对领导班子作为一个合作组织榜样的建设，缺乏对学校中的各种正式组织，如教研组、备课组、年级组和各中层职能部门的改造或重建，无法使其成为合作示范组织，从而无法为学校其他非正式组织的合作起到示范作用。

2. 教师缺乏合作时间

除了合作制度无法得到保障外，教师合作的时间也无法得到支持，缺乏时间成了制约教师合作的瓶颈。大部分教师教学任务较重，除去在学校上课，辅导学生之外，课下还得备课、批改作业，教师可用来合作的时间少之又少。据调查，2004 年，我国高中教师仅上课、备课、批改作业及试卷、参加班级活动、参加个别教育及辅导，每周需花 63.89 个小时，平均每天约 12.78 个小时；初中教师平均每天 10.83 个小时；小学教师平均每天 10.16 个小时，这还不包括开会、出操、听课等任务[①]。2013 年，我国初中教师工作时间平均每周为 47.5 个小时，工作时间最长的教师则高达每周 110 个小时，初中教师周教学时间的均值只有 10.07 个小时，课外研究（主要指备

① 顾明远，檀传宝. 2004：中国教育发展报告[M]. 北京：北京师范大学出版社，2004：60.

课、批改作业和试卷)、管理班级和处理行政事务占据了初中教师更多的时间[①]。时间的不足在很大程度上影响了教师合作的积极性，必然使合作遭到教师的反感，并最终影响到合作的有效性。教师合作本来是为了促进其专业发展，但仅仅单纯地强调合作，而不根据教师工作的实际进行调节，最终会成为教师的额外负担。究竟是“雪中送炭”还是“雪上加霜”？这个问题值得反思。

教师合作时间的缺乏背后体现的是学校对教师合作的忽视、学校行政事务的繁杂以及教师教学任务过重等问题。有的学校提出，不是学校不重视教师合作，而是真的没有时间进行合作。其实减轻教师工作负担的措施有很多，如减少一些不必要的会议和检查，减少教师的教学时间，每周留出专门的时间让教师交流、互动、合作，减少一些不必要的文案工作，减少重复的无效劳动等，教师行政性事务的减负能很好地为教师合作提供时间上的保障。

（五）缺乏对教师合作的有效评价和反馈机制

1. 缺乏独立的教师合作评价机制

对教师合作的效果进行评价和反馈是激发教师合作、提升其有效性的重要环节，有效的评价和反馈机制建设也是学校对教师合作制度支持的重要体现。但这一环节恰恰最容易被忽视甚至是被忽略。目前大多数学校并不重视对教师合作的评价，我国尚未建立独立的教师合作考核制度，也很少对教师在合作中的行为进行评价。即使有，也是依据对教师的考核制度，将其并入教师最终的考核，对教师合作产生的最终效果在多大程度上提升了学生成绩等方面进行评价。教师在合作实践中，无法得知自己合作的最终效果以及达成目标的程度，更无法根据最终的评价反馈，调整自我的合作目标、合作教学和教研的技巧，监控和评价自己和同事的合作行为。从合作意愿的激发、合作目标的指定、合作过程的指导到合作目标的达成，教师合作评价机制的匮乏直接影响到了这一循环上升机制的各个环节，致使教师“合作链条”断裂，导致我国教师合作意愿普遍不强烈，教师无法进行有效、持续的合作，也无法调整合作的目标，后果极为严重。

2.“竞争性”教师考核制度的影响

笔者通过对我国的教师考核制度进行反思，发现其存在着较多的问题。教师考核制度作为学校管理的一种手段，具有很强的激励功能和发展功能。这一教师评价机制是以应试教育为中心的、竞争性的评价模式，学生的考试成绩和升学率成为评价教师教学优劣的一个极为重要的甚至是唯一的指标。在一项“影响合作的制度因素”调查中，偏向于竞争的、缺乏完善的考核制度，是教师反映最多的因素，这也

① 童星. 初中教师工作时间及其影响因素研究——基于中国教育追踪调查（CEPS）数据的分析[J]. 教师教育研究，2017，（2）：107-112.

反映了当前中学的考核制度现状——追求升学率，过分强调教师竞争[①]。这种“竞争性”的教师考核制度直接影响到了学校对教师合作的考核制度的建立和完善。既然考评最终考核的是教师个人的成绩，又何必进行教师合作呢？关起门来搞好教学不就可以了？学校领导者不重视对教师合作的考核和反馈。更无法正确地处理好教师合作过程中出现的竞争和冲突，导致“追求升学率，竞争促发展”的考核制度理念泛滥，从而无法对教师合作给予恰当的评价和反馈，这不利于调动教师的合作积极性，无法营造出一种民主、平等的组织气氛。在这样的氛围中，有些教师欲言又止、不愿多言，根本无法达到合作的目的。有效的教师合作考核和反馈机制不是进行单一的终结性考核，不能只看学生成绩，应包含对教师的发展性考核，更应该关注教师在这一过程中的进步和发展。发展性教师评价淡化了传统考核的甄别、选拔与奖惩的功能，突出考核的诊断、激励与调控的功能，注重教师的个人价值、伦理价值和专业价值的结合，其最终目的在于从教师作为“人”的价值出发，关注教师作为“人”的意义，实现教师专业性的提升。考核主体除了包含教育行政部门和学校外，更应该包含合作团体中的进行自评的教师本人、互评中的教师同行以及参与合作的学生等直接参与合作的主要人员。此外，要促进教师合作，还要改变现行的以教师个体为评价对象的模式，建立以合作小组为评价对象的考核制度，既要看单个教师的工作绩效，更要看合作成员共同努力的结果，使评价的重心由鼓励个人竞争转向共同合作和学习达标。

① 郭德侠. 互助与合作：教师专业成长的有效策略[J]. 教育理论与实践，2007，（11）：28-32.

第二章

我国教师合作之困的反思与归因

我国的教师专业发展走的是“以个体专业化为主，群体发展并存”的专业化路径。近几十年来，教师合作如火如荼，但合作效果较差，问题繁多。究其原因，从文化视角审视可知：一方面，由于在实践中的流变与转向，教师合作从个体专业化走向专业个人主义，长期的孤立主义和个人主义文化致使教师缺乏合作的意识；另一方面，学校教育中逐步被夸大化的硬造合作给教师合作带来先天缺陷，使其缺乏动力和支持；对集体主义文化的曲解和极端化认识窄化了合作内涵，导致合作后天不足。先天缺陷和后天不足，再加上奖惩性的考核制度共同作用，使教师合作走入困境。

一、流变与转向：由个体专业化到专业个人主义

自 20 世纪 80 年代开始，世界范围内掀起了一场关注教师合作的潮流，人们也开始大规模地讨伐专业个人主义的各种问题和弊端。然而，个体专业化无论是在过去还是在当前都在一定程度上促进了教师专业性的提升，是教师专业发展的合理路径。那么为何伴随着合作文化的出现，它就成了众人讨伐的对象？我们认为，不能仅仅看到教师个人主义的弊端，而忽略了教师个人主义在教师专业发展过程中的独特价值。这部分独特价值的合理之处究竟是什么？在学理上，个体专业化与专业个人主义的内涵有何区别和联系？这些问题值得深思。

（一）个体专业化的合法性

从世界范围内来看，教师专业发展的过程经历了组织发展阶段和专业发展阶段。在组织发展阶段，出现了谋求整个教师群体专业社会地位提升的工会主义和强调教师入职标准的专业主义两种取向。工会主义和专业主义均未取得令人满意的结果，于是有些研究者开始反思教师专业发展的发展历程，关注个体专业知识和技能的提升。20 世纪 80 年代之后，人们从关注教师群体发展转向重视教师个体发展，

提出了以“将教师作为人”（teacher as person）为专业发展的论点，并认为这是教师专业发展需要考虑的首要因素。随着教师专业发展理论研究的重心向个体专业化的转移，形成了“实践-反思”取向的教师教育路径。哈格里夫斯提出，教师发展不能仅仅局限于知识和技能的发展，还应该包含道德的发展、政治的发展和情感的发展①。作为自我理解的教师发展，关注的是教师作为一个人的发展，让教师获得自我发展是教师专业发展的取向之一。关注个体实践的教师专业发展研究数量巨大且成果丰富，如波兰尼（M. Polanyi）的个人知识理论、康纳利（F. M. Connelly）的个人实践知识学说的提出，使人们对教师专业发展有了新的认识。再如，斯滕豪斯（L. Stenhouse）的教师即研究者、舍恩（D. Schon）的教师即反思性实践家和在实践中反思、埃利奥特（J. Elliot）的教师即行动研究者以及凯米斯（S. Kemmis）的教师即解放性行动研究者等观点都对教师作为一个独特的个体提出了角色期待。而施瓦布（J. J. Schwab）的实践模式研究、考尔德海德（J. Calderhead）的反思型教师研究、波斯纳（M. I. Posner）的“教师成长＝经验＋反思”又从不同的视角对教师的个体知识和实践智慧进行了解说。日本教育家佐藤学（M. Sato）揭示了教师专业发展由技术熟练者转变为反思性实践者的历程。这些理论为教师个体专业化的路径提供了理论支持，有助于教师的主体性成长、专业自主权的获得，有助于推进教师的自主发展。由此，个体专业化成为教师专业发展合理且主要的路径。

教师的独立性和自主性其实是一种可贵的品质，显示了教师心智上的成熟，表明了他们能够从工作和兴趣中获取快乐，也许更重要的一点是，这种独立性和自主性能刺激创意和想象。教师个体专业化有利于培养现代教学所需要的核心能力——独立判断能力、自主抉择能力和创新能力。除了教师个体专业化取向的专业发展路径强调教师个体发展的重要性，教师合作也强调个体发展的作用。合作是教师专业发展的重要向度，然而合作的最终目的是教师专业性的提升，这种提升是指通过教师个体在合作中的感悟、体会、参与、付出来实现自身专业能力、专业素养、专业意识等方面的提升。因此，在合作中，只有强调个体拥有个人独立、自我奋斗、自己掌握自己的命运、自己维护自己独特个性的执着精神，尊重人的自由和个性，教师才能更好地进行合作并实现专业发展。

（二）从个体专业化到专业个人主义

教师个体寻求专业发展的路径反映了教师专业发展程度的提高和教师获得专业自主能力的提升。如前文所言，个体专业化的教师专业发展路径是合理的、正确的，我们提倡教师个体在教学中发挥实践智慧、进行积极的反思以及必要的对话，以实现自我专业发展。然而教师的专业生活却表现出较为明显的个人孤立倾向。在

① 宋萑. 教师专业共同体研究[M]. 北京：北京师范大学出版社，2015：34.

教学中，教师往往以教室为单位，立足于课堂，借助自身经验，自己备课和上课，独自完成教学任务，不欢迎其他教师观摩学习，也不求助于其他教师，较少与其他教师沟通交流，认为自己的专业发展与其他教师关联不大。应该说，这一现象是我国部分中小学校课堂教学的缩影。这种普遍存在的隔阂与相互排斥现象导致我国教师专业发展由个体专业化走上了专业个人主义的弯道。个体专业化不是专业个人主义，两者之间不能画等号。尽管两者都强调个体在自身发展中的重要作用，但两者在对待合作的态度上、强调自主的程度上有着明显的区别，主要表现在以下几个方面。

1. 个体专业化是专业个人主义中的合理部分

在当前的教师合作实践中，教师合作成为促进教师专业发展的重要向度之一，合作文化得到了前所未有的重视。这种重视伴随着教师专业个人主义各种弊端的凸显，直接导致了人们对个人主义的讨伐，认为个人主义教师文化就是自私自利的文化，是阻碍教师专业发展的文化，也是不适应教师合作发展需要的文化，是落后的、需要摒弃的文化，甚至被贴上导致教师合作失败“罪魁祸首”的标签，从而使专业个人主义在教师专业化理念中的地位岌岌可危。然而，构建教师合作文化并不意味着对个人主义采取彻底否定的态度，专业个人主义中积极的意义不能被一概地否定。个体专业化就是其中的合理部分。个体专业化强调了个体的独立性和专业自主性，尊重个性与特色，追求专业自主。有学者指出了专业个人主义的重要作用：它有助于教师实践知识的获得，有助于教师教学水平的提高，有助于教师自我反思能力的提高，有助于教师鲜明独立创新力的培养[①]。其实这些正是教师个体专业化的重要作用。

与此同时，教师个体专业化并不排斥合作、协作的作用，相反还能恰当地认识和利用合作。比利时学者克莱门特（M. Clement）和瓦登伯格（R. Vandenberghe）认为，把教师合作看成是解决所有问题的唯一的灵丹妙药是错误的，只有在教师自立和合作之间维持适当的张力，才能给教师专业发展带来挑战和机会[②]。如果单纯强调合作文化而忽视教师个体专业化的重要性，则难以实现教师专业发展的目标。要避免教师文化变革实践走向全面否定个体专业化和偏激强调合作文化的极端道路，需要适当的包容和给予合理的个体专业化的生存空间，使其与教师的合作文化之间保持适当的张力。

2. 专业个人主义是极端化了的个体专业化

教师个体专业化一直被认为是促进教师专业化发展的合理路径。然而，随着个

① 王贵林. 教学型大学教师专业发展——在“个人主义”与“教师合作”之间保持张力[J]. 教育研究与实验，2012，（4）：47-51.

② Clement M，Vandenberghe R. Teachers' professional development：A solitaty or collegial（Ad）venture[J]. Teaching and Teacher Education，2000，16（1）：81-101.

体专业化在实践中的日益推进，教师为了保持自己的独立自主，保持对学生的管理，往往采取孤立、隔绝的工作方式，久而久之，这种孤立的发展观便占据了教师的头脑，成为根深蒂固的传统观念。自20世纪30年代开始，学界对教师专业个人主义现象进行了反思和研究，而这种反思正是基于人们对学校教育中教师合作缺位的原因的思考。1932年，沃勒尔（W. Waller）在其著作《教学社会学》（*The Sociology of Teaching*）中对学校中存在的孤立主义、专业个人主义等现象进行了分析，指出这种隔绝的状态不利于教师之间的合作。20世纪70年代，美国学者劳蒂（D. C. Lortie）对大波士顿地区和佛罗里达州达德学区的6000多名教师进行了研究，发现当时学校教育中存在严重的个人主义和保守主义色彩。20世纪90年代，哈格里夫斯提出，教师这个孤立的专业较易产生个人主义文化，教师没有足够的意愿和机会进行合作和交流，进而致使学校中缺乏合作文化[①]。哈格里夫斯对教师个人主义文化向教师合作文化转向的论述，有助于人们反思我国教育实践中教师合作存在的问题，对我国教师教育实践中存在的问题的解决起到理论导向和方向引导的作用。我国的教育实践在集体主义的掩盖下，有着较为隐蔽的个人主义倾向。专业个人主义有其明显的缺陷和弊端，它具有高度的个人自由，绝对地强调自我选择、自我支配、自我控制、不受外来约束等内涵，其典型表征就是教师之间相互孤立、专业隔阂、缺乏积极的沟通与合作。自我反思并不意味着教师个体仅立足于自己的课堂，闭门造车，它需要与其他教师的智慧发生碰撞；而个人实践知识提出的目的是提醒人们关注教师自身的实践智慧，但并不表明有了这一部分的知识就已足够。个体专业化向专业个人主义的流变与转向，模糊了个体专业化的合理性，歪曲了其内涵和本质。不知从何时起，个体专业化的合理性存在在实践中逐步地被忽视和淡忘，尊重个体独特性和专业自主的合法性也被风靡全球的教师合作文化之风所掩盖，人们看到的只是专业个人主义的种种弊端和不足。正如奥地利学者哈耶克（F. A. Hayek）指出的，个人主义在今天名声不佳，与人们机械地将它等同于利己主义与自私自利有关[②]。这些对个体专业化的曲解，让专业个人主义在教育实践中愈演愈烈，导致广大教师缺乏合作的意识和能力，甚至在教育理论中个体专业化也被误读，这是十分不可取的。因此，要对个体专业化和专业个人主义进行理论上的区分以及在实践中进行区别对待，不可将二者混为一谈，也不可不加区分、机械地将二者理解为消极的文化并大加讨伐。

（三）专业个人主义的弊端

单打独斗是对专业个人主义最现实的写照，在此基础上形成的孤立主义文

① Hargreaves A. Changing Teachers，Changing Times：Teachers' Work and Culture in the Post Modern Age[M]. London：Cassell，1994：164.

② 哈耶克. 通向奴役之路[M]. 王明毅，等译. 北京：中国社会科学出版社，1997：53.

化则演变出不同表象的教师合作行为。孤立型文化是教师之间疏于合作、羞于评定、信奉独立、相互隔离的特定连接方式和习惯表征。它建立在个体文化取向基础之上，是一种最普遍的教师文化①。自我、竞争、孤立等是专业个人主义强调的关键词，长期的专业个人主义会降低教师合作的意愿和能力，使学校产生孤立主义文化。

1. 教师缺乏合作的意愿

合作意识应是个人意愿、感觉、情感、思维等过程的心理总和，主体意识、情感意识、参与意识是合作的重要因素。如果合作有意义，个人的行为、成功、荣耀与集体息息相关，当个人成功与团体成功变得同样重要时，个体就会意识到合作的价值，产生合作的意愿。长期孤立的个体专业发展和学校文化氛围使得教师在思想上缺乏合作的意愿，形成狭隘的成功观、落后的教学理念和教育理念。教师在孤立的自我发展过程中，逐步形成了较为狭隘的自我价值观，甚至会自我封闭，孤芳自赏，形成自傲与自闭的心态。这类教师通常孤立地从经验中学习，不会也不愿求助于其他经验丰富的教师，生怕别人认为自己能力低，伤害自尊。他们很少就教育问题与同事对话交流，不愿与他人交流互动，也不对其他教师的教学和教研进行实质性的指导和评论。这类教师往往很看重自我努力的结果，一旦取得较好的成绩就沾沾自喜，骄傲自大，认为自己的成功是通过自身努力获得的，跟别人无关，甚至觉得不通过别人的帮助自己也可以获得成功，负面地强化了自身的孤立思想；但一旦取得不好的结果，就会感觉自尊心严重受损，从而举步不前，自甘堕落。也就是说，一些教师在深层观念中仍然存在着明显的地盘意识。

2. 教师缺乏合作的能力

教师的合作能力主要是指在合作中能够主动地组成合作小组、确立合作的目标和主题、掌握开展活动的技能以及交流的能力。然而，在实际教学中，却经常发现一些教师对分组或自己组建活动小组不知如何着手，在合作的第一步就卡住了。有的教师不能准确地把握合作的目标，也有的教师故意忽视合作的目标。此外，在进行合作时，大部分教师不懂得合作的技巧和艺术，不知该如何积极地评价自己和他人，不知如何表达感谢与应对对方的谢意，不懂倾听和尊重他人讲话，不会鼓励他人参与及对鼓励参与者作出应答，更认识不到对小组成员成功的赞赏和失败的抚慰所起到的作用，忽视他人的主动交流和沟通。有些教师缺乏沟通的技能，在合作中不懂得如何传达知识、态度和感情，以及活跃小组活动的气氛，也从不积极地提建议与应答，如询问原因和提供意见，有礼貌地表示不赞同与不赞同的应答。

① 吴中平，徐建华，徐跃飞，等. 冲突与融合：学校文化建设新视角[M]. 上海：上海三联书店，2006：25.

二、崩解：教师合作的先天缺陷和后天不足

（一）先天缺陷

1. 被夸大了的硬造合作

硬造合作是教师在一定的管理条件下合作，其合作的动力不一定是教师自愿、自发的，而是被要求在某个固定的时间和地点相互交流、讨论和合作。同时，教师常会被要求完成一定的任务，即使这个任务不是他愿意去接受的，也要去完成。从某种程度上讲，教师合作并不会在自然状态下发生，或者说同侪合作并不会因为教师脱离了政治和行政的束缚就自然地、自发地产生；相反，合作文化的培育必须具备结构的根基，同时也真实地受到立法和强力推行的改革政策的积极影响。硬造合作具有行政规制性、义务性、执行导向性、时间和空间的固定化以及可预测性等特点。也就是说，硬造合作在组织成立之初具有一定合理性。我国常见的教师合作形式源于 1956 年的中小学教研组制度。作为一种舶来品，中小学教研组从一开始就表现出了较强的强制性，它以学科为单位，依据教师所授学科的不同，将教师分别列入相应的教研组，共同备课，互相听课，集体参加学校的各种活动①。起初，教研组受到教育主管部门和学校管理者的极大关注，它被当作一种重要的学校行政组织，一种教师集体备课的组织，甚至被当作课程改革的载体，发挥了较大的作用。在这一制度影响下，我国教师专业发展在长期实践过程中，形成了独具特色的教师合作内涵。

然而，哈格里夫斯认为，人为设计的合作有两个较为普遍的特征，即固定化（inflexibility）和低效（inefficiency）②。固定化使教师难以根据具体的情境调整策略，合作的方式和内容时常由行政人员确定而非教师自己确定。低效表现为教师在需要的时候缺乏交流，或交流的内容与专业关系甚少，以及与并不默契的同伴合作等。这种合作成为学校中的政治性活动，而不仅仅是个人之间的交流，行政力量的介入作用十分明显。教师迫于压力而采取并不认同的行为久而久之也就泯灭了教师的创造性见解和专业自主权，合作也成为权力中心化而非去中心化的过程。这种硬造合作在我国有着较为悠久的历史传统，在以教研组为模型的教师合作形式中，合作的人为性和行政强制性表现得较为明显。

教师 PLC 有其自发性和自然性，是源于教师专业发展以及学校变革的需要、基于成员共同观念结构形成的。它是靠教师之间的专业联系维系的，是一种生态型教师合作。从 PLC 的视角来看，教研组不仅仅是一个学校组织，更是一个促进教

① 朱旭东. 论教师专业发展的理论模型建构[J]. 教育研究，2014，(6)：81-90.

② Hargreaves A. Changing Teachers，Changing Times Teachers' Work and Culture in the Postmodern Age [M]. London：Cassell，1994：195-196.

师专业发展的共同体，一个和谐良性的教育生态组织。然而，基于行政强制性建立起来的教研组，由于未从 PLC 的角度建构和管理，其不具备 PLC 的一些特征，如共享的领导、共享的愿景和目标、集体学习与学习的应用、支持性条件以及共享的个人实践等方面①，教研组在一定程度上都不具备，更不要提其作为一种教育生态组织去建构和更新了。因此，从这个角度来说，我国的教师合作存在着明显的先天缺陷。

2. 硬造合作致使教师有效合作缺乏动力和支持

在硬造合作的要求下，一方面，学校领导迅速在学校内部营造了教师合作的良好环境，由行政命令强制进行，基本不顾及教师个体的特征和感受，合作的时间、地点等均由行政来决定，合作的过程按照事先制订好的计划来进行，通过设定规定的方式从时间和地点将教师合作固定下来；另一方面，采用行政手段强行地将教师聚集在一起，表面是合作，但其实质是行政性会议，教师的交流在很大程度上停留于肤浅的层面，并没有进行实质性的反思活动，更不会有新知识、新经验的产生和交流。这样的合作长期进行下去将形成学校的硬造合作文化，或者称其为制度化的人为合作文化。以教研组制度文化为例，制度就是教研组成员日常活动的规则，它的基本特征是确定性——定人、定时间、定活动主题、定活动方式、定活动程序步骤、定评价标准等②。然而教师的工作内容和方式应该是不断变化的，教师工作的情境性决定了我们无法用标准化的方式来推行机械的合作。真正的教师合作需要教师赋权（teacher empowerment）、批判性反思（critical reflection）、持续发展的承诺（commitment to continuous improvement）。对合作的认可和鼓励、教师领导的机会、专业自主权、时间、培训和帮助、物质支持等六个方面对教师合作具有重要的支持作用。教师合作不仅需要激发其合作的需求驱动，更需要学校的各种支持。那么硬造合作在多大程度上阻碍了教师合作，并削弱了对合作的支持呢？

首先，从外在条件来说，硬造合作是一种强制性的行政手段，合作通常是学校管理部门的行政指令，体现的是管理者的意愿。由于浓重的行政性色彩，教师合作往往是在“压制性”的氛围中展开的，自然会出现表面化、形式化倾向。它是为了走合作的形式，为了应付了事而合作，而不是为了教师发展而合作，其结果是把手段异化成了目的。教师赋权的范围和程度都较低，教师基本上不具备自主合作的权力，其作为专业人员应该享有的自主判断和自我抉择的权利也没有得到尊重。

其次，权力是影响教师合作的重要因素。教师合作的过程中，在合作成员的选择、合作主题和目标的选择等方面，权力性的因素往往起到决定性的作用。教师合作领导主要表现在合作的意愿源于自我需求且具有自发性，可以自主地选择合作的

① 李子建，宋萑. 专业学习共同体与课程发展[J]. 课程·教材·教法，2006，(12)：24-28.

② 李政涛. 什么是“教研组文化”？——“教研组文化”系列之一[J]. 上海教育科研，2006，(7)：4-5.

主题、内容、方式，自主地确定合作的目标，自行决定合作的进程。由固定的行政人员管理的教师合作，让其他普通教师领导合作的机会少之又少。随意更换管理者和领导者会给教师合作的稳定性和常规性提出一些挑战，并会引起其他没有被选中的教师的不满，不利于教师合作的管理，因此，教师领导合作的机会很少。在教育实践中，学校领导可能会在教师合作的过程中鼓励教师畅所欲言，发表自己的看法，为学校的改革发展建言献策，然而细细想来，普通教师由于身份及其拥有的权力的限制，最后对于决策的影响是微乎其微的。

最后，从时间上来说，学校缺乏恰当有效的时间管理机制，时间管理并未得到学校领导的足够重视。缺乏宽裕的时间是教师合作的一个重大障碍。学校安排专门的时间进行教研活动，看似为教师合作提供了必要的时间保证，然而这样的时间规定没有顾及教师工作时间及其合作意愿的需要，而是强行要求教师参加。因此，每到教研活动时，教师苦不堪言，还没有备课、教学任务还没完成、作业还没批改，却必须抛下这些事情去参加合作活动和研修活动，只能等活动结束之后再完成自己的本职工作。如果教师合作的时间是以增加教师的工作负担来保障的，那么其在参加活动时的意愿就会降低，甚至会有抵触情绪，导致合作效果较差。这一系列外部条件得不到学校的支持，会直接降低教师合作的意愿，使其缺乏合作的需求驱动，更不愿作出持续发展的承诺以及获得专业自主权。教师合作大多是为了完成可分解的共同任务或个体难以实现的共同目标，或者优势互补的需求、个体完成力不能及的事务以及教师发展的诉求及其对合作的认识①。

这些需求在很多层面上是潜在的，只有在学校领导者和管理者不断地去发现、挖掘和激发的前提下，才会产生巨大的动力驱动。然而，缺乏外在合作的支持直接降低了教师合作的需求，在可说可不说观念的影响下，一旦涉及把合作的愿景付诸实践，很多教师时常保留自己的好想法，不愿拿出来奉献给集体，与他人分享。

（二）被曲解的集体主义文化的桎梏

1. 集体主义与集体主义教育

集体主义是我国传统文化的主调，是社会主义意识形态的重要内容。我国是一个有着几千年灿烂文化的文明古国，对我国传统文化影响最大、最深的儒家学说早就指出，人不是孤立地生活在一定的关系之中的，天、地、人三者是和谐的统一体。每个人都要从全局和整体上来看待一切事物，凡事要站在他人的角度，关爱他人，要摒弃私心杂念，要学会与他人和睦相处。除了儒家学说，道教和佛教也都在不同程度上强调，人从来都不是孤立的个体，而是众多复杂关系中的一员。传统文化所承载的贵和尚中、谦和好礼、诚实守信、修己慎独、见利思义、勤俭廉正、克己奉

① 吴振利，饶从满. 关于教师合作问题的理性思考[J]. 课程•教材•教法，2009，(11)：69-75.

公、勇义力行、精忠爱国等集体主义文化内涵，成为塑造集体主义用之不竭的社会资本，孕育了我国独特的“人”的思想。在这种文化背景下，人们总是习惯于把个人放在集体中去衡量个体的成就，产生集体主义思想也就不足为奇了。所谓集体主义思想，理论上强调集体和国家的重要性，强调个体服从社会，个人利益应当服从集体、民族和国家利益，并在某些情况下强调组织目标对个人目标的优先级和凝聚力的重要性，集体利益应该超越于个人利益之上的文化价值观念。但这并不意味着集体主义不重视个体、忽视个体，它是将个体看作集体中的一员，离开集体，个人几乎无所作为或者作用很小，所以社会中的每一个人必须重视合作和集体的力量，任何事情都必须多为他人考虑。坚持集体主义原则，与承认正当的个人利益是一致的。不论是以集体主义否定正当的个人利益，还是以个人利益反对集体主义，都是错误的。集体主义要求人们要为社会集体利益的发展作出自己的贡献，但同时集体主义原则又尊重劳动者正当的个人利益，尊重劳动者个人才能的充分发挥。因此，集体主义是社会主义的核心价值理念，也是我国社会的主导舆论一直强调的精神力量。

集体主义观对我国的教育也产生了较大的影响。集体教育是我国积极倡导的道德培养方式，在学校德育中占有极其重要的地位。我国的集体教育观受到苏联教育理论的影响，克鲁普斯卡娅与卢那察尔斯基最早提出了在集体中教育儿童的思想，马卡连柯在此基础上为实现他的教育目的提出了崭新而系统的集体教育理论，苏霍姆林斯基在马卡连柯的基础之上又进一步对集体教育理论进行了发展，并由此形成一条连绵不绝的集体教育理论的生命线，在其影响下渐渐形成了我国的集体教育传统。马卡连柯指出，“我们的教育任务就是要培养集体主义者”[①]，其中最著名的一条原则就是，在集体中，通过集体和为了集体而进行教育。培养集体主义者的方式除了要在政治观念和政治思想上用集体主义思想教育学生外，更要在实践中遵循集体教育的原则。

在集体主义和集体教育理念的影响下，我国集体主义教育的理论和实践也较为丰富。我国的集体主义教育主要是从思想政治教育出发，通过正确的宣传和有的放矢的教育来进行。首先，要完整、准确地宣传集体主义，避免因片面强调整体利益而否定个人利益或者因片面强调个人利益而忽视集体利益的倾向。其次，要坚持有的放矢地进行教育，就是要针对学生中存在的思想认识问题，特别是深层次问题进行教育，以达到解其所误、晓之以理的目的[②]；此外，还可以通过教师集体、学生班集体、学校传统、集体活动和集体劳动，以及创建优秀班集体来对学生进行集体主义教育。苏霍姆林斯基曾言：“如果你有幸使每个学生都能感到与集体的交往是

① 吴式颖，等. 马卡连柯教育文集（上）[M]. 北京：人民教育出版社，1985：106.

② 金荣昌，奕德泉，汪宏儿. 论对当代大学生进行集体主义教育[J]. 杭州师范学院学报，1992，（2）：1-6.

一种乐趣和高度的满足；如果青少年能把自己的沉思、疑惑和不安带进集体，如果学生只是为了想谈谈一些令人激动的问题而希望聚集在一起……那么你就已经培养出了一个由青少年公民组成的真正的集体。①”因此可以说，我国有着较为优良的集体主义文化传统，集体教育和集体主义教育在这几十年中也取得了良好的效果，成为我国教育传统的一个重要特征，在世界范围内引起了人们的普遍关注。中国教师文化中，教学是一种共同的、集体的责任，这与西方的教学文化截然不同。在制度化的教研体系中，新教师进入一所新的学校，接受师傅的指导，参加集体备课，进行同辈听课和评课，参加不同水平的公开课，所有这些集体学习方式和行为，已经成为一个中国教师习惯的日常工作②。

2.被曲解的集体主义

教研制度这种我国教师习以为常的集体学习方式，在实际运用中却使得教师合作表现出较大的虚假性和低效性。在外在制度的规范下，或者在个体教师主动参与下，不同的群体和集团中的教师个体互相敬重、互谦互让，不时地进行经验座谈、教师互相听课，表面上看合作交流的气氛非常浓，但实际上收效甚微。教师之间的交往往往局限于稍具争议性的领域，大多数教师不愿意、不敢挑战现有的教学模式和教研模式，只是相互之间一味恭维或发表一些无关痛痒的评论，不愿意开展实质性的批评和自我批评。多数教师对合作持冷漠的态度，而集体备课、定期的学科教研活动也只是走过场，即使坐在一起也很难达到积极互动、畅所欲言的地步，更不要提适当的冲突了。这是非常奇怪的现象。

既然我国有集体主义的传统和集体主义教育，为什么教师在进行合作时收效甚微呢？究其原因，对集体主义文化的曲解桎梏了我们对教师合作的理解以及实践中教师合作的行为。

我国集体主义伦理学家罗国杰认为，对集体主义的界定应强调三方面，即集体利益高于个人利益；在集体利益高于个人利益的原则下，切实保障个人的正当利益，促进个人价值的实现；集体主义强调个人利益与集体利益的辩证统一③。但在现实生活中，我们片面地将之异化，错误地认为集体利益应该凌驾于个人利益之上，个人利益也应该服从、让位于集体利益，为了集体能达成统一意见，教师得放弃自我意愿。很多老师不仅这样想，也在这样实践。一些中小学的校本培训往往是以“高谈阔论”“评头论足”的教师为中心展开讨论的。在日常合作活动中，能够代表学校以优秀教师的身份参加典型案例汇报的教师只是少数，而这些较少的资源也长期被某些教师所占有。“她比我会说，让她说吧”，“只有她才能代表我们教研组”，

① 瓦·阿·苏霍姆林斯基. 培养集体的方法[M]. 安徽大学苏联问题研究所译. 合肥：安徽教育出版社，1983：65.

② Wang T. Contrived collegiality versus genuine collegiality：Demystifying professional learning. communities in Chinese schools[J]. Compare：A Journal of Comparative and International Education，2014，45（6）：908-930.

③ 罗国杰. 罗国杰自选集[M]. 北京：中国人民大学出版社，2007：序言.

对这样“牺牲小我，成全集体”的做法，广大教师习以为常且认为理所应当。需要注意的是，以教研制度为代表的中国教师的集体主义文化，与西方学者所提的协作文化尚有距离，其更多是停留在人为协作的层面上[①]。

此外，在实践中，“私”的概念是具体的，个人主义的定义容易理解，即私利，个人或小集团的利益。而“公”的概念则被泛化，集体主义更是抽象的，看不见的，摸不着的，这是由集体主义的属性决定的。把集体主义极端化、绝对化，必然会严重压抑个人的创造性和对幸福生活的追求，使社会发展失去活力，也会使教育走进误区。坚持集体利益高于个人利益的原则的同时，必须肯定个人的正当利益和个性解放；当个人利益和集体利益发生矛盾时，个人利益服从集体利益的前提是集体利益反映和维护个人利益，使个人追求通过集体努力达成，因为个人是社会发展的现实基础和动力源泉，利益和自我需要的满足使个人富于精神性和创造活力。提倡和弘扬集体主义的同时，也应承认并尊重个人的权利，为人们实现个人的理想创造条件，从而使个人为解决社会发展的难题贡献聪明才智，使共同富裕和个人幸福互为因果。教师个体必须认识到自我存在的意义和人生价值，在集体活动中勇于表现自我、追求自我，只有自己获得发展和成功才能提升集体活动的成效。集体是一种有组织的但容易被抽象化的存在，集体的进步和发展是通过个体的进步与发展实现的。教师只有在教研活动中充分发挥个人的能动性，争取和维护个人利益，积极谋求自我的发展，并积极地与同事进行交流和合作，在合作中查漏补缺、寻找和解决问题，才能取得更大的进步。这才是集体主义思想中的个体观。

日本学者佐藤学认为，学习共同体的目的不在于“某个教师露一手”，研讨的中心不在于教材的解释和教师的技术，而在于“学习关系的创造”与“优质学习的实现”[②]。显然，合作学习并不等于集体教育，不是发扬“牺牲小我，成全大我”精神的场所，不是简单地追求达成共识，而是让个体在共同体中，以任务为导向，与其他教师多样的见解与观点相互碰撞，增加问题解决的多样性和可选择性，通过听取不同的意见，发表自己的见解，协商、讨论，最终达成共识，接受分解任务，从而实现自我专业发展，最终以个体发展促进共同体乃至整个教师群体的发展。

三、奖惩性考核制度捆绑着教师合作的手脚

鉴于学校和教师的重要性，我国制定了较多的法律和规章制度，如《中华人民共和国教师法》《中华人民共和国义务教育法》《义务教育学校管理标准（试行）》《中小学教师职业道德规范》等。这些法律和规章制度为学校的科层管理体制、教师管理制度（如教师评奖评优、评职称、进修，教师合作的平台制度、支持体系等）等

① 宋萑. 教师专业共同体研究[M]. 北京：北京师范大学出版社，2015：300.

② 佐藤学. 学校的挑战：创建学习共同体[M]. 钟启泉译. 上海：华东师范大学出版社，2016：168.

相关决策的制定提供了直接的政策指导。在此基础上，学校内部对教师的管理更是涉及教师教学工作甚至是生活的方方面面，如对编制授课计划、备课与编写教案、课堂教学、课外作业与辅导等都进行了严格的规定，这些制度为学校教育和教师工作开展提供了政策引导。然而，制度设计并非都是合理的。以奖惩性为主的教师考核制度捆绑了教师合作的手脚。奖惩性教师评价以奖励和惩处为手段，通过对教师工作表现的评价，作出解聘、晋升、调动、降级、加薪、减薪、增加奖金等决定。

（一）合作评价机制和制度的缺位

教师合作意识和能力的提升、学校合作氛围的形成需要有效的评价机制进行督促和激励。对教师的考核和评价主要涉及思想政治表现、出勤情况、教学工作情况（教学工作量情况、备课与编写教案情况、批改作业情况、授课情况、校级以上统一命题考试科目成绩情况、公开教学情况、指导培养学生获奖情况、辅导学困生情况）、班主任工作和党政及其他工作、承担课外活动和其他活动情况、教研（教改）工作、科研情况、进修培训（或继续教育）情况等多个方面，基本上涵盖了教师在校工作的方方面面。然而，认真地对这些方面进行分析，却发现其忽视了对教师合作情况的考核。我国的教师合作评价处于缺位状态，学校没有把教师合作方面的成效列为重要的评判指标，更没有对教师的合作意识、能力、素养、精神等方面进行考核，缺少对教师合作进行系统化、整体化、个性化、有针对性的评价，对教师合作的评价只是走过场而已，这极大地阻碍了教师间合作职能的有效实现。究其原因，我国的教育评价理念以惩罚性评价为主，只是根据教师在教学业绩上的各种硬性指标来进行考核，对教师的评价是以量化形式作出的终结性、历史性、功利性评价。在这种评价机制下，采取自上而下的评价模式，主要是政府评价学校，学校领导评价各教研室（组），各教研室（组）评价教师，教师评价学生。这种评价主要是他人评价和行政评价，对教师缺乏信任与尊重。在评价过程中，教师很少有发言权，所以其积极性不高。因此，奖惩性教师评价只能促使称职教师达标，致使不称职教师更加不称职。它能督促教师按部就班地工作，却难以激发教师工作的主动性和创造性，教师始终处于被动地位。由于习惯于奖惩性评价，许多教师在制订自我发展规划时，直接把奖惩性评价中的“优秀”“先进”等荣誉称号作为个人发展的目标。依靠行政职权控制教师，仅凭物质条件刺激教师，非但不能调动教师的工作积极性和帮助教师改进教学工作，反而会增加教师的牢骚和怨气，甚至大大挫伤部分教师主动发展和自主发展的积极性和主动性，更不可能兼顾以考核促进和提升教师专业发展的功能。

（二）不合理的考核制度阻碍教师合作

在奖惩性考核制度的影响下，教师之间容易形成竞争甚至是敌视的关系，从而滋生教学个人主义和教师专业个人主义。竞争是社会进步的动力，也是合作的动力。当全球范围内的竞争越来越激烈时，全球范围内的合作也会越来越频繁，最好的合作伙伴往往就是竞争对手，但在实践中是否真能如此，对竞争各方都是一种考验。当各方目光短浅且比较狭隘时，竞争就容易成为合作的障碍，对合作造成致命的破坏。

教师是人的存在，其个人的狭隘性与局限性通常难以完全避免，所谓“同行是冤家”，一些教师往往不愿意毫无保留地向对方展示自己的全部，也难以始终无私、倾尽全力地帮助同事。正如有些教师所言，“月考是你死我活的敌人，统考是同仇敌忾的战友，而高考则是相依为命的病人”。在我国以考试成绩作为教师工作评估标准的大背景下，竞争无处不在。教师对合作价值的内在认同因学校竞争性制度与文化的消极影响而减弱甚至抵消。

由于狭隘的竞争心理作怪，在某教师群体中，假如这样的教师是群体带头人，他一般不肯与其他同样的群体带头人合作，因为他们是竞争对手；他也不愿意跟比自己水平略逊的人合作，因为合作可能会被对方赶超；同时他也不愿与水平太低的人合作，因为自己受益不会很大。因此，在其工作的环境中能够与之进行合作的同事并不多，除非选择与自己没有直接竞争关系的另一个群体的教师。由于狭隘竞争心理的存在，即便外力推动教师合作时，一些教师往往也缺乏热情，甚至有所怀疑和保留，使合作难以深入。有这样狭隘的竞争心理的教师不在少数，他们担心其他同事超过自己，有了好的教学方法不愿其他教师来参观学习，总是藏着掖着，生怕被别人学去；有了学生管理上的心得也只是在自己班级实施，取得了好的成绩更是不愿意透漏一点儿制胜的秘诀，同行是冤家的心理暴露无遗。有学者总结出教师在教育实践中不愿合作的几种常见心理，其中绝大多数与狭隘的竞争思维有关，如在合作中，个别被边缘化的教师不思进取，或不愿在合作中贡献个人才智，相反却选择放弃合作；由于对方的一次质疑，一怒之下选择永远不再合作；感到对方略有不诚恳，就选择有所保留或放弃合作；在合作中情感与自尊偶尔受到伤害，就选择日后不合作；主观认为合作中存在着歧视，所以中断合作；目光短浅，总想占小便宜，想多获取少给予，结果使合作难以为继；总怀疑对方的投入程度，所以自己常有所保留，结果使合作不能深入进行；总怀疑对方的合作能力有限，对自己的帮助有限，甚至怀疑对方合作的诚意，所以不会作出高承诺和高投入，最终导致合作失败[①]。

教师和学生生活的环境是一个充满竞争的社会，缺乏良好竞争意识和能力的人是无法适应这个社会的。因此教师合作也不能回避竞争，淡化竞争。竞争确实是生活中的一部分，即使试图将之逐出学校，也是办不到的，合作与竞争是并存的，在哲学层面上，合作与竞争就像一对矛盾，是相辅相成的。从某种意义上讲，教师之间的竞争与合作不仅是教师个人发展的手段，更是学校进步的动力。竞争只要运用

① 吴振利，饶从满. 关于教师合作问题的理性思考[J]. 课程・教材・教法，2009，（11）：69-75.

得当，是完全可以趋利避害的。因此，教师要学会在竞争中合作和在合作中竞争，而不是否定竞争的存在寻求虚假的合作。需要注意的是，学校管理者必须认识到，教师之间无论在工作能力、工作态度方面，还是在工作实绩、工作效率方面，都是有差异的，要实现学校的变革和内涵式发展，就要尽可能地缩小这种差异，而最好的方法就是鼓励教师合作。只有合作才能共享优势，才能形成巨大的动力，才能创造更多的价值；相反，鼓励竞争只能扩大差异。

要做到学校内部教师之间的合作只有学习对象，没有竞争对手，在学校中消除竞争的氛围，并非易事，以考试为中心的学生评价体系不变、以学生成绩为中心的教师评价理念不变、以升学率为中心的学校评价机制不变，学校就很难放弃评价教师绩效的行为，而教师也就很难卸下同行竞争的心理。

第三章

选择：基于合作，超越合作

一、PLC 视域下的教师合作

（一）孤立主义教师专业发展背景

把教师视为一种专业，对教师专业发展进行研究兴起于 20 世纪 60 年代末的美国，兴盛于七八十年代的欧美，90 年代后成为世界教育研究中的热门话题。随着教师专业发展理论研究的重心从群体专业化到个体专业化的转移，特别是“个人知识”理论、“个人实践知识”学说和“个人自传”假设的提出，人们对教师专业发展有了新的认识，开始从关注教师群体的社会地位和待遇转为对教师作为一种专业的关注，特别是开始对教师个体在专业知识、实践知识、专业能力获取等方面进行研究。这些研究引导着人们更加重视教师个体的实践，倡导教师在个体实践中进行反思。在此基础上，质的研究、行动研究、教育叙事、校本研究等关注教师个体专业化的研究也被越来越多的学者纳入研究视野，并投入教育实践。瑞吉欧教育体系提倡，教师发展必须从其自身的教育实践活动中去找寻，除此之外别无良法。既然教师之所以成为教师，更多的是自造（self-made），而不是被造（be made），那么，教师专业发展也就不可能仅仅仰仗学科知识的学习或正规的教育理论的学习，而更大程度上要依赖于自主学习了。

20 世纪 80 年代，美国掀起了一股教育改革的浪潮，为了克服教师专业发展所处的孤立状态，改进教学和提高学生的成绩，一些研究者主张在公立学校内部重新定义学校的结构和文化，把学校改革的焦点放在教师合作这种提高教师能力、促进教师发展的基本的、有效的组织形式上。改革强调在学校中重视教师的互助和合作，加强教师之间的专业对话、沟通、协调和合作，共同分享经验，通过互动、彼此支持以减少教师由于孤立而导致的自发行为，这就需要在学校形成一种互助合作的文化氛围，为教师专业发展提供文化境脉支撑。至此，教师合作才真正走到世界教育理论和教师教育的前台。在注重教师反思、实践的基础上，强调教师所处的社会和文化环境，在与同事的互动与对话过程中共同发展，作为教师发展的一种方式受到广泛的关注。教师合作的价值、意义、问题和策略等问题很快成为国际教师教育研究领域中的热点问题。大量的研究者开始关注教师合作，并对这一领域展开深入的研究。美国学者李特尔（J. W. Little）对“教师合作”进行了界定，并对教师合作出现的四种主要场合进行了分析；还有学者对教师合作的条件、影响教师合作的因素等进行了集中研究；我国学者崔允漷和郑东辉提出任何教师合作都必须具备主体的意愿、可分解的任务、有共享的规则、有互惠的效益等要素①；饶从满和张贵新结合西方教师合作的理论提出了我国教师合作的内涵：教师合作是教师们为了改善学校教育实践，以自愿、平等的方式，就共同感兴趣的问题，共同探讨解决的办法，从而形成的一种批判性互动关系②。哈格里夫斯从教师文化的视角分析了学校中的教师合作及其存在的问题，提出冲突与人为的合作、舒适的合作、个人主义文化是教师合作困难的根本所在。研究者更为集中探讨的就是教师合作是如何促进教师专业发展的议题。学者普遍认为，教师合作有助于激发与强化教师发展意愿、提高教师个体反思能力、促进学校组织学习。此外，从专业支持的角度来看，教师合作可以为教师提供专业性的评价和反馈，这将有助于教师获得更多的专业领域的支持，把对教学与研究的反思推向更深、更广的教育领域，完善自己的知识结构。

教师合作的理念蕴含着以教师群体反思的方式建构教师群体性专业生活的意味。随着教师合作在理论层面的热议，在实践层面，各个国家根据自己的形势、教育实际情况、教师特点，探索符合本国实际的教师合作。在东西方各具特色的文化背景下，教师合作的形式和内容呈现出欣欣向荣的繁荣局面。20 世纪 90 年代，英国中小学校际合作就已经广泛开展，教师同伴合作伙伴关系的建立已经成为英国基础教育改革和发展的重点。美国的专业发展学校则强调大学与中小学之间构建伙伴关系，以促进中小学教师与大学教师在专业发展学校中的合作和沟通。这种基于个性并倡导教师间协力合作的潮流，成为美国、英国、加拿大等西方国家教师文化发展的基本走向。

（二）教师专业发展内涵的丰富

1. 从教师专业发展到教师专业学习

目前，对教师专业发展内涵的争论已经成为教师教育领域的焦点。诸如“教师成长”（teacher growth）、“教师学习”（teacher learning）、“教师发展”（teacher/staff development）等相近的概念层出不穷。但是，在很多情况下，人们是在宽泛的、模糊的、不严格的意义上使用它们③。这样的争论非常有必要，但往往又显得如此无

① 崔允漷，郑东辉. 论指向专业发展的教师合作[J]. 教育研究，2008，（6）：78-83.

② 饶从满，张贵新. 教师合作：教师发展的一个重要路径[J]. 教师教育研究，2007，（1）：12-16.

③ 王建军. 课程变革与教师专业发展[M]. 成都：四川教育出版社，2004：67.

力。人们讨论得如此热烈，似乎弄明白了什么是教师专业发展，教师专业性就会得以提升。就其内涵界定来说，已有的研究从“内容观”“过程观”“目的观”三个视角，将其大致划分为专业知识、专业能力、专业自主、专业情感、专业认同、专业伦理等方面。内容观主要强调教师专业性应从哪些方面发展，如教师的专业知识、对于有效务实运作的自主性、基于专业责任所应有的价值和态度等。过程观则从教师专业发展的方式入手，强调教师专业发展不是通过几次培训和进修就能够实现的，而是一个长期发展的过程，需具备终身学习的意识和能力，将学习贯穿教师的整个职业生涯。目的观是针对内容观提出的，教师专业发展不能仅仅关注其发展的内容，更应该注重教师自身自主性的发挥，教师应养成自主发展的意识，拥有自主发展的权利等。但内容观、过程观、目的观都片面地强调教师专业性的某一方面，将教师专业性的内涵过度延伸和扩大，以偏概全，其中任何一个视角都不足以涵盖教师专业性的实际内涵。教师专业发展的内涵并不是单一的，对其某一方面的单独强调都是不恰当的，对其内涵的界定既应该包含发展的内容，也应包含发展的方式，更应涉及发展的目的。

然而，目前的研究认为，由于对教师的专业发展有一定的标准和参照系，教师专业发展的内容通常是先定的，而且衡量教师发展与否也是有标准的①。这种僵化的认知将教师专业发展理解为：教师专业发展需要理论，通过培训的方式对教师进行理论灌输就能促进其专业发展。这样的发展观将教师视作有缺陷的人，即按照事先制定好的教师专业标准，通过集中培训的方式，将固定不变的知识传授给教师。在这一过程中，教师是被动发展的个体，其发展是碎片化的，与自身的教学实践是割裂开的，其发展也是孤立的教师个体开展的自我“脑中学习”。在这种教师专业发展理念下的研究，也使得教师专业发展中的各个方面，如专业知识、专业精神、专业认同以及专业自主等，都是被割裂开来研究的。这种教师专业发展观和研究是十分不利于教师专业发展的。因此，教师专业发展的理念应实现由专业发展向专业学习的转变，即强调教师的学习是主动的、自主的，依赖于其所处的情景展开的，并受到其环境中各方面因素的制约。甚至一些研究者提出，应该用“教师专业学习”的概念来替代“教师专业发展”的概念②。

在教师专业学习理念下，教师如果想在其专业上得到提升，必须与其他人互助和合作，教师合作不再是其专业发展的形式和途径，而是其属性，是必须采用的途径，更是一种工作和学习的常态。学习也不再是通过正式培训的方式展开的，其日常工作中与同事的对话和协商、反思与实践就是学习，就是专业性的提升。

① 陈向明. 从教师“专业发展”到教师“专业学习”[J]. 教育发展研究，2013，（8）：1-7.

② Webste-Wright A. Reframing professional development through understanding authentic professional learning[J]. Review of Educational Research，2009，79（2）：702-739.

同时，教师的学习是情境性的，与其所处的学校文化有直接联系。这就要求教师要根据教学内容与同行、专家、学生等进行合作，展开讨论，在交流和合作中进行学习。

2. PLC 视域下的教师合作

教师 PLC 是由“共同体”这一社会学概念衍生而来的，共同体作为一个学术概念，可以追溯到 1887 年德国社会学家滕尼斯（F. Tonnies）的《共同体与社会：纯粹社会学的基本概念》一书。共同体理论渊源甚广，涉及社会学、经济学和哲学等不同领域，这些视角以多元的方式重新阐释了共同体的内涵。这一概念进入教育领域，始于 20 世纪 80 年代，源自当时世界范围内学校改革带来的对学校组织形式的重新认识。有学者指出，其本身经历了由高效能学校研究（effective schools studies）、校本改革（school-based reform）到体制改革（restructuring）的螺旋式上升过程①。变革的经验告诉我们，学校变革不能仅关注某个要素或某个局部问题，而是要将其作为整体，系统地分析其内部各个要素之间的相互联系和作用，强调学校的整体变革。在这一理念的转变背景下，教师教育和教师专业发展的范式也发生了改变，PLC 的提出迅速得到研究者的重视，并直接促使了教师专业发展的转向。PLC 的概念实质可追溯到“共同体”和“学习型组织”理论，多数研究将成人学习理论、团体行为理论、教师专业发展理论融汇到其内涵研究中。1950 年，彼得·圣吉（P. M. Senge）提出“学习型组织”概念，其核心概念是系统思考、自我超越、心智模式、团体学习和共享愿景。在教育中，“学习型组织”一般被当作 PLC 概念之源，虽然这一概念最初流行于管理学和社会学，但不久便出现在了教育文献里，并成为 PLC 概念的雏形，在此基础上演化、发展出了多个版本的 PLC 概念。20 世纪 90 年代，PLC 尚未被普遍关注，1995 年，霍德（S. M. Hord）等开始在一些学校推广“持续探究及改善的共同体”（communities of continuous inquiry and development）的观念，这个观念后来发展成为 PLC②。这一时期研究教师 PLC 的代表人物有霍德、杜福尔（R. DuFour）、埃克（R. Eaker）、麦克劳林（M. W. McLaughlin）、霍夫曼（J. B. Huffman）、哈格里夫斯、劳尔（P. A. Lauer）、迪安（C. B. Dean）等。这些研究者在前人研究的基础上，不断丰富教师 PLC 理论，并针对该理论的不同方面开展研究。2004 年，国际教育教学委员会将“教师即学习者：建构专业发展的共同体”定为主题。PLC 作为一种实现学校变革和教师专业发展的有效途径，既为教师专业发展提供了资源和情感支持，也为教师专业发展搭建了实践反思的平台。

值得一提的是，PLC 与合作学习小组有着一定的相似之处，但也有明显的区

① 段晓明. 学校变革视域下的专业学习共同体[J]. 比较教育研究，2007，（3）：74-77.

② 李子建，宋萑. 专业学习共同体与课程发展[J]. 课程·教材·教法，2006，（12）：24-28.

别。它们都强调成员之间的合作、交流与共同成长，也都追求成员之间的合作互动、共同进步，都从知识的社会建构性出发，重视意义的合作建构，鼓励学习者之间的经验交互[①]。它们的区别也十分明显，主要在于以下五个方面。第一，合作学习小组是基于社会心理学与教育心理学研究，吸纳了心理学的研究成果而建立的互动，其聚焦于小组成员个体对交流知识的理解和掌握、认知发展以及学习态度与情感的变化；而PLC则吸纳了社会学与人类学的研究成果，强调成员个体在PLC的社会文化中成长，促进真实的意义生成。第二，合作学习小组属于强控制，对小组内成员的学习任务、活动步骤和规则有着明确的规定，大多由教师事先规定或安排好，学生要在规定时间内按规则与要求进行交流和对话；而PLC属于弱控制，尽管也有一定的合作任务，但合作的时间、地点、组织分工和合作过程等有较大弹性，可以根据成员的意愿进行合理调整。第三，合作学习小组中的合作一般是直接的面对面互动，界线比较清晰；而PLC中的合作既可以是直接的，也可以是间接的虚拟互动，或仅仅是一种精神交流、情感支持和共同意识，它更多地强调成员之间的心理感受。第四，合作学习小组侧重知识、技能的掌握与认知发展；而PLC除了知识技能的学习，还特别关注教师情感和精神的变化与发展，以及在此过程中教师专业身份的形成与社会文化的成长。第五，PLC中的学习所强调的学习有其特殊内涵：学习是去发现、产生新的价值而非简单地在群体成员之间传递价值；学习目的在于共同体成员之间分享和发现、产生新的知识，而非像小组学习那样围绕一个具体目标实现一系列的任务；学习是去探究现在的和新的知识，促进PLC整体发展和内部成员个体发展，而非通过事先做好的工作计划的推进取得成就；学习突出共享、分享思想和解决问题的专业性，而非一般意义上的突出合作形式的学习。也就是说，PLC中的合作是有生命的，它承担了计划、教育和行为描述的角色，它可以超越合作这一固定形式，以自然自发的形态和巨大的包容性，不断拓展似有似无的存在空间，将不同阶段、不同需求的教师发展纳入进来，在其庞大的空间支持中进行多层面的互动，以实现其持续而良性的发展。

二、PLC：基于合作，超越合作

正如上文所言，简单的任务分工、缺乏新知识产生的合作并不是PLC所强调的教师合作。除了强调成员之间在自愿、平等基础之上，有共同的学习目标，共同商讨和交流外，它还对合作提出了更高的要求，如对合作性质的自然性、合作的多元包容性、合作目标的明确性、合作主体的多元性、合作场域的拓展

① 赵健. 学习共同体的建构[M]. 上海：上海教育出版社，2008：42.

性、合作资源的共享性、合作形式的多样性、合作过程的深入性、合作实践的反思性等方面都进行了界定。也就是说，这里的合作是在较高层次上形成教师PLC中的合作。需要注意的是，教师合作只是PLC的一个特征，后者更为关注学习者创造进入共同体的机会，提供多层次的合作及同伴的交往互动，并在此基础上形成合作型的教师文化。在合作型教师文化的氛围中形成PLC，引导教师互动的协作更为有效地促进教师获得认知、情感、态度和动机方面的改善，以及获得专业上的学习、成长和发展，同时也获得PLC的构建和更新。可见，这种合作是在一定文化背景下的交往互动，是基于合作，同时又超越一般意义的一种合作。

（一）合作文化的自然性

哈格里夫斯强调教师合作文化的自发性，他从文化形式的视角，把教师的合作文化划分为合作的教师文化和个人主义两种类型，而合作的教师文化又分为人为合作和自然合作两种①。所谓的自然合作的教师文化，就是共同体所强调和体现的合作文化的自然性，主要表现为合作的自愿性和教师合作的主动性。

1. 教师合作的自愿性

教师PLC是教师因共同的专业发展需求及相同的专业兴趣而建立的一起交流、学习的组织。它代表着这样一种理念：共同体的成员因为共同的需要和兴趣进行学习、交流等活动，形成共同的文化、认同感与归属感。教师PLC以教师自愿加入为原则，以教师和学校已经形成的合作文化为基石，以教师自发性为PLC建构和发展的动力。PLC中的教师可以自由地开展交流与合作，自主选择交流的内容，自主确定形式、方式和执行步骤。这是教师PLC与已有的合作组织，如学习集体、合作小组等最明显的区别。传统的教师合作组织，如教研组、备课组、学科组等在一定时期发挥了一定的作用，促进了教育教学质量的提高，但因为它们的价值取向主要定位于学生学习成绩的提升、教师教学技能的提高和整个学校教育教学质量的提高，而非从社会文化的角度进行价值定位，所以，这些组织在实际运行中并没有以理想的方式促进教师间的合作。教师PLC是教师合作的重要组织保障，对于促进教师间自然而然合作的产生具有重要的意义。

2. 教师合作的自主性

以往学校教育中的教师合作，大多数是人为合作，通过一系列正规的、特定的官方程序来制订教师合作计划，如强制性的小组教学、为新教师安排指导教师等，都是人为合作的表现。这种人为引导、制度安排，目的是增强教师间的联系，以实

① Hargreaves A. Changing Teachers，Changing Times Teachers' Work and Culture in the Postmodern Age [M]. London：Cassell，1994：165-166.

现合作与共享。然而，当合作型文化遇到学校制度化的控制体系时，教师间的合作就表现出了较大的强制色彩，制度文化下的人为合作更多地表现为教师合作是由行政命令强制进行的，较少顾及教师个体的特征和感受，合作的内容，制订和实施合作计划的时间、地点等由合作主体以外的其他人制定的规章制度来规定，合作的过程也是按照事先制订好的计划来进行的。在这种强制合作的限制下，教师之间的合作只是应付差事，仅限于表面，缺乏深层次的交流和互动，更不会有新知识和新技能的产生，在专业情感、身份认同上也不会有更进一步的提升，没有真正发挥合作这一形式的重要作用，教师仍是单打独斗，独自发展。因此，哈格里夫斯认为，这种人为的合作只是一种促进和支持合作的结构与期望的脚手架，它还是限制合作型文化的宏观管理的监狱。无论人为合作是被热情高涨的校长所倡导，还是被小组负责者所指引，它都将产生一种出于压力之下的暂时性的团队合作热情，很难产生持续性的改进①。与这种强制性不同，PLC 视域下的教师合作，突出其合作的自主性，在教师自愿、主动进行专业学习的基础之上，建立合作组织。在 PLC 中，教师可以根据一定的主题或任务，在协商的基础之上自主选择。以教研组为例，新课程的开发是教研组活动的重要议题，然而课程开发并不是教师个人的行为，它是教师之间相互交流经验、探讨问题、分享成果的过程，它需要教师之间进行交流与合作。尤其是校本课程开发，它需要学校组织校本课程开发的课题组，各组员在组长的带领下，在交流与合作中积极挖掘地方资源、分析学生需要、设计课程内容。在此基础上，教师可以根据学生的具体情况，依据自己对课程的理解，合理地、创造性地丰富和调整教学内容，选择课程资源。

（二）合作目标的明确性

1. 合作要带有一定的针对性

合作要有针对性，教师要带有一定的目标和任务进行交流和学习，盲目的、无目的的合作会降低教师合作的意愿及最终的效果。在以往的合作小组中，合作必须围绕一定的任务展开，而合作中学习的目的也是围绕一个具体目标通过完成一系列的任务而实现的。这是判断合作最终是否实现的重要标准和依据。任何形式的合作都要围绕目标展开，但这个目标却大不相同。关于 PLC 中合作任务的选择有三个标准：能否（can）合作、应否（should）合作、是否（whether）合作。能否合作是指该任务是否可以通过合作来完成，即合作的可行性。这一情境的合作要求学校要达到合作的标准，符合合作的条件，如学校是否搭建好合作的平台、学校教师自主管理的程度以及学校合作文化的氛围等。应否合作是指该任务是否必须通过合作才能完成，即合作的必要性。这种任务情境的合作会让教师感知到合作对自己专业发

① 安迪·哈格里夫斯. 知识社会中的教学[M]. 熊建辉，陈德云，赵立芹译. 上海：华东师范大学出版社，2007：148.

展的意义，会尽可能地避免浅层次交流，要求必须生成新的知识和理念。是否合作是指该任务是否能激起教师合作的意愿。如果教师在看到合作的任务后，对这一情境并没有较高的合作愿望，将会大大降低最终预期的效果。这三个方面是衡量一个合作任务恰当与否的标准。学校中这样的任务有很多，如通过改善评课这个载体进行专业合作，再如备课组合作设计某个单元并用作监测学生学习情况的作业，也可以作为一个很好的任务载体来使用①。此外，任务还要具有可分解性，能让教师明晰自己的任务和要承担的责任。

2. 合作要带有一定的目的性

知识建构、生成和创新是 PLC 所追求的目标，知识创新包括组织创新、技术创新、认识创新、文化创新等。教师作为知识与经验的创造者，只有不断进行教学改革和创新，才会有更多的教学新知识、新经验，从而改进教学实践，实现学生发展和学校变革的目标。在传统的学校组织和合作学习中，教师之间倾向于互相封闭，很少进行深入的专业交流，导致经验丰富的教师经过长期实践、学习和反思积累起来的丰富的专业知识随其退休而被埋没；而刚入职的教师却不得不从一个较低的起点开始孤独地探索。由于彼此的封闭，一部分教师在承受着专业知识和经验不足的痛苦，而另一部分教师则把自己的专业知识和经验“效益最小化”，这种“自生自灭”的教师专业发展耗空无数的智力劳动②。同时，这种合作存在着大量的旧知识，也就是众所周知的知识和经验，它只在教师合作中相互传递，并没有新的知识和理念的产生。然而 PLC 则不同，在这种合作中共享只是合作的前提，它还强调共同体成员之间发现、产生新知识和新理念，作为一种高通透性、高互动性的组织实体，其成员的发展绝非孤独的个人摸索过程，它为教师参与社会性的学习提供了机会和环境氛围，使他们能够在互动的伙伴关系中，彼此支持引导，建构自己的专业知识。因此，这种学习要求教师必须广泛地参与到社会性的合作、对话和交往中。在合作中，一般涉及的教师知识方面的发展，主要有学科教学知识、学科知识、课程知识、一般教学法知识和学生知识五类知识。其中，学科教学知识被教师认为是合作中最重要的议题，也是最受教师重视的知识。一方面，学科教学知识是 PLC 中最突出教师专业性的话题，话题性最强，最易引起共鸣；另一方面，教师认为这类知识对其教学质量的提高最为重要。教师通过与同事的交流、讨论、协商，最终结合自身教学实践，基于这个模糊性的经验判断进行自我反思，通过某一次的教学实践得出与之相似或者相关的经验，这就是新知识和新理念的产生。

① 崔允漷，苛政等. 学校本位教师专业发展[M]. 上海：华东师范大学出版社，2013：160.

② 周成海. 客观主义——主观主义连续统观点下的教师教育范式：理论基础与结构特征[D]. 长春：东北师范大学，2007.

在 PLC 中，合作并不突出任务和目标的完成，而关注个体在共同体中的成长、获得，并在合作过程中，通过彼此的交流和互动、知识和理念的共享而最终都有所收获。虽然已确定的目标和任务没有完成，但个体在互动中有所收获，通过合作形成了新的知识和理念。

（三）合作边界的模糊性

小组合作强调合作是直接的、面对面的交往互动，界线与边界都比较清晰；而 PLC 中的教师合作更多的是一种间接的精神交际、情感支持和共同意识，强调成员之间的心理感受。因此，其合作边界具有较强的模糊性，强调合作的组织形式，却更突出合作文化的产生，以及其作为一种教育生态的构建、维持和更新。

首先，教师 PLC 中的成员有着共同的专业兴趣和价值追求。教师教育共同体不同于家庭、社区等生活共同体，它既不是以血缘或地缘为特征，也不是以追求现实的物质利益为诉求，而是以共同的专业发展志趣和价值追求为标志。这种相同的精神追求不仅满足了共同体各成员之间的情感需求，更为重要的是它使共同体具有了强烈的精神特质，是共同体成员进行交流的基础。

其次，PLC 中成员与群体之间存在着强烈的情感凝聚力量和群体团结精神，他们可以在合作中进行精神上的互动和交流，这也是 PLC 所强调和突出的。PLC 的成员有着共同的目标和追求，他们是志同道合的精神益友，都在为教师教育这一共同的事业而学习、进步。教师专业发展这个永恒的话题把他们紧密地团结在一起，个体之间虽然没有如同亲人般的血缘关系，受到地域和空间的限制也不会长期地生活在一起，但实际上，正如英国社会学家鲍曼（Z. Bauman）所言，“共同体是一个温馨的地方，一个温暖而又舒适的场所。它就像一个家，在它下面可以遮风避雨；它又像一个壁炉，在严寒的日子里，靠近它，可以暖和我们的手”[①]。PLC 就是一个温馨、舒适、亲密的家。在这里，共同体成员和睦相处、相互理解、相互支持、相互帮助。共同体成员彼此尊重，和而不同。然而，这个“家”只是理论上的幻想，充满了浪漫主义色彩，它是我们追求的终极目标，但在探索的道路上，充满了坎坷和荆棘、不足和不满。这就需要我们不断追求、不断追问 PLC 这一重要而永恒的话题。

以大学与中小学合作建立的 PLC 为例，这种合作形式是超越了单一的 PLC 边界而建立的多个不同共同体、活动系统和组织交叉、重叠的区域，也是来自不同共同体的成员互动、交流的平台。在这里，不同的视角、理念、话语产生冲突和矛盾，继而产生碰撞与融合，不同实践之间的互动可以强迫成员对自身的假设进行重新审视。边界地带蕴含着知识迁移和创新的潜力，跨越边界可以是深度学

① 齐格蒙特·鲍曼. 共同体[M]. 欧阳景根译. 南京：江苏人民出版社，2007：序曲：2.

习的源泉。专长是某一实践的核心部分，而新的观点和发展却经常出现在不同共同体的边界地带①。

（四）学习场域的拓展性

PLC 对于教师学习的重要性在日益多元和快速变革的时代日益凸显，共同体的学习场域也随着时代的需要发生了较大程度的拓展，不再将教师学习局限于有组织的共同体之内。鉴于有组织的共同体可能局限于自身的历史，变得孤立、排斥和封闭，将注意力集中于自身结构和组织的建构而影响到其成员的学习和创新，PLC 与积极的边界活动相结合，为创新性学习提供了多样化的资源。个体仅仅从自身的学科和专业范围内获得知识和能力已经不能满足社会的需求，必须与多个 PLC 的成员互动，在多个空间穿梭，利用更多领域和空间的知识展开学习。

其中一个重要的空间提供者就是互联网，它突破了现实空间的时空限制，改变了传统的教师专业发展模式，使其有了创新和拓展的可能。如今，网络已成为教师生活中重要的一部分，它也在慢慢地改变着教师的工作方式。例如，许多教师建立了个人博客、微信公众号、QQ 群，将自己的教学和科研心得与感悟写成微文章或者拍成微视频，放在网络上传播和交流；许多学校建立了局域网，教师可以通过网络共享教学资源，交流教学感想，为校内教师的合作与交流提供了新的方式。此外，通过互联网，教师能得到本地学校不能提供的高质量的在线专业发展的机会，可以与专家及同伴合作，进行持续的交流和探讨。互联网打破了一线教师互相隔绝的现状，不断地扩展着其交往的空间，形成区域性的教师网络，促使教师间的合作从校内走向校外，在区域内实现资源共享，打造区域网络共同体；甚至还可以通过区域性城市与农村、名校与普通学校教师之间的合作，建设多种类型的专业学习虚拟共同体。有研究表明，基于 QQ 群的教师学习共同体具有开放性、非平衡性、非线性相互作用、涨落性等自组织系统耗散结构形成的基本条件，是其发展的重要基础，它与 QQ 群平台的组织架构特性一起，影响着共同体成员的身份确立、协作交流、关系生成以及共同体资产的延续与拓展②。

在这个拓展领域的 PLC 中，一个个拥有共同愿景的教师个体（领域专家、优秀教师、同辈教师）借助网络工具组成了学习团体。团体中的成员尊重多元化的观点，充分利用各自优势，积极创造有机的、和谐的学习环境；团体为教师个体提供学习机会，使教师个体的学习具有建构性、情境性、社会性和参与性；拥有共同愿景的教师个体通过网络环境的情境互动、深度的资源共享、广域的情境交互、依靠

① 王晓芳. 从共同体到伙伴关系：教师学习情境和方式的扩展与变革[J]. 华东师范大学学报(教育科学版)，2015，（3）：43-52.

② 孟召坤，兰国帅，徐梅丹，等. 基于 QQ 群的教师学习共同体运行现状研究[J]. 开放教育研究，2015，（5）：101-111.

彼此信任而建立的约束机制、短时或暂时的社会性联系等方式，建构意义学习，开发自身的成长潜能。基于博客的教学叙事或教研感悟，以及基于QQ/MSN、E-Mail、BBS、微信等信息技术手段支持的教学信息交流，都可以实现同步和非同步进行。网络学习共同体内的专业引领，其实质是理论对实践的指导，是理论与实践之间的对话，是理论与实践关系的重建①。在拓展领域的PLC中，其主要成员是提供丰富知识的教师和提高其专业能力的在线专家，这些专家由学科理论研究员、技术人员和有特长的教师构成。当虚拟环境中的学习共同体作为专家或研究人员的研讨平台时，专家人员就可以为一线教师的教学提供有针对性的专业指导和支持。同时，一线教师还可以在专家、共同体的其他教师及临时访客的帮助下，自主地针对其在教学实践中遇到的某个问题进行讨论，甚至可以有组织地定期为解决某个问题进行专题研讨和交流，直到问题解决。

另外，场域拓展就是建立多个伙伴关系，这些伙伴包括父母、政府和高校、地方共同体成员、社会服务机构、心理咨询服务机构、企业与公司等，如与新闻媒体、互联网、学校刊物或简讯、家庭联络簿等合作，还有家校合作模式，通过共享的愿景或特设的项目将双方很好地连接起来而形成PLC。

（五）合作形式的多样性

1. 合作主题的类型

在学校层面，常见的教师合作类型有：教学-教研-科研型、教研-育师-课改型、实践-学习-研究型、预设-生成-反思型、个人-同伴-专家型等。其中，教学-教研-科研型、教研-育师-课改型、实践-学习-研究型是从合作任务的性质上来划分的，可以是为了改进教学工作，采用教研合作的形式，使用教育科研的方法；也可以利用教研活动进行教师培训，促进课程改革；还可以通过对教师日常实践中的问题进行分析，在实践中，共同学习相关文本，查询搜集资料，最终达到解决该问题的目的。预设-生成-反思型是从合作展开的过程来说的，即精心地预设合作的结果，教师通过智慧的碰撞，深入地反思经验教训，参与讨论和研究。这些校本研修性质的PLC，可以采用多层论坛（如校长论坛、书记论坛、学科主任论坛等）、主题研讨、教学诊断、骨干引领、学术沙龙等形式，通过备课、磨课、观课、议课，以及课前教研-课例研讨-教学评价-教学反思等环节，进行多形式、多层面、多维度的互动合作。个人-同伴-专家型是根据合作的人员来划分的，在个人自主研究的基础之上，利用集体学习和交流的机会，与同伴积极研讨，对有分歧的问题展开深入争论，在高等院校和县（市、区）教研机构的专家的引领下，提升合作的品质，促进教师专业发展。

① 吴兆颐. 如何创建学习型社区[M]. 北京：人民出版社，2004：9.

2. 合作的载体类型

教师合作的开展需要一个良好的载体，它能聚焦教师的研究视野，凝聚其专业智慧，让教师在任务分解中有选择性地找到自我发展之路。载体的选择需要校长和教师在教学工作中不断地摸索，结合学校发展和变革的特点，凝聚共识，寻找合作路径，如采用教研组、教研室、学科组、课题组等形式进行的集体备课、公开课、听课-评课-说课等教研活动，这些传统的合作形式都是构建 PLC 的基础——通过不断的反思进行重构。例如，杭州市余杭中学与华东师范大学课程与教学研究所建立了 U-S 型 PLC，开展了“基于合作的教师专业发展”研究。在长达 6 年的合作中，余杭中学提出了 OAE 学案：目标（objection）—活动（activities）—评价（evaluation）[①]。这是一个十分成功的探寻合作载体的案例，在这一过程中，专业合作由浅入深，逐步深化，教师专业发展所需要的知识和技能在此过程中不断得到更新，也增强了教师专业发展的信心和信念。

（六）合作规范的科学性

PLC 强调在合作时，要从共同体的共同愿景出发，增强共同体的向心力和凝聚力，其成员要一起确定共同体名称、工作口号、共同体目标、共同体公约等，形成一个有共同愿景、共同目标、志同道合的学习共同体。同时，学校从整体氛围创设，共同体组建、协调安排上进行保障，保证 PLC 的顺利运行。

PLC 视域下的教师合作的科学性主要体现在以下几方面。

1. 合作平台选择的原则

学校要搭建日常专业活动平台，贴近教师的日常工作实践，易进入、易开展；搭建生活平台，组织开展教师喜闻乐见的活动，教育主管部门和学校要设计支持性的活动计划，让合作自然、流畅；学校也要注重知识交流平台的搭建，将那些从不同教师之间的差异中提炼出来的新观点，通过此平台传递到特定的、需要的教师身上，分享给其他教师，让教师个人的知识上升为学校的知识。

2. 合作的时间与人数

学校要单独安排时间以保障教师进行集体学习的时间，因为如果没有共同的时间，教师就无法合作；学校必须富有创造性地安排实践，以保障教师的集体学习和研究，因为不同主体的合作既有可能与教育主管部门的某些规定相冲突，也有可能和校规校纪相冲突，甚至和家长、教师的期望相冲突。在人数上，教师较多的学校可分为若干小组进行集体学习和研究，30～40 人为一个小组比较合适[②]。

---

① 崔允漷，苛政，等. 学校本位教师专业发展[M]. 上海：华东师范大学出版社，2013：196.

② 霍德. 学习型学校的变革：共同学习，共同领导[M]. 胡咏梅，等译. 北京：中国轻工业出版社，2004：11.

3. 共享决策权

部分的自我管理权力是教师合作的重要保障。校长要适度地给教师授权，给予共同体更多的权利，邀请教师参与决策的制定与实施，提供支持性的分享决策。校长要建立决策共享的结构与过程，对教师进行新角色和新责任方面的相关培训；还要对学校的实质性问题，如预算分配、教师发展、学校规划、课程和学生评价等，进行决策共享，征求全体教师的意见，让他们共同承担更大的责任，并决定学校发展的方向；允许所有教师都参与到决策的过程中，并且没有等级的区别，这样教师们会感觉到参与学校决策的投入是值得的，更相信校长会支持和尊重他们的决定。校长还要帮助教师养成参与决策（尤其是那些影响日常工作的决策）的意识和积极态度，因为不断增强的参与意识会使教师反复强调自己在决策中的角色，发展自我，促使深度合作的开展。在共同体内部管理上，共同体的形成是出于自愿的，成员每周轮流进行服务性工作，其活动开展的时间可以是一周也可以是一个月，使成员有足够的时间进行合作学习交流。在共同体中，不存在上下级关系，同事和领导之间是平等的，能沟通、交流、分享、合作。在共同体中，每个成员都有作为领导者并被赋予一定的权力的机会，目的是加深对学习共同体领导者的理解和认识，而非培养领导者，这样做能增强教师的自信心和责任心，促进学校发展和教师发展。

（七）合作等级的深入性

按照开展情况，合作由高到低可分为整体协作、部分合作、非本质性合作、形式性合作四个等级。整体协作对合作的要求较高，针对共同体内部不同小组所要完成的任务，教师能够从整体上提出解决问题的策略。在这一过程中，其他教师能针对解决策略提出质疑，对出现的不同观点进行讨论、争辩、商谈。经过积极的讨论之后，达到理念上的共识，并明确问题解决的步骤。部分合作是指尽管有些教师能就不同意见发表自己的观点，积极地加入协商中，也能在协商之后完成分解任务，但他们最初不能从整体上提出解决问题的观点，也较易受到新观点的影响。非本质性合作是指教师能够认真倾听不同意见，接受最终协商的结果以及分解任务，但整个合作层次较低，只针对与任务无关的问题展开讨论，没有涉及问题的本质。形式性合作是合作的最低级别，没有合作的任务或任务不明显，只是简单的任务分工，教师也只是在形式上、组织上进行了“合作”，缺乏深层的沟通和交流，没有新理念和新知识的产生。严格意义上来说，形式合作不是共同体所强调的合作。因此，从理论上说，PLC 强调的合作是深层次的合作，某种程度上的部分合作，更多的是要求进行整体协作。判断整体协作的标准除了有新知识、新理念的产生外，还有其对新知识和新理念的态度。在以往的教研活动中，经常会遇到的一个困境就是，面对因不同声音和观点而产生的争执、冲突，为了避免冲突行为的发生而采取不了了之的态度，这种不同的声音和观点也在“避免冲突”的思想中被磨灭、扼杀。PLC

则不同，它要求教师合作必须有独立的思维（independent thinking）、多性观点的讨论（discussion of alternatives）以及观点的对抗与冲突（confrontation of perspectives）①。在 PLC 中，冲突有其正面属性，冲突对共同体、教师和学校变革有着重要的建设性和推动性影响，会增强共同体功能的发挥，促进教师发散性思维的产生，改善他们之间的人际关系，推动学校变革。法国哲学家加缪（A. Camus）认为，“荒诞是指非理性和非弄清楚不可的愿望之间的冲突，弄个水落石出的呼唤响彻在人心的最深处”②。因此，在这种冲突观的影响下，PLC 鼓励和支持不同的声音和观点，这些不同的声音和观点恰恰是新知识和新理念产生的“萌芽”。

（八）合作实践的反思性

舍恩认为，教师在专业发展过程中，除了要掌握专业知识和技能外，其中更需要发展的是其反思性精神，即“教师即反思性实践者”③。他认为，教师的学习是反思性的学习，教师把对自己教学的质疑和探讨作为进一步发展的基础，要有教学的信念和技能，在实践中对理论进行质疑和检验的意向，能接受其他教师来观察他的教学，或直接或间接地与他人进行坦率而真诚的讨论。杜威在论述反思性教学行为时特别指出，反思者必须同时具有开放的态度、责任感、执着的精神④。其中，开放的态度要求教师要用一种积极的心态去倾听多方面的意见，而不是固守一种观点，对可能的选择给予充分的关注和重视，不断地反思自己所热衷的信念中可能存在的错误。持有开放态度的教师在对待学生学习和教学问题中的不同理解和观点时，常常采取一种批判性分析而非反感、抵触的态度。这类教师不会只固守一面旗帜和一种观念，也不会用一种挑衅的态度去对待其他人的观点，而是善于倾听和接受他人有益的理念和观点，同时也能够包容自己和他人的不足，甚至当冲突出现的时候，能适度地掌握沟通的技巧，避免冲突行为的产生。

PLC 十分注重教师实践反思的依托。教师的反思要以课例为载体，以课堂研究为重点，着重对教学问题进行诊断，找出问题所在。共同体鼓励教师上反映自己常态的真实的课；鼓励上课教师自我反思，说出自己真实的想法，如哪些是按新课程理念作出的有意识转变，自我感觉效果如何，有什么困惑等；鼓励观课人帮助分析教师课堂教学行为背后隐藏的观念，帮助教师努力向新知识和新理念生成上发力。

此外，教师反思意识的产生需要有深厚的学校文化作为基础和土壤。首先，校园文化应该是多引导少干预、多鼓励少强迫。学校注重教师之间、共同体内部的团

---

① De Lima J A. A forgetting about friendship：Using conflict in teacher communities as a catalyst for school change[J]. Journal of Educational Change，2001，2（2）：97-122.

② 阿尔贝•加缪. 西西弗神话[M]. 沈志明译. 上海：上海译文出版社，2013：22.

③ 李建年. 舍恩“反思性教学”理论述略[J]. 贵州教育学院学报（社会科学），2006，22（5）：8-11.

④ Dewey J. How We Think[M]. Chicago：Henry Regnery，1993：17.

结，加强和建设平等、理解、尊重、信任、团结与奋进的校园文化，让大家在融洽和谐的氛围中拉近关系，乐于分享成功的经验和失败的教训，赞扬彼此的成功，在对方遇到困难时提供帮助。其次，学校应形成共享价值观和愿景，协调好个人愿景与集体愿景。共享愿景对共同体长期、稳定的合作十分重要，能有力地激励和维持合作意愿，铸造合力，提升凝聚力。共同体中教师合作的共享愿景就是教师的工作必须促进学生的发展。在共同体中，教师的所有工作都是为了促进学生发展，引导学生掌握自主、合作、探究的学习方式，培养学生的创新精神和实践能力，而不是自己教学技能的展示和炫耀。最后，学校应鼓励教师参与到愿景的设计中，并指导教师将愿景作为其教学工作的指南。在共享愿景的指导下，教师能够主动地将教学理念内化，变成符合教学理念的操作模式，促进教学工作的改进以及学生的发展。

第二部分

追问与解读：PLC视域下教师专业发展的理论引导

理论是思考的根本，也就是说，是实践的精髓。

——玻平兹（L. E. Boltzmann）

本部分主要从理论上分析 PLC 如何促进教师专业发展，具体包含 3 章内容。第四章将从 PLC 促进教师专业发展的理论基础开始探寻，分析其在建构主义学习理论、社会建构主义理论以及社会互动理论等引导下，是如何为教师专业发展提供支持的，同时还对 PLC 理论进行了论述，对其概念的演变、内涵、研究视角以及功能等展开论述。第五章将重点分析 PLC 与教师专业发展之间的关系，基于对前者的现代语境解读，将其作为一种微型的社会生态系统，进而提出二者的双向互动关系。第六章将对 PLC 中的几对矛盾，即同质性和异质性、合作与冲突、个人主义与社群主义之间的博弈，进行深入解读。

第四章

相关理论概述

一、理论基础

（一）建构主义学习理论

20 世纪 90 年代以来，随着心理学家对人类学习过程及其规律研究的不断发展和深入，作为认识学习理论的一个重要分支的建构主义学习理论，在世界范围内越来越受到重视。建构主义作为认知心理学派的一个分支，是学习理论在行为主义发展到认知主义之后的进一步拓展，被誉为“当代教育心理学中正在发生着的一场革命”。建构主义学习理论的主要代表人物有皮亚杰（J. Piaget）、科恩伯格（O. Kernberg）、斯滕伯格（R. J. Sternberg）、卡茨（D. Katz）、维果斯基（L. Vygotsky）等。建构主义学习理论的哲学渊源包括 18 世纪的意大利哲学家维柯（G. B. Vico）的“新科学”、19 世纪德国哲学家康德（I. Kant）的“哲学革命”和 20 世纪美国哲学家杜威的经验自然主义；心理学渊源包括皮亚杰的儿童认知发展理论、维果斯基的文化历史发展理论等。

1. 知识观

建构主义学习理论试图从客观主义认识论的视角解释学习的本质。皮亚杰认为，知识既不是客观的东西（经验论），也不是主观的东西（活力论），而是个体与环境交互作用的过程中逐渐建构的结果，智慧的本质是适应①。知识既不是对现实世界的准确表征，也不能准确无误地概括世界的法则，它只是人们对世界认知的一种假设，会随着人们对世界认识的改变而不断更新和改变。知识是一个意义建构的过程，具有相对正确性、情境性、个体化、复杂性等特征。因此，知识的获得不是从外界传输进来并被人们所接受，而是建构出来的。建构知识是人类天生具有的本领，人们用建构的方式去认识和理解他们所在的现实世界。首先，知识是认知主体主动地运用已有知识经验对新知识、新信息进行意义建构的过程，具有相对的准确性。其次，知识还具有情境性，需要针对具体问题的情境进行再加工、再创造。最

① 施良方. 学习论——学习心理学的理论与原理[M]. 北京：人民教育出版社，1994：168.

后，知识还是个体化的产物，尽管通过语言赋予了知识一定的外在形式，并就这些“命题”达成了一定程度上的较为普遍的共识，但这并不意味着学习者对这种知识就有同样的理解。真正的理解是由学习者基于自身经验、背景而建构起来的，取决于特定情境下的学习过程。

2. 学习观

这种知识观将对传统的学习观和教学观提出很大的挑战。每个人的经验世界是用自己的头脑创建的，由于个体的经验以及对经验的信念不同，每个人对外部世界的理解也会存在差异。首先，学习不是把知识简单地传递给学习者，而是学习者自己建构意义（知识）的过程。在这一过程中，学生不是简单地、被动地接受外部信息（知识），而是主动地建构知识的意义，是对外部信息进行主动的选择、加工和处理，从而获得自己的意义、建构自己的理解。这种建构是无法由他人来代替的，只能通过与外部世界的相互作用而产生。其次，学习也不是简单的信息积累的过程，而是包含新旧知识与经验的冲突，以及由此而引发的认知结构的重组。最后，学习过程不是简单的信息输入、存储和提取，而是新旧知识经验之间相互作用的过程，也就是学习者与学习环境之间互动的过程。如果学习者最终形成的对概念的理解是丰富的、有着经验背景的，那么他们在面临新的情境时，就能够灵活地建构起用于指导活动的图式。因此，建构主义学习理论提出了学习环境的四大要素：情境、协作、会话、意义建构。

1）情境

情境是指与学习内容相关的一切信息，其组织是有利于学生对所学内容进行意义建构的。尽管建构意义来自人的智力，它发生在人的大脑中，但是我们不能离开实际生活，在头脑中抽象出虚无的、孤立的事实和理论，而学习是建立在已知事物之间的关系及人类确立的信念基础上的。因此，学习环境中的情境必须有利于学生对所学内容的意义建构。

2）协作

协作贯穿于整个学习过程，即在教师及学习同伴为了建构所学知识相互帮助、相互合作的过程中，从学习资料的搜集与分析到假设的提出与验证，再到学习成果的评价，直至意义的最终建构，处处都有协作的“身影”。

3）会话

会话是协作过程中不可缺少的环节。在协作过程中，学习者与教师、学习同伴之间相互交流，学习小组成员之间通过会话商讨如何完成规定的学习计划，每个学习者的思维成果（智慧）为整个学习群体所共享。协作的过程也是会话的过程。因此，会话是实现意义建构的重要手段之一。

4）意义建构

意义建构是整个学习过程的终极目标。在一定的情景中，通过协作和会话，学习者对事物的性质、规律以及事物之间的内在联系有了深刻的理解，从而更新、完善其已有的认知结构，进而建立新的认知结构（图式）。因此，获得知识的多少取决于学习者根据自身经验去建构有关知识的意义的能力，而不取决于学习者的记忆力和理解力。最终产生的学习结果是由学习者建构意义的能力决定的，而不是由学习者重现教师思维过程的能力决定的。

任何知识的学习和理解都不是在白纸上画画，而是涉及学习者原有的认知结构，学习者总是以其自身的经验，包括正规学习前的非正规学习和科学概念学习前的日常概念，来理解和建构新的知识和信息。因此，学习要依赖一定的情境，通过与情境中同伴的协作或合作，进行会话和协商，最终结合已有的认知结构进行意义建构的过程。其最终结果不是获得解决某种问题的固定图式，而是在面临新的情境时，能够灵活地建构起用于指导活动的图式。

建构主义学习观强调学习的社会性、情境性和复杂性，而依据一定的情境脉络进行学习在当今社会得到越来越多学者的研究和认可。莱文（J. M. Levine）等主张"认知是一种合作"，他们认为学习是集体智慧的互动，而不能脱离合作的环境①。雷斯尼科（L. B. Resnick）提出了"社会共享的认知"的概念，他认为认知有社会基础，因而学习不能够从社会情境中抽离出来②。科克（A. Kock）等提出了"新学习"的概念，认为学习是一种社会行为③。参与、交往、合作、互动、对话、分享等词语在学习研究领域流行开来。这些观念恰好为解决当下教师专业个人主义的种种弊端提供了契机。教师的专业生活充斥着较为明显的个人孤立倾向，教师在日常的教学活动中缺乏与其他教师以及教师群体的必要沟通和相互交流，这种普遍存在的隔阂与相互排斥势必影响教师的专业成长。既然学习行为的发生具有社会性和情境性，那么教师的学习也应当具有社会性，教师的学习依赖一定的情境，通过协作或合作，不断地会话、交流、对话，更新已有的认知结构（图式）的过程。而PLC就恰好是一个具有社会性质的团体，能够为教师专业发展和成长提供情境，通过与同事、专家、学生、家长等之间的交流、会话、互动，不断地更新教育理念，促进自身成长。

（二）社会建构主义理论

作为一种试图超越后现代思想的哲学理念，社会建构主义主要是由三个基本命

① Levine J M，Resnick L B，Higgins E T. Social foundation of cognition[J]. Annual Review of Psychology，1993，44（1）：585-612.

② Resnick L B. Shared cognition：Thinking as social practice[C]//Resnick L B，Levine J M，Teasley S D. Perspectives on Socially Shared Cognition. Washington：American Psychological Association，1991：1-20.

③ De Kock A，Peter S，Marinus J M. Voeten New learning and choices of secondary school teachers when arranging learning environments[J]. Teaching and Teacher Education，2005，7（21）：799-816.

题所构成的：从本质主义转向建构主义，强调知识的建构性；从个体主义转向群体主义，强调知识建构的社会性；从决定论转向互动论，强调社会的建构知识的辩证性。这些概念和理论为研究 PLC 中教师专业性的提升和发展奠定了较为恰当的理论基础。

1. 从本质主义转向建构主义

正如前文所言，知识的获得是建构而来的，然而任何理性都是有限的。强调知识的建构性，也未必就是理解知识的绝对真理；强调知识的建构性以及与此相关的实验室研究等，在本质上是一种经验转向，是一种与本质主义话语方式不同的"工程师的说话方式"。教师专业性的提升是依赖于自身在教育实践中的体验、反思建构而来的，职前教育和职后培训只能为教师专业发展提供经验，而不能实现其专业知识的建构。教师专业性提升的关键还需要其在日常的工作实践中通过与其所处的世界进行互动，在此基础上进行建构才能获得提升。

2. 从个体主义转向群体主义

早在 20 世纪 30 年代，作为哲学研究方法的"方法论的个体主义"（methodological individualism）就开始受到研究者的质疑，它主要批判以个体感觉为根据的经验主义。社会建构主义反对"方法论的个体主义"，主张群体主义的方法论，认为任何知识或其他人造物，都不是个人的产物，而是集体智慧的结晶，强调知识建构的社会性。教师的知识是需要建构才能得到的，而这种建构具有社会性，需要通过群体或集体的方式得到，而不是通过个体的反思和经验建构来的。因此，在 PLC 中，教师依托于这一平台进行经验的共享、协商、反思，依赖于共同体的共享愿景和目标指导自身的行为，最终在群体或集体中得以建构和发展。

3. 从决定论转向互动论

决定论是现代性哲学的重要方法论之一。在马克思主义哲学看来，生产决定一切；在分析哲学看来，意义决定一切；在功能主义看来，功能决定一切；在实用主义看来，效用决定一切；在解释哲学看来，理解决定一切；在技术主义看来，技术决定一切；在存在哲学看来，存在决定一切。然而，社会建构主义反对决定论，强调辩证法在社会知识建构中的重要意义。社会建构主义提出互动性、商谈性、超越性等范畴。互动性强调通过语言或知识使人与世界、客观与主观、个人系统与社会系统之间互相转化；商谈性则强调许多讲话者和听众利用共同的语言所形成的语言学意义上的一系列话语或文本（这些讲话者和听众，轮流作为讲话者和听众），不断互相反馈以推进持续的商谈；超越性指通过主观知识（个体知识）与客观知识（社会或公共知识）的不断循环，达到不断超越自我、不断超越知识的目的。以往对教师专业发展和 PLC 二者关系的认识是基于决定论的哲学观，认为教师专业发展决定了 PLC 的地位和作用，是一种单向促进关系，然而，却忽略了 PLC 与教师发展的互动关系，忽视了 PLC 的反作用。因此，对于二者之间的互动关系的理解，不仅可以更大程度上发挥 PLC 在促进教师专业发展中的作用，而且能促进教师 PLC 的构建和更新，使二者形成良性的互动，以达到共同发展和提升的目的。

（三）社会互动理论

社会互动理论是西方社会理论中的一个重要流派，是对许多内容相关、关系又比较松散的理论的统称。符号互动理论、角色理论、社会交换理论等都属于社会互动理论的范畴。符号互动理论起源于英国，美国心理学家和哲学家詹姆斯（W. James）、杜威等学者为这一学派的形成奠定了理论基础，库利（C. H. Cooley）和托马斯（W. J. Thomas）是符号互动学派的先驱者，但其真正的创立人是米德。他将“自我”（self）分为“I”（主格我）和“me”（宾格我），即每个个体的“自我”也就是生物学的“我”（I）和社会学的“我”（me）的复合物。人不仅与他人互动，也要参与自身的符号互动。符号互动通过操纵语言来实现，语言是其最主要的符号。符号不是既定事实，而是处在连续变化的过程之中。米德还基于自我理论和符号相互作用论把“角色”概念引入到社会心理学中。在此基础上，众多的心理学家对其内涵进行了界定。林顿（R. Linton）在《个性的文化背景》一书中指出，当个体根据他在社会中所处的地位实现自己的权利和义务时，他就扮演着相应的角色。凯利（H. H. Kelly）和蒂博（J. W. Dibber）指出，角色是他人对相互作用中处于一定地位的个体的行为的期望系统，也是占有一定地位的个体对自身行为的期望系统[①]。弗里德曼（J. L. Fredman）等认为，社会角色是关于人们在特定类型的关系中应当如何行动的一套规则[①]。角色理论强调人的行为的社会影响方面，而不是心理方面；人既是社会的产物，又能对社会作出贡献。该理论试图从人的社会角色属性解释社会心理和行为的产生、变化。社会交换理论重点研究人际关系中的交换现象，属于微观社会学，即研究个人以及贴近个人的周边社会环境。换言之，它主要研究人与人之间的互动。尽管这些理论研究的侧重点有所差异，但它们都关注人们的社会互动和交往，以及在互动中个体对有意味符号的运用，通过互动感知对方对自身的反馈，从而形成自我意识，确定自身角色，实现社会化。

学校场域内教师之间的合作可以被视为一种特殊社会环境中的人际互动，这种合作符合社会互动的一般特征和基本要求，符合用社会互动理论重新解读教师合作的基本意蕴，是教师合作的应然之意，具有较强的适切性。教师作为一个特殊的职业群体，长期以来受专业个人主义和专业自主传统的影响，其教学工作有着较强的独立性、个体性和自主性。同时，他们迫切渴求与他人开展有效的合作，在合作互动中了解他人对自己的态度、评价、期望，通过理念更新、知识共享、智慧互惠以及能力提升等不断整合，向着相互的期待发展。而这一需求恰能从社会互动理论中

① 金盛华. 社会心理学（第 2 版）[M]. 北京：高等教育出版社，2010：32.

寻求到理论支撑。本书以社会互动理论为视角，对教师合作进行哲学阐释和应然分析，以期对解读教师合作的意义发挥积极的启示性作用。

1. 社会互动理论下教师合作的意蕴

以社会互动理论为视角审视教师合作的意蕴，可以从以符号为媒介的“有意味”的互动过程、角色间的互动过程、与冲突并存的互动过程以及教师社会化的过程四个维度进行解读。

1）教师合作是以符号为媒介的“有意味”的互动过程

米德认为，个体社会化是通过语言、文字、手势、面部表情等象征符号与他人互动的过程。同时，这些符号“有意味”或有意义，意义指凭借符号通过个体的交流而形成，是人们赋予行为举止的一个标识，因此，不同的个体根据其自身以往的经验赋予了符号个体化的意义。社会互动理论提出人们的行为充满了解释和意义[①]。首先，人的互动建立在对事物所赋予的意义基础之上，通过诠释代表行动者的符号及其所包含的意义而实现互动。其次，人能根据互动情境的变化不断地重塑和传达事物的意义。正如米德所言：“如果你们把心灵设想成只不过是一种包含着某些印象和意识状态的意识实体，并且认为这些意识状态之中的某种意识状态具有普遍性，那么，一个语词就会完全变成随意性的——它只不过是某种符号而已。[②]”

教育实践中有着大量“有意味”的符号，从教师集体备课、说课-听课-评课、帮传带、主题研讨等教研活动，以及帮传带、校本培训等形式的教师合作中可以看出，教师所使用的语言、文字、手势以及面部表情都蕴含着丰富的教育意义。例如，用恰当的手势可以拉近师生距离，用不怒自威的眼神确立教师威严，用鼓励和赞赏的表情给学生信心，用语言、文字交流教育观点和抒发教育感悟等。合作中的教师要善于使用学校场域中的符号与他人进行互动和交流，发挥各种符号的作用，并采用多种方式使对方了解自己的符号所蕴含的教育意义，分享和交流教育经验，进行观点碰撞，同时还要注重对他人的观点的解读，将其意义纳入自己的认知范围，并进行自我专业的重新整合。如今，信息文化是依托符号进行传递的，如果教师对符号的意义认识不一致，就会降低其合作的实效性。因此，教师要关注符号的意味，并对此作出一致性的理解，了解其合作的目的、要求、内容和手段，根据情况适时地作出判断、评价和调整，确保合作的有效性、深入性和持续性。

2）教师合作是角色间的互动过程

角色理论认为，社会会给个体相应的身份，每个人都是多种不同角色的集合体。在互动中个体能够感知他人对自己的角色期望，获得“镜中自我”（looking glass self），确定自身角色，表现出与之相匹配的被期望行为。角色与互动之间的关系非

① 侯钧生. 西方社会学理论教程（第3版）[M]. 天津：南开大学出版社，2010：252.

② 米德. 心灵，自我与社会[M]. 霍桂桓译. 北京：华夏出版社，1999：79.

常密切。人与人之间的互动是正常发展的互动，是在互动双方都遵循一定角色规范的基础上进行的①。角色的形成和扮演是人类进行互动必不可少的条件与途径。角色形成是角色进行互动的基本条件；角色扮演则是个体能够根据别人的态度和行为意向调节自己的行为以承担某一社会角色的过程。假如没有这种能力，人与人之间的互动就不能产生，社会群体或组织就不可能存在②。

对教师而言，在互动过程中其角色同样具有多样性，教师合作包含了不同角色的配合、互动和交往。在与不同的个体或群体进行合作时，教师所扮演的角色也会随之而变。比如，在与同事互动时，教师的角色是彼此的促进者；在与名师或专家互动时，被指导的教师是学习者；在与学校领导互动时，教师又转变成了执行者。正是这样多重角色的转换，才使教师能够通过互动来完成他人对自身角色的设定和期待，进而调整并定位自己的角色。在这一过程中，教师不断习得自我角色，并通过调整和转变准确地定位自身角色。这一角色的不断调整与定位有利于增强教师的专业认同感，发掘教师的专业自我，促进教师专业发展的实现。

3）教师合作是与冲突并存的互动过程

芝加哥学派的帕克（R. E. Park）和伯吉斯（E. W. Burgess）将互动的过程分为四个阶段：竞争、冲突、顺应和同化。他们认为尽管冲突是合作的对立面，是双方为了某种利益或者价值观而产生的相互排斥、伤害、剥夺甚至毁灭的互动方式，但适当的冲突是十分有必要的。冲突有其正面效果，它可以成为一种促进互动双方紧密团结的力量，也可以迫使彼此直面有争议的问题，甚至还可能会导致必要的社会变迁。尽管社会能在某种程度上成功地消除冲突，但一个被消除了冲突的社会将是毫无生机、沉闷乏味的。

因此，教师合作中的冲突也是不容回避的问题。在面对不同程度的复杂问题时，独立的个体之间有着不同的教育理念和观点、不同的教育经验和策略、不同的生活经历和个体特征，互动中冲突的发生在所难免。然而在教育实践中，一种最经常的做法是忽视或否认冲突的存在。为了不处理冲突，就去否认合作中有冲突的发生或者人为地降低冲突的后果，这是十分不可取的，避免或压制冲突会阻碍教师发散性和创造性思维的发展，导致团体思维的产生③。相反，适当的冲突会激发教师之间的讨论，促进教师发散性思维的发展，并改善共同体内部的人际关系。大量事实表明，冲突是教师合作中的必然过程，是与竞争和合作并存的互动过程，适当地管理冲突可以增强教师合作的效果，最大限度地发挥 PLC 的功能。从这个意义上讲，教师互动的过程也是教师之间对立整合、兼容并包的过程。

---

① 郑杭生. 社会学概论新修（精编版）[M]. 北京：中国人民大学出版社，2009：129.

② 奚从清. 角色论——个人与社会的互动[M]. 杭州：浙江大学出版社，2010：20.

③ De Lima J A. Forgetting about friendship：Using conflict in teacher communities as a catalyst for school change[J]. Journal of Educational Change，2001，2（2）：97-122.

4）教师合作是教师社会化的过程

“自我”是米德提出的又一个核心概念，它是一种社会心理现象，是在社会活动过程中、在与其他个体或群体互动中产生并逐步发展起来的。具有心灵的有机体凭借语言的媒介，把自己看作是自己的对象——对象化自身，这是自我的根本内涵。米德认为，具有自我意识的人类个体，接受或采取了他所从属的既定社会群体或者共同体（或者这个社会群体的某个部分），以及对各种各样社会问题所持的、有组织的社会态度[①]。个体通过采取与这些过程、活动，以及与经验关系相关的、互动形成的、有组织的社会的一般态度，才能够参与到社会中去，社会就是这样对其个体成员的行为举止实施控制的。自我所依赖的结构性便是大家共有的反应，教师只有成为共同体的一员，才能实现自我[②]。换言之，自我通过抽象思维对自己采取一般化的他人的态度，进行自我之间的交流、理解、合作，并融入社会中，在互动中完成社会化，并实现自我。教师的社会化也遵循这样一种互动过程。英国教育社会学家莱西（C. Lacey）认为，每个教师都经历了逐步在教学中担当起成熟角色的变化过程[③]。教师在交往中进行经验交流、教学观摩，共同完成教学任务，获得教师的专业知识、技能和思维方式，并按照这种方式与其他教师互动交往，实现其在群体中的社会化，这个过程尤其对新入职教师的环境适应和团体融入有着不可或缺的推动作用。教师与环境及社会、与其他教师进行互动及互动的质量决定了教师社会化的程度。反之，教师社会化的程度也会对其自身的专业发展产生影响。

因此，教师合作是一种特殊场景的社会群体互动，就其实质而言，教师是在与同伴、名师、领导或者校外专家的互动合作中，遵循互惠互利原则，诠释、运用各种符号进行“有意味”的互动，并在扮演和调整自我角色的基础上，在合作和冲突的递进循环发展中，实现自我专业发展和社会化的过程。

2. 社会互动理论下教师合作的追求

应然的教师合作以专业发展为导向，以平等协商为前提，以资源互惠为原则，以 PLC 为载体，在包容竞争和冲突的基础上，通过对话中的协商、交流中的见解融合和讨论中的意义构建达到共同发展的目的。

1）教师合作应以平等协商为前提

学界一般认为，社会互动按照互动主体的地位关系可分为强制互动、服从互动和平等协商互动。强制互动意味着互动双方力量的不平衡，一方力量明显大于另一方。服从互动是与强制相反的互动形式，互动一方自愿地或主动地调整自己的行

① 米德. 心灵，自我与社会[M]. 霍桂桓译. 北京：华夏出版社，1999：168.

② George H M. The Social Psychology of George Hebert Mead[M]. Chicago：The University of Chicago Press，1956：239.

③ 中央教育科学研究所，比较教育研究室. 简明国际教育百科全书：教学（下册）[M]. 北京：教育科学出版社，1990：51.

为，按照另一方的要求行事。显然这两种互动都不是教师合作所追求的，失衡的互动和合作并不会促进教师在共同体中产生智慧的碰撞以及进行平等的协商、讨论和交流。教师的合作应建立在平等地位之上，落实在协商之中。教师合作强调双方地位和权利的平等，彼此之间体现的是一种互相理解、互相尊重、互相信任的关系。任何强制性的或者受人为合作规约的互动，其合作关系都难以长久维持，具有实效性的深度互动也只能是空谈。因此，一方面，平等要落实到参与者对这种互补性关系的认识上，即必须意识到他们在整个合作活动中的贡献无论大小，都是独特的，是合作性努力中不可分割的一部分，并且相信所有个体的贡献都被平等地看待[①]；另一方面，促进教师间形成发展性的合作关系，除了获得平等互动的机会之外，对教师自身来说，更加重要的是注重自身专业素养的提升，让自己能和他人站在同一平台上进行交流，逐步掌握教育研究的话语权，只有这样教师才可能积极主动地畅所欲言，实现平等对话和协商。

2）教师合作应强调资源的互惠

以布劳（P. M. Blau）为代表的社会交换理论将个人主义、功利主义放入分析社会关系的范式之中，认为个体之所以相互交往，是因为他们都从交往中得到了某些东西[②]。这种互动是一种以期待和换取回报为目的的行为，如金钱、商品、帮助，还有乐趣、爱、感激和社会赞赏。“合作要产出效益，而且是双向的。产出的效益视不同的合作内容而定，或显性或隐性，或近期或远期，或物质或精神。有效益的保障，才能构想合作的预期，为合作各方提供行进的动力，制订合作的计划。”[③]

萧伯纳有句名言：如果你有一个苹果，我也有一个苹果，交换一下，每个人还是一个苹果。但是你有一种思想，我也有一种思想，交换一下，我们便有两种思想或者可以激发出更多的思想。教师合作也是这样一个资源互惠的过程。互动中不同的个体都有各自的教育背景、工作场域和思想观点，由于“先有、先见”或者“先把握”的不同，对教育现象或问题的看法、解释自然会有不同的视角，甚至会存有很大的差异，互动实际上就是一种信息和资源的共享、经验与智慧的共振。教师在交往中贡献自己的资源，同时选择和汲取他人的资源，并在互动中经过协商、反思、批判，整合自己的资源。在交流互动中，参与的主体相互影响、相互补充，把冰冷的理论变成有教育意义的符号进行研讨，达到理念的共识、资源的共享，以实现教师专业发展的目的。日本学者油布佐和子曾说：“教师集体内部存在很多具有出色能力的熟练教师，在很多场合下，这都被作为教师个人的技艺来看待和评价。但是，通过各自交换这种个人性、实践性知识，可以在教师集体内部建立起实践知识储藏，

① 饶从满，张贵新. 教师合作：教师发展的一个重要路径[J]. 教师教育研究，2007，（1）：12-16.

② 彼德·布劳. 社会生活中的交换与权力[M]. 孙非，张黎勤译. 北京：华夏出版社，1988：17.

③ 崔允漷，郑东辉. 论指向专业发展的教师合作[J]. 教育研究，2008，（6）：78-83.

进而通过谋求其共有，使得磨炼相互的能力成为可能。”[①]也诚如杜威所言，相互作用是成长的核心。

3）教师合作应关注实践中的反思

如前文所述，自我产生于社会互动之中，是社会客观现实的内化和主观解释。人与自己的交往互动就是自我反思和反省，自我即产生在这一过程之中，在互动过程中，人们习得符号的意义，并依据对情境的诠释，修正或改变符号的意义。人们之所以能够修正和改变，很大原因在于人具有与自我互动的能力——反思能力，能检验自己的行动过程，评估利益得失，作出行为抉择。实际上，西方从笛卡儿（R. Descartes）开始到杜威、维特根斯坦（L. Wittgenstein）、吉登斯（A. Giddens）、贝克（U. Beck）等都对反思和反省等领域进行了研究，以至于在教师专业发展研究中，反思成了显学，言教师专业发展必言反思[②]。显然，教师合作必须要重视实践反思，只有基于实践反思的合作才是深度的合作，才是有思想的合作，才能内化于心，跳出硬造的“马赛克文化”的泥潭。正缘于此，学者才纷纷对教师的反思实践进行不同的研究，“教师即研究者”“反思性实践家”“行动研究者”“解放性行动研究者”等观点都对教师的反思提出了角色期待。毋庸置疑，基于反思实践的教师合作是一个对实践或场景的剖析、追问过程，也是批判、反省实践的过程。教师在互动中阐述观点，在提问中反思缺憾，从而获得一种内在的启蒙和外在的激发力量，使自己的知识和智慧在不知不觉中得到了激活和提升。基于反思实践的合作，更易于唤起教师对自身体验的再现，触动教师真实的感受，弥合理论与实践之间的裂隙[③]。

4）教师合作应融合竞争与冲突

既然竞争和冲突是合作过程中不可避免的，教师在合作中就要适当地管理冲突行为的发生，而不是压制或者放任。有适当冲突的合作是一种理想状态下的互动。对于互动团体来说，合作的双方拥有共享的使命、愿景、价值和目标，且得到同事的认同，在共同的价值观基础上相互信任、交流和对话。双方可以进行集体分享式的对话、反思、探究、学习和行动，共同建构知识、技能和策略。通过观课、评课以及积极的反馈，教师能协助对方找到问题所在，并提出解决问题的方案。这样的实践是集体的实践而非个体化的，它能够促进彼此的学习和发展，将共同体的功能发挥到最大。对于教师个体而言，积极而强烈的对抗将促使自身智慧得到最大限度的发挥，并为解决复杂的教育问题提供了多种可能性。教师会提出更多的问题，渴望且期待了解对方的观点，并提出反对他们观点的理由。这样的争论是十分有价值的，它促使教师不再拘泥于经常使用的解决问题的方法，

① 油布佐和子. 教师的现在、教职的未来[M]. 东京：教育出版社，1999：53.

② 朱旭东，周钧. 教师专业发展研究述评[J]. 中国教育学刊，2007，（1）：68-73.

③ 杜静. 校本培训：提升教师实践性智慧的一种有效途径[J]. 中国教育学刊，2005，（8）：65-68.

千方百计、绞尽脑汁地寻求解决复杂教育问题的可能性，为最终的应对和决策提供多种选择。

5）教师合作重在 PLC 的建构

按照社会互动理论的观点，个体（自我）与他人的互动是社会的本质。个体以一定的标准和规则来计划和执行行动，由这些具有相同社会行为的个体所构成的群体就是共同体。这个共同体是心灵和自我的特殊组织，就像必须有一个进行中的生命过程，同样必须有一个进行中的社会过程才能有个体，离开共同体的人类个体是不存在的①。教师在合作中提出目标任务，展开交流对话，分享知识观念，进行自我反思，由此创建了 PLC。美国西南教育发展中心于 1997 年首次对 PLC 进行了描述——PLC 是由具有共同愿景的管理者与教师组成的团队，他们进行合作性、持续性的探究，并最终促进学生的学习。如果说，传统的教师专业发展秉持的是理智取向和实践-反思取向，把注意力集中在教师知识的积累和个别教师的实践与反思之上的话，那么，PLC 强调的则是一种生态取向的教师专业发展，其目的在于构建一种自然的合作文化，主张通过共同愿景、自我期待、身份认同和深度互动，实现知识共享、资源互惠。值得注意的是，学习共同体在关注平等互惠、公平和谐的同时，更强调教师之间的批判性互动，尤其是冲突的主动涉入能引起共同体内部的差异对话，是良性运行教师共同体的一个规范的、基本的维度，可以营造学习的环境，因而能够带来教师共同体的持续更新②。

二、PLC 理论

究竟什么是教师 PLC？是否只要建立了学习小组或专业共同体这一形式，只要学习者之间存在集体决策、有共享的价值和愿景、集体学习、有支持性的条件和共享的个人实践，PLC 就形成了？从目前的情况来看，有关 PLC 的研究有待于进一步深入和拓展，而关于已有的研究在此有必要交代清楚，以为进一步认识 PLC 中的教师专业发展提供重要的参考和借鉴。

对 PLC 的研究主要是围绕其概念展开的，大多数研究者对其概念的表述一般是从其特征来展开的。关于其特征的表述是以主题或度向、维度、特质来展开的。究其本质而言，这些术语所指并无差别，都是在分析何为教师 PLC。换言之，大多数对教师 PLC 的界定是从其构成维度或因素来展开的，并将二者混为一谈。因此，对 PLC 的相关概念进行进一步梳理和界定是必要的。本节将聚焦 PLC，将其作为核心概念之一进行辨析，并与其他类似概念进行区分，目的除了在于要将 PLC 的

① George H M. Mind，Self and Society[M]. Chicago：The University of Chicago Press，1934：189.

② Achinstein B. Conflict and community：The micropolitics of teacher collaboration[J]. Teachers College Record，2002，104（3）：421-455.

理论背景和发展脉络解释清楚外，还在于为下文阐明 PLC 与教师专业发展二者之间的关系奠定基础，并提供理论支持。

（一）共同体、学习型组织、PLC

教师 PLC 目前已经成为教师专业发展研究的焦点问题之一，笔者通过梳理发现，教育研究中与共同体相关的概念有很多，如学习共同体、实践共同体、PLC、教师 PLC，还有学者将学习型组织、学习社群作为与 PLC 相似的词语拿来混用，导致部分研究者在研究过程中对概念的理解模糊。另外，教师合作、教师共同体、教师学习共同体、教师学习型组织等与其相近的概念也不在少数。但在很多情况下，人们是在模糊的、不严格的意义上使用这些词汇，甚至将其作为同一个概念在理解和使用，以致说出了“外行话”。究竟什么是教师 PLC？其内涵和外延是什么？其核心概念“共同体”是如何从社会学演变到教育学中，成为促进教师专业发展的途径或载体的？如果在字面意义上把 PLC 看作是学校中若干个寻求专业提升的教师在共同的背景下进行学习与研讨、合作与交流活动的集合，那么，它与教育研究领域中探索已久的合作学习、小组学习、互助学习等其他合作方式团体有何差异？在文献梳理过程中笔者发现，大多数研究者很少对这些概念加以辨别与区分，只是粗略地把存在互动与交流、合作与协商、共同对教学活动中的困惑进行集体探讨的合作形式泛称为学习共同体。其主要原因在于“教师 PLC”是一个衍生词，若追溯其核心词汇的话，应该源于“共同体”这一关键词。然而“共同体”这一概念却不是教育学的词汇，它是社会学的术语。作为一个复杂的社会学概念，共同体可以用“捉摸不透”来形容，对其概念和内涵的争论也从未停止过。人们对“共同体”这个社会学概念的理解不同，其衍生出来的一系列词汇也在具体的发展情境中不断变化和演进。因此，要明确界定 PLC 概念，必须先从澄清共同体的来龙去脉和内涵、外延两方面来着手，只有这样才能对其概念进行界定。

1. 社会学中“共同体”概念的演进

“共同体”一词的英文是“community”，社会学一般将其理解为“社群”，也有人将其翻译为“社区、共同体、联合体”。共同体是一种组织还是一种文化体系？它是有形的存在还是无形的存在？它是一个实体存在还是一个理想的概念？其原始含义与现代含义发生了怎样的流变？这些问题都值得我们关注。滕尼斯赋予了这一概念与“社会”完全不同的群体结合类型特质：社会源于个体的选择意志，这种选择意志产生于个体的目的动机，是有目的和从属于目的的手段，是通过权力、法律和制度观念组织起来的机械整合；而共同体则源于本质意志，产生于情感动机，目的和手段是完全合二为一的，它是建立在亲密、排他、淳朴的自然感情上的，自然结合在一起的有机整合。因此，他也赋予了共同体形式主义和浪漫主义的色彩，并过度地将其理想化。鲍曼认为，“共同体”一词的外延更为宽泛，内涵较为丰富，是可以蕴含社会存在的，基于主客观的共同特征而组成的不同层次的团体和组织，既可以是社区自发组织，也可以是较高层面的政治组织，还可以是国家层面的命运共同体或民族共同体；既可以是有形存在的实体，也可以是无形的、虚拟的[①]。鲍曼提出，虽然二者无法完全地和谐统一，但我们可以对其间存在的危机和机遇进行评估，至少可以避免重蹈覆辙。后来，社会学家涂尔干（E. Durkheim）、韦伯（M. Weber）、萨乔万尼（T. J. Sergiovanni）等对共同体进行了深入的分析，并对其与社会的区别进行了分析。韦伯认为，在个别场合内或者在纯粹模式里，只要社会行为取向的基础，是参与者主观感受到的（感情的或传统的）共同属于一个整体，这时的社会关系就应当称为共同体[②]。萨乔万尼说："共同体是个体的集合体，这些个体基于自己的意愿而紧密联合起来，共享一些观念与理想。这种联合会使一群个体的'我'转型为集体的'我们'。在成为一个'我们'之后，每一个成员都是紧密编织的有意义关系网的元素之一，这一个'我们'通常处于一个共同的地方，维持一段时间，并分享共同的意义、情感与传统。"[③]与滕尼斯不同的是，涂尔干虽同意机械结合和有机结合的区分，但他认为机械结合是将个体的个性和人格纳入集体之中，有机结合却让共同体中的每一个个体都拥有自己的人格，"让整体的个性与部分的个性同步发展，让社会更为有效地进行集体行动"[④]。韦伯则从共同体成员的实际主观感受出发，对共同体和社会进行了区分，如果成员感受到彼此间因情感性而共同属于一个整体的关系，这时的群体就是共同体；如果成员只受理性驱动，寻求利益的平衡，这时的群体就是社会。关于共同体的争论，始终是围绕"确定性"和"自由"等看似对立的概念展开的。一般认为，二者是一对相互矛盾、充满冲突的存在。从历史发展历程来看，人类确定性的获得往往以牺牲自由为代价，而获得自由则以必须降低确定性为前提。随着现代资本主义生产方式的发展，自我维系和自我再生产的共同体走向瓦解，曾经由一致同意和自然而然的理解所支配的社会联结消失了。因此，直至后现代社会的诞生，人们对这一概念的理解抛弃了以往的传统与现代二元对立的思维，转为一个分阶段的社会变革概念，即共同体既包含滕尼斯所强调的集体归属感与共享意义，也强调个体个性的彰显以及个体间的民主对话，并最终达成一种个体与集体互动发展的态势。共同体不再是某种社会形态或状态，而是个体与集体互动发展的过程。

2. 学习型组织

从发展演进来看，"组织"一词晚于共同体而出现，它是一种有序的社会结合，

---

① 齐格蒙特·鲍曼. 共同体[M]. 欧阳景根译. 南京：江苏人民出版社，2007：1.

② 马克斯·韦伯. 社会学的基本概念[M]. 胡景北译. 上海：上海人民出版社，2000：49.

③ Sergiovanni T J. Building Community in Schools[M]. San Francisco：Jossey-Bass Publishers，1994：16.

④ 宋萑. 教师专业学习共同体研究[M]. 北京：北京师范大学出版社，2015：50.

包含一定的权力结构、制度规范、运行机制。组织大致经历了科学组织、科层组织、扁平的科层组织、网络组织等形式。泰勒（R. W. Tyler）的科学管理，以及韦伯的科层组织在工厂、企业、机关运用普遍，并很快运用到学校之中，学校类似工厂流水线，根据课程标准生产大批量、同质化的学生。而在一段时期内，这种工具理性主义支配下的科层组织在学校领域内备受质疑。

1950 年，随着人文主义思潮的复兴，“学习型组织”概念应运而生。学习型组织最初是一种管理理论。在教育领域中，学习型组织一般被当作 PLC 概念之源，虽然这一概念最初流行于管理学和社会学，但不久便出现在了教育文献里，并成为 PLC 概念的雏形，在此基础上演化、发展出了多个版本的 PLC 概念。教育界对学习型组织的研究较多，主要集中于其对学校组织管理、学校变革和教师专业发展的作用和意义方面的研究。其对教师专业发展的研究，主要集中于分析学习型组织如何构建和建设才能够促进教师专业性的提升。

顺着这样的思想，我们就不难看出，学习型组织的理念使得教育组织的科层化程度不逊于任何一个其他行业组织。19 世纪中期以来的教育者其实很难再有其他的选择，来替代他们借用工厂设计的思路去设计的教育组织。于是，学校被按照生产线的运作模式建立起来。而随后在此理念基础上演化出来的 PLC 也没能逃出这种“逆共同体”的思想牢笼。

3. PLC 与学习共同体

1）PLC

当学校中充斥着这种科层制组织的思想时，人们开始对其进行反思。共同体的思想又重新进入到人们的视野，PLC 在此时应运而生。共同体理论不断丰富，大多数研究将学习型组织理论、成人学习理论、团体行为理论、教师专业发展理论融汇到其内涵研究中。对于 PLC 概念的争论一直存在，只是各学术流派各有侧重而已，尽管在用词上存在差异，但笔者梳理发现，研究者一般是从其特征展开论述的。受圣吉学习型组织概念的影响，霍德提出了 PLC 应包含共享的领导、共享的愿景和目标、集体学习和学习的应用、支持性条件、共享的个人实践五个要素。哈格里夫斯for曾以蓝山中学的 PLC 为模板，提出了 PLC 概念，认为其由机构、技术、领导、个体学习、文化、目标六个方面组成。其中，机构有专业学习团队、管理团队、家长委员会、学生议会；技术是指有教师配备便携式计算机、少会议多学习、数据公开；领导是指资历较深、关注学习和组织学习、分享领导权；个体学习包含持续性学习、学习如何合作和进行专业学习；文化是指关怀和学习氛围；目标包含学生和他们的学习、自我意识的学习型组织等方面。对教师 PLC 的理解存在着不同的视野、层面的解读，这是林林总总的教师 PLC 定义都不足以相互说服、相互涵盖的原因。到了 20 世纪 90 年代，我国陆续有学者引入 PLC 的概念，香港教育学院李子建、北京师范大学宋萑都对教师 PLC 进行过理论的引介和实证探究。之后，越来越多的学者开始关注这一课题，并进行了我国教师 PLC 的本土化探索，在借鉴国外理论框架的基础之上，通过将教师 PLC 的理论与我国教育实践的比照，对我国类似共同体形式的教师合作，如教研组、年级组、科研组等的局限性进行反思和批评，取得了一定的研究成果。

2）学习共同体

学习共同体与 PLC 在理论和实践中也是经常被混用的一组词，学术界也很少去关注两者的区别和联系，甚至将其作为一个概念使用。对“PLC”的称呼，国内外学术界并没有统一的标准，有教师专业共同体、教师学习共同体、教师学习型组织、教师共同体等不同的名称。其实二者有着相同的起源，都起源于社会学的“共同体”，经历了“共同体—学习型组织—学习共同体—PLC”的发展脉络。由于“community”一词包含丰富的意义，因而，在英译汉的过程中，有关著作中涉及此词时有各种不同的译法，如学习共同体、学习联合体、学习社区等，而其所指的含义却是相同的，本书均采用“学习共同体”一说。对学习共同体的界定主要是从群体关系、社会组织的角度切入，认为凡是以社会学的方法建构知识的团体都可被称为“学习共同体”。学习型组织与学习共同体有共同之处，二者无论是在理论基础上还是在实践策略上，都存在着相当大的交叉与重叠。它们有一定的相似之处，如它们都是基于知识的复杂性而发展起来的，都注重整体和局部的对话，都注重共享和参与的价值，均强调学习与发展，重视全体成员的参与和共同提升、经验的交流与分享以及形成共同目标与愿景等。同时，它们也有明显的区别，学习型组织关注一个系统的学习，系统思考方式要求学习者了解行动的系统原因，追求组织目标与组织绩效，它通过缩小成员个体之间的差距，谋求组织的最佳发展①；而学习共同体关注学习者个体从新手逐渐成长为熟手的学习过程，学习者个体之间的意义协商和身份建构是共同体最为重要的本质，共同体的维持和更新，也是随着学习者个体形成学习轨迹的过程逐渐实现的。学习型组织试图解决的是，如何克服部分从整体脱离，建立一种系统化的分析视野，从而把握事物整体的复杂性本质，摆脱简单化的幻觉；而学习共同体试图解决的是，如何克服知识与实践的脱离，建立一种实践的分析视野，从而把握共同体境脉下知识的复杂而丰富的意义。

学习共同体是共同体的一种特殊形式，它既具有共同体的一般特点，又具有自身的特殊性；它不仅是一种群体组织形式或社会关系，更是学习理念、学习方式和一种组织形式中的人与人之间的关系以及人的活动构成的学习环境的有机统一②。对其研究应该从三个层次展开：学习共同体的微观分析——实习场、学习共

① 潘洪建. “学习共同体”相关概念辨析[J]. 教育科学研究，2013，（8）：12-16.

② 袁利平，戴妍. 基于学习共同体的教师专业发展[J]. 中国教育学刊，2009，（6）：87-89.

同体的中观分析——实践共同体、学习共同体的宏观分析——学习型社会[①]。也有学者指出，学习共同体包含三重意义，既有个人认知的改变（个人层面），又有合作建构的知识的产生（人际层面），同时还包含了共同体支持的文化的共享和身份的产生（共同体层面）[②]。实践共同体是学习共同体的一种形态，还有学者将其作为教师教育共同体的一种形态，指向问题解决和解决的过程[③]。“实践共同体”作为一个完整的概念，最初是莱芙（J. Lave ）和温格（E. Wenger）在《情境认知：合法的边缘参与》中提出的，用以表达一种基于知识的社会结构，并借助这一概念，产生了“学习即实践参与”（实践共同体中合法的边缘参与）的观点。实践共同体是诠释情境认知教育观的一个重要术语，而参与实践共同体已经成为学习的重要隐喻。温格在 1998 年撰写的专著《实践共同体：学习、意义与身份》中，系统地诠释了实践与共同体的关系、学习与实践的关系以及身份是如何在参与实践共同体中建构起来的。在教育中，实践共同体的形态是多种多样的。温格认为，实践共同体中所有成员拥有一个共同的关注点，共同致力于解决一组问题，或者为了一个主题共同投入热情，他们在这一共同追求的领域中通过持续不断的相互作用而发展自己的知识和专长。在我国，佐藤学的学习共同体理论影响较大，而讲到佐藤学就不得不提到杜威对其思想的影响。在《民主主义与教育》一书中，杜威阐述了其对共同体内涵的理解。当时美国正处于工业化所带来的社会巨变和激荡而带来的个人主义、民主主义等观念急剧碰撞时期。米德和塔夫茨（J. H. Tufts）等的社会实用主义观强调自我并非与生俱来的某种既有的东西，个体是通过他或她生活于其中的共同体，而不仅仅是处在共同体中发展出的自我意识[④]。这一理念影响了杜威对“共同体”这一概念的理解，他指出，“如果他们都认识到共同的目的，大家关心这个目的，并且考虑这个目的，调节他们的特殊活动，那么，他们就形成了一个共同体”[⑤]。也就是说，共同体要包含人们共享的目的和信念，并且根据这一目的指导来调节自己的活动，从而实现经验的改组和改造。换句话说，共同体要涉及经验的改组和改造，而教育就成了衡量共同体程度高低的标准和尺度，而不仅仅是其内在功能。在此基础上，他提出学校就是一个内含社会生活、寻求共同利益和目的、强调师生和师师间合作探究的共同体。与其他研究者不同的是，杜威没有从外部社会需求层面和内部学校层面研究如何构建共同体，而是指出学校本身就是一个微型共同体的内在属性，共同体不仅仅是学校变革的

① 赵健. 学习共同体——关于学习的社会文化分析[D]. 上海：华东师范大学，2005.

② 高文，等. 学习科学的关键词[M]. 上海：华东师范大学出版社，2009：88.

③ 张增田，彭寿清. 论教师教育共同体的三重意蕴[J]. 教育研究，2012，（11）：93-97.

④ 坎贝尔. 杜威的共同体观念[C]//希克曼. 阅读杜威：为后现代做的阐释. 徐陶，等译. 北京：北京大学出版社，2010： 38.

⑤ 程亮. 学校即共同体——重返杜威的《民主主义与教育》[J]. 湖南师范大学教育科学学报，2016，15（3）：14-21.

途径，将学校创建成共同体不是一种外部需求和改革方式，而是其发展的内在需求。日本学者佐藤学根据杜威所构想的这一学校模式，将学习共同体思想引入自己的教育改革实践，指出学校是学生共同学习成长的场所，是教师作为专家相互学习并参与教育实践的重要场所。

然而，与学习共同体不同的是，PLC 是从专业、学习、共同体三个概念出发分析其内涵的，认为教师专业需要知识基础，需要不断学习来提升专业性，专业同样需要集体认同，需要一个同为教师的共同体；教师学习需要专业目标，需要通过专业学习以提高教育教学技能，还需要学习环境的支持，需要一个反思实践、合作分享的共同体作为学习平台；而共同体需要集体的归属和共享意义，需要以专业为基础的集体认同，还需要个性彰显和个体对话，需要个体的自我学习为其提供共享意义的源泉，以及集体中的学习为其提供创建对话和归属的过程。将 PLC 解构为专业、学习和共同体三个核心元素，有助于更好地理解教师共同体在教师学习中的作用①。"专业"除了做"学习"和"共同体"的限定语外，也有其自身存在的合法性。这种合法性体现在四个方面，即针对教育教学的知识基础、以学生为中心的专业伦理、专业带来的集体身份认同以及对实践和专业标准管理的专业自主性。

笔者通过梳理发现，共同体、社区、组织等都是社会学的基本概念，从词汇的语法结构分析，学习型组织、学习型社区、PLC 和学习共同体相似，都是偏正词组，"学习"一词限定了"共同体""组织""社区"的任务和功能，而"共同体""组织""社区"为"学习"提供的是某种场所、某种语境，或者是某种蕴含时间和历史意义的时空边界，它们都表现出了学习者所处的某种特定的社会关系或社会结构。我们在不同的场合中使用这些概念来表示学习的某些环境、某些情境。对学习所处的这种境脉以及学习与其境脉之间的理解不足，可能是这些概念纠缠不清的主要原因。

（二）PLC 的研究视角

国外学者指出，引入学习领域的共同体内涵如同其在社会学中的实质内涵一样拥有三种样态：是具体的组织形式，是历史发展中的关系状态，是一种理想和信念。通过梳理发现，关注 PLC 的视角有多个层面：作为一种组织形式，共同体有其组织要素，即目标要求、制度安排和人员角色；作为一种文化，共同体突出其群体的思维方式和共享的价值观；作为一种实践形态，共同体强调其存在的层次、类型与形态，既有小组层次的共同体，也有班级、年级层面的共同体，还有学校甚至学区层面的共同体，既有直接的、真实的，也有间接的、虚拟的，共同体不一定都是真实的、面对面的，它可以是虚拟的，如网络共同体。

① 王晓芳. 从共同体到伙伴关系：教师学习情境和方式的扩展与变革[J]. 华东师范大学学报(教育科学版)，2015，(3)：43-52.

1. 作为一种组织形式的 PLC

作为一种组织形式，PLC 被认为是促进学生学习、教师专业发展的有效途径，并成为学校变革与改进的有效策略。它可分为两种：一种作为非正式组织存在，另一种则作为正式组织存在①。该视角强调 PLC 本身的组织建构，重视组织本身的正式结构以及相关的制度安排。多数试图运用共同体理念改善学校领导和组织问题的研究，只是从社会联结角度看待学校组织重建的问题，注重分析组织成员和相关参与者（校长、教师、学生、家长、社区成员等）在传统组织中的地位、角色、功能与交往行动的特征，以及在期待的共同体中重塑的地位、角色、功能与交往行动的特征。然而有学者指出，作为一种理论形态，从组织形式的视角认识 PLC 是错误的，它与学习型组织既有一定的联系，也有明显的区别。学习型组织理论主张改变的是组织的思考方式，强调组织本身的正式结构以及相关的制度安排；而 PLC 指的是专业学习的非正式境脉，学习是在习俗和文化的驱动下展开的，不受规则和技术程序的驱动。

我们沿用圣吉的学习型组织的思路，对 PLC 从组织形式上进行概念界定，然后依据这些概念判断学校教育实践中已有的 PLC 形态是否符合其特征，这一做法其实就是将其当作一种组织形式在理解和建构。

2. 作为一种合作文化的 PLC

作为一种合作文化的 PLC 是源于富兰、哈格里夫斯等对教师文化的研究，它从文化的角度提出了教师协作的重要意义。哈格里夫斯认为教师文化的形式应该分为个人主义、派别主义、合作文化和人为合作四种。在此基础上，他总结出了合作文化的五种特征，即自发性、自愿性、发展取向性、超越时空性、成果的不可预测性②。该视角认为教师合作文化能促进生成教师的自主性学习或者研究，推动学校的改革。教师专业共同体不是一个教师的科层组织，而是教师在教育教学活动和日常生活中因共同发展取向而生成的一种相互开放、信赖、支援性的合作团体，并致力于建立一种合作、探究、反思的教师群体文化。从文化生态学的角度对教师 PLC 进行解读，教师 PLC 是一种文化生态系统。生态意味着系统是有生命的，而生命的首要特征是自组织。教师共同体合作文化是教师在教育教学活动中形成与发展起来的职业群体的思维方式、价值取向与行为规范的综合反映③。

3. 作为一种实践形态的 PLC

如前文所述，“教师 PLC”这一术语在不同的文化中有着相似的概念和特征，

---

① 牛利华. 教师专业共同体：教师发展的新模式[J]. 教育发展研究，2007，(12B)：40-43.

② 转引自王晓芳. 什么样的“共同体”可以称作教师专业学习共同体——对教师专业学习共同体理论的审视与反思[J]. 教师教育研究，2014，（4）：16-22.

③ 时长江，陈仁涛，罗许成. 专业学习共同体与教师合作文化[J]. 教育发展研究，2007，（11B）：76-79.

但在实践上却表现出不同的特点与内涵[①]。教师 PLC 对于不同学科、不同学段、不同教师职业发展阶段的教师来说，具有不同的特征，因而，需要对其实际的多种样态进行具体解读。奥地利学者埃尔斯特（D. Elster）考察了德国一所由初中生物教师与研究者组成的 PLC[②]。加拿大学者梅尔维尔（W. Melville）等采用叙事的研究方法对科学教师 PLC 中知识、技艺和实践智慧的增长进行了研究[③]。还有学者对教师 PLC 在特殊教育中的作用进行了研究。针对不同职业发展阶段的教师来说，共同体的作用也是不同的，美国哥伦比亚大学的利伯曼（A. Lieberman）等研究发现，在 PLC 中，熟手教师更能深刻地看待实践，揭示实践的复杂性，并在此过程中明晰、公开自己的收获[④]。国内对教师 PLC 形态的研究已覆盖了从幼儿园到大学的各个学段。例如，幼儿园新手教师学习共同体、“教学做合一”式小学教师学习共同体、学校改进视野下初中教师学习共同体、中职学校教师学习共同体、高中英语教师学习共同体、汉语国际教育教师发展学习共同体、顶岗支教实习生学习共同体以及 U-G-S[⑤]型教师发展共同体等。

笔者通过梳理发现，PLC 为教师专业发展描绘了一幅诱人的教育图景，但目前的研究更多局限于将其视为学习者群体的合作学习方式，而未能将之作为一种学习系统来加以考察[⑥]。其根本原因：一方面在于过于强调 PLC 的组织形态，而忽略了对其文化形态的解读；另一方面在于对学习所处的这种境脉以及学习与其境脉之间的理解不到位，缺乏对 PLC 的内涵进行现代语境解读，忽视了对其外延的理解。对 PLC 的研究，必须根据学习者所参与的社会性境脉来进行，拓展其外延，对其进行多重维度的解读，只有这样才能更准确地把握 PLC 的真正价值以及建构的恰当途径。

（三）PLC 的影响

PLC 对学生学习和发展、对教师发展以及学校变革的影响主要有以下几个方面。

1. 促进学生学习与发展

PLC 如想在促进教师专业发展方面发挥作用，除了要关注共同体的结构特征

① Hairon S，Dimmock C. Singapore schools and professional learning communities：Teacher professional development and school leadership in an Asian hierarchical system[J]. Educational Review，2012，64（4）：405-424.

② Doric E. Biology in context：Teachers' professional development in learning communities[J]. Journal of Biology Education，2009，43（2）：53-61.

③ Melville W，Wallace J. Workplace community：Perspectives on science teachers professional learning[J]. Journal of Science Teacher Education，2007，18（4）：543-558.

④ Ann L，Desiree H，Pointer M. The role of“accomplished teachers”in professional learning communities：Uncovering practice and enabling leadership[J]. Teachers and Teaching，Theory and Practice，2009，15（4）：459-470.

⑤ “U-G-S”是 university（大学）、government（政府）、school（学校）三个英文单词开头字母的缩写，旨在将大学、政府、学校联动起来进行教师教育人才培养。

⑥ 郑葳. 学习共同体：文化生态学习环境的理想架构[M]. 北京：教育科学出版社，2007：2.

外，更需要关注的是如何形成持续性的学习共同体，“学习”是目标，即促进学生学习和教师专业发展是目标。尽管通过构建 PLC 来促进学生发展的做法并不是一个创新，但其作用却是显而易见的。学校层面的 PLC 通过影响教师的教育观，提高教师的效力和知识，影响学生学习的社会支持水平，进而影响学生的成绩和发展。因此，构建 PLC 根本目的之一在于促进学生的学习与发展。只要形成了教师相互学习和分享经验的氛围，随着其教学技能的提升，最终学生将会受益，从而实现学习能力的提升和发展。然而当共同体的稳定性与其作为结构性学习资源的作用的发挥出现矛盾时，学习者以及个体发展是否应为 PLC 的构建让步？是否可以放弃理论概念的清晰性来满足学生的学习与发展？这些问题都值得思考。作为一种载体或平台，为了突出共同体的结构特征或使其结构特征符合其理论上的要求，本末倒置地追寻理论的、完美的、理想的共同体，而忽视了其最初的目标，这种做法是不可取的。

2. 提升教师专业性

PLC 的另一种功能体现在其对教师教学活动、生存状态、身份认同、领导力等的形塑和影响方面。它在教师专业知识、专业实践能力、专业素养及专业身份认同，尤其是在教师赋权增能、实现角色转换以及提升课堂教学质量等方面都具有重要的现实意义。加拿大卡尔加里大学的博士研究生格雷厄姆（S. Graham）通过质性研究和定量研究两种方法对加拿大南亚伯达的教育者进行了研究，发现教师 PLC 与教师主体幸福感呈正相关，其中三个主要维度是合作领导、目的一致和教师合作，教师学习共同体的参与度通常与教师的幸福感密切相关[①]。另外，教师通过参加学习共同体，在技巧、德行、艺术和科学方面都有较大幅度提高，尤其是科学传统，不仅受到教师 PLC 的影响，而且反过来影响了教师身份认同的建构[②]。波士顿大学的杰克逊（B. Jackson）在他的博士论文中证实了教师领导角色在教师 PLC 建构中愈发活跃的预设，也透露了校长在教师 PLC 启动后更愿意赋权给教师[③]。

3. 促进学校变革

PLC 可以为学校发展和改革提供精神源泉。其构建、维持和更新的过程不仅可以改变教师个体，而且可以改变长期以来教学场所中根深蒂固的、孤立的个人中心主义文化，使合作成为学校中深层的文化存在。这种合作文化一旦形成就具有相当坚固的承续力量，将是一种持久的、延续的、活的、深层次的存在，并成为学校发

① Graham S M. An exploration between teachers' subjective of the relationship well-being and professional learning. University of Calgary，communities[D]. Calgary，2012.

② Prytula M，Weiman K. Collaborative professional development：An examination of changes in teacher identity through the professional learning community model[J]. Journal of Case Studies in Education，2012，3：1-19.

③ Jackson B L. The impact of a professional learning community initiative on the role of teacher leaders [D]. Boston：Boston College，2009.

展与变革的巨大推动力量和精神源泉，对每个教师的专业发展产生整体的、内在的影响。要实现学校的变革，不能只靠某些政策文件或者简单的权责下放，关键在于学校内部成员的参与和努力。共同体一旦建立就可以将有共同信仰和利益的个人组织起来，有效地解决教育问题，应对共同面临的教育状况和挑战。教育改革将触角深入到学校内部，这本身是教育发展的必然之选，亦是教育改革成功的先决条件。因此，不少学者强调当前学校变革需要给教师赋权增能，把教师从改革的执行者转变为改革的推动者和主力军。就目前对学校变革的研究来看，其中两个重要的议题就是教师的发展和建立 PLC①。佐藤学指出，学校只能从内部开始变革，即通过构建学习共同体的方式进行改革，在民主主义、公共性和卓越性的原理基础之上，在学校中构筑相互学习的同事关系，在课堂中构筑相互倾听和对话的关系，同时组织与开展家长和市民参与教学、协助教师共同培育儿童的学习实践。

① 宋萑. 校本教师发展与教师专业学习共同体的建构[J]. 集美大学学报，2007，（1）：37-42.

第五章

PLC与教师专业发展关系探究

与对PLC其他方面的研究相比，学界在理论上对PLC与教师专业发展关系方面关注得较少。国外对于此问题的研究较早，且尤其注重通过实证研究的方法论证二者之间的关系。如席瓦尔（J. Silva）发现教师教学活动进行对话和交流，有助于建构PLC；格鲁德斯（A. Grodsy）等通过对1万所学校的研究发现，学校资助的专业发展对PLC会产生正面效果。霍夫曼指出，教师认同是PLC和教师专业发展互动的催化剂，既让教师去建构共同体，又让共同体去凝聚教师。但是很少有研究在理论上和实证上对二者的关系进行系统的研究。国内对于二者关系的研究就更少了，没有专门的文章进行论述，基本上只是出现在期刊论文的部分章节中，更没有硕士博士学位论文对此进行系统研究。笔者从已有的研究中可以梳理出，对此领域的研究大致可以分为两大类：一类是采用单一的研究视角，论述PLC对教师专业发展的促进作用，以及如何为教师专业发展提供平台、条件和资源；另一类则从PLC中教师的学习过程和本质、其影响教师发展的因素和条件、最终效果、教研组改革等方面进行研究。

一、单向影响

（一）常见的几种观点

“单向促进关系”一直是学术界对PLC与教师专业发展关系的研究共识，即他们一致认为PLC对教师专业发展有促进作用。常见的有以下几种观点。

观点一：PLC是教师专业发展的现实载体或工具[①]。

教师PLC是集教学、科研及日常管理于一体的教师基层组织，是教师专业发展的现实载体，为教师专业发展提供了平台，它在教师专业素养提升及发展方面发挥着重要的作用。另外，PLC与教师专业发展有相同的理念和目的，教师发展和建

① 时长江，陈仁涛，罗许成. 专业学习共同体与教师合作文化[J]. 教育发展研究，2007，（11B）：76-79.

立专业 PLC 的目的都在于提升教师素质，改革教师共同体文化，最终实现学校教育模式的改革和改进。因此，教师专业发展与教师 PLC 能够在学校本位这一平台上实现统一。

观点二：PLC是教师专业发展的重要模式，是世界教师教育变革的重要范式①。

PLC 的构建打破了长期以来所形成的中小学工业化模式。在 PLC 中，所有教师员工共同参与的领导机制代替了传统中小学的校长负责制，教师共享的愿景和目标代替了以往由某一个体制定的发展目标，教师之间的共同协作代替了以往的竞争、冲突以及教师个体自我封闭、孤立无援的个人奋斗与个人发展路径。因此，构建并参与教师 PLC 是教师专业实现整体、高效、快速发展的范式，是突破教师个体专业成长路径限制的重要向度。尤其是在学校境脉上，学校本位的教师发展模式是当今教师发展的新范式，教师 PLC 能够提升教师发展互动的有效性，从而促进教师的专业发展。

观点三：PLC既是教师专业发展的需要也是学校变革的需要。

教师协作是学校这一微型共同体的特点。这一共同体不只是面向学生的个人成长和共同参与，也应内在地包含共同体中的教师及其与学生的协作和交往②。换句话说，教师协作或 PLC 的出现应该是源于教师专业发展以及学校变革的需要，是教师专业发展的产物，而不是依靠行政手段硬造出来的，它也不仅仅是一种从外边拿来的工具。教师 PLC 不仅仅是促进教师专业发展的一种有形的或无形的载体、平台和工具，其产生更应该源于教师专业发展的内在要求，是促进教师专业深入发展的一种教育生态；它也不仅仅是教师促进自我发展的一种学习方式，更应该具有学校这一微型共同体的本质属性。教师 PLC 并不是从外部依靠行政手段硬造出来的，而是教师专业性发展到一定阶段以及学校构建共同体的氛围达到一定程度后，自然而然地产生的，同时它能自我维持和更新。因此，如果把学校构建成 PLC，在具备支持性条件及共享的领导的帮助下，全体教师员工在共享的愿景与价值观的引领下，在学校精神与物质等各方面条件的全力支持下，在共同发展的学校文化氛围之内，教师相互支持和信任，通过协作团队以及去个体化实践，就能实现其共同发展的目的，并最终达成促进学生发展的目标，从而实现学校的变革与发展。

教师 PLC 是在全球教师教育改革的背景下提出来的，对教师专业发展有着重要的促进作用。国内外学者从不同的视角分析了两者之间的关系，从工具论、范式论到属性论，深刻剖析了 PLC 与教师专业发展的理论内涵。工具论认为，PLC 是教师专业发展的现实载体或工具。范式论强调，教师 PLC 是教师专业发展的重要

① 王晓芳. 什么样的“共同体”可以称作教师专业学习共同体——对教师专业学习共同体理论的审视与反思[J]. 教师教育研究，2014，（4）：16-22.

② 程亮. 学校即共同体——重返杜威的《民主主义与教育》[J]. 湖南师范大学教育科学学报，2016，（3）：14-21.

模式，是世界教师教育变革的重要范式。学校本位的教师发展模式是当今教师发展的新范式，PLC在提升与发展教师互动的有效性的同时促进了教师专业发展。属性论则从作为共同体的学校视角强调其共同体属性，教师协作是学校这一微型共同体的特点，这一观点更深层次地分析了PLC产生的根源，倡导从学校内部而不是从外部依靠行政手段进行PLC构建，这有助于进一步理清二者的关系。然而，对于二者的关系来说，从文献中可以梳理出“工具”“载体”“平台”“途径”等关键词，表明目前对于PLC的理解，仅仅将其作为促进教师专业发展的一种平台或载体，二者是一种单向的促进关系。然而，教师专业发展是否会从另一方面促进PLC的建构？共同体中个体的学习与发展在一定程度上是否会促进共同体的更新和维系？教师专业发展是否也会反作用于共同体的建构？对这些问题的分析是十分必要的。“单向促进”这一理解往往容易在理论研究和实践中忽略与教师专业发展相关的因素的重要作用，如教师发展活动、教师认同等因素对PLC建构的影响，进而导致共同体对教师发展的影响程度降低，作用减弱，限制了其功能的发挥。此外，“单向促进”的理解还可能会导致教师发展生态的恶化。PLC是需要不断更新、建构和维系的，其建构需要通过教师专业的提升和发展来实现。如果在理论上缺乏对二者之间关系的全面理解，缺乏对二者互动关系的深入分析，易导致共同体建构进入“死胡同”，缺乏其更新和维系的动力和基础，导致教师发展生态的恶化。

随着人们对PLC研究的重心由期待的、理想的共同体转为考察实际的共同体，研究的落脚点也由理论上的探讨转为分析实际的、具体情境中教师PLC与教师专业发展如何进行有效互动；更加关注教师共同体的构建，倡导在学校本位的基础上，将个人发展与共同体发展相结合，最终实现提高教师素质的目标①。同时，教师专业性包含着较为丰富的内涵，这也表明教师专业发展的复杂性和特殊性。在此背景下分析PLC中教师专业如何发展就更为复杂和棘手了。然而，共同体的多种样态却恰好为教师专业发展提供了方向和出路。在学校脉络中存在着多种类型、层面和程度的团体和组织，既包括小规模的学科培训自发组织，也包括较高层次的教研组，还有更高层次的学校共同体，且这些共同体产生的原因、存在的形式、建设的程度以及产生的影响不尽相同，甚至其特质和内涵也有一定的区别，正是这些类型各异、程度区分较大的PLC，为不同类型、不同程度和不同需求的教师提供了专业发展的可能性。因此，“单向促进”关系显然不足以将二者之间的复杂联结和互动阐释清楚。

（二）PLC中的教师发展

至于PLC是如何促进教师专业发展的，一直是国内外研究者关注的热点问题，

① 宋萑. 校本教师发展与教师专业学习共同体的建构[J]. 集美大学学报，2007，（1）：37-42.

他们主要关注教师在共同体中的学习过程，从较为微观的角度关注教师在学习共同体中的感知，聚焦教师在学习共同体中的互动与学习，以及共同体对于这些教师专业成长的意义。有研究者对教师 PLC 中教师知识、认知和学习本质进行了探索，如美国南缅因大学的伍德（D. Wood）探索了教师 PLC 中知识是如何被建构和分享的①。美国瓦尔登大学的路易斯（A. G. Louis）发现，教师 PLC 是帮助教师连接理论研究和实践的有效方式，它的理论基础为建构主义、社会学习、多元智能和差异性教学②。劳拉（S. Laura）对目前教师 PLC 被技术和管理绑架的现象进行了批判，认为这会使教师的工艺性知识消弭，从而导致人们对教师专业主义的狭隘理解，限制教师 PLC 对教师专业成长和学习的贡献③。也有学者对 PLC 影响教师发展的因素及其效果进行了研究。国内的教师 PLC 相关研究也主要涉及教师在共同体中的学习与互动过程、共同体对教师发展的效果和影响因素研究，以及教师在 PLC 中成长的历程与条件。尽管这些研究深入地阐释了 PLC 对教师发展的重要作用，但都是从某一个方面入手。从研究视角来说，已有的研究更多地采用单一视角，要么关注 PLC 如何为教师发展提供条件和资源，要么关注共同体中教师的学习历程和效果，将二者整合起来进行论述的研究很少。这些研究缺乏对二者关系的双向理解，如从整体的视角探讨 PLC 如何为教师发展提供外部环境的支持；教师在此空间支撑中如何通过与其他成员、与共同体、与学校之间的互动，使得学习发生、持续和循环；教师在学习过程中又有怎样的情感经历和精神体验，使专业身份认同得以发展并在不同层面的共同体中得以联结。已有的研究更缺乏对教师专业发展如何反作用于共同体建设，通过教师个体学习和成长实现 PLC 的构建、维持和更新等方面的研究。而从国内外的比较出发对 PLC 与教师专业发展之间的关系进行研究的更少了，此外，关注二者互动关系的也较少。宋萑在《教师专业学习共同体研究》中通过个案研究的方式，分析了课程改革背景下教师 PLC 与教师发展活动之间的互动关系，但未涉及量化研究，而在国外，克鲁斯、路易斯、霍夫曼和希普等关于此问题的量化研究已经有所涉及。

有学者指出，教师 PLC 既强调教师的集体学习和实践分享，也关注教师个体的独立学习与发展；教师发展既注重个人直接学习和对课堂经验的反思，也重视校内外学习网络中的共享，二者是天生一对④。然而“天生一对”论虽然将 PLC 独立

① Wood D R. Professional learning communities：Teachers，knowledge，and knowing[J]. Theory into Practice，2007，46（4）：281-290.

② Louise A G. Professional learning communities:Teachers working collaboratively for continuous improvement[D]. Minneapolis：Walden University，2009.

③ Servage L. Who is the “professional” in a professional learning community? An exploration of teacher professionalism in collaborative professional development settings[J]. Canadian Journal of Education，2009，32（1）：149-171.

④ 宋萑. 校本教师发展与教师专业学习共同体的建构[J]. 集美大学学报，2007，（1）：37-42.

出来进行分析，强调了二者之间的关联和互动，但研究的深度却不够，研究方法单一，也没有具体地阐明二者是如何互动的。在学校，教师 PLC 与教师专业发展应呈现出双向的关系，强调 PLC 可以促进教师专业发展，而教师发展活动及教师专业发展也对教师 PLC 的建构有所帮助。从内涵上说，教师 PLC 是在教师共同愿景的基础上形成的，以分享、合作为核心，以专业发展和提升为目标，由有着强烈的学习愿望和研究精神的教师组成，强调教师之间通过共同参与、彼此合作、信任和支持以及贯穿这些过程中的意义协商，而逐渐形成共同的目标、记忆、能力和交流规范，并最终成为以共同体成员资格为表征的身份。而教师发展在作为社会生态转变的教师教育取向之下，在学校本位的教师专业发展范式之下，强调教师个体在其知识和技能所处的环境中，其专业知识、专业技能、专业情感和专业道德是如何实现发展的，强调其自主发展意识和能力的形成及专业身份认同的过程。这就要求教师学习在情境脉络中建构，知识的获得要与课堂实践的具体情境联系起来，学校要为教师发展创造适宜的土壤。教师专业发展的复杂性和情境性与教师 PLC 的情境性和多样态达到了完美的契合。教师个体的发展与 PLC 发展之间存在较深层次的双向互动。在这一互动中，PLC 会促进教师专业的发展，而教师发展会对 PLC 的更新和建构有所助益；PLC 除了强调集体学习，也关注共同体中个体的学习，教师发展除了进行个体学习，也会关注其所处的环境。

二、双向互动

双向互动论与以往的工具论、范式论、属性论侧重点有所不同，它抛开了单一主体的观点，强调二者的辩证关系，即 PLC 建设的好坏会影响教师专业发展的进度与程度；反之，教师自身专业化程度的高低也会影响 PLC 的建设和发展。并且，双向互动论将二者统一起来，认为二者有着一致的目的，都致力于教师专业性的发展，即教师专业素养和能力的提升，通过教师发展进而促进学生的发展以及学校变革。一方面，PLC 关注其如何为教师发展提供空间条件，在此空间中学习者个体从新手逐渐成长为熟手，学习者个体之间的意义协商和身份建构是共同体最为重要的本质；另一方面，PLC 的维持、更新和建构很大程度上也取决于共同体成员教师专业发展水平，是随着学习者个体形成学习轨迹的过程而实现的。在二者的深层互动中，教师专业发展不断地为 PLC 的更新和建构注入动力，而教师专业性在共同体境脉中也得以提升和发展。

（一）作为一种微型社会生态系统的 PLC

对于 PLC，理论上和实践中存在一个误区，认为只要建立了学习小组或专业共同体这一形式，只要学习者之间存在集体决策、有共享的价值和愿景、集体学习、有支持性的条件和共享的个人实践，PLC 就形成了。在理论上还有另一个误区，认为只要对 PLC 特征或内涵的研究足够深入，就能构建科学的 PLC。在理论上对PLC 的研究，学界较多地集中在“PLC 应该是什么”的研究方面，人们认为对这一问题的研究越深入，共同体就构建得越完美、越理想。实践中一些人也会有这样的错觉，认为学校中的 PLC 不符合其理论的本质和内涵，应该从其根本特征出发，改革和构建符合理论实际的共同体，否则，这样的共同体就不是 PLC。

这样的研究更多的是从理想状态去审视 PLC，对于其建构同样存在着较多的浪漫主义色彩，在理论上仅从 PLC 的特征对照实际中的共同体，略显单薄和无力。这样会不断地窄化 PLC 的概念，将其内涵等同于概念，忽视对其外延的理解和研究。在实践中，学校场域中存在着形形色色的 PLC，其产生的原因、存在的层次和发展的程度各不相同，我们却笼统地将其统称为“PLC”，然后根据理论的要求，对比其内涵和特征并对其进行建构，妄图建立一些符合理论规范的共同体。这样的想法是不切实际的，其错误之处在于，把教师 PLC 当作一种组织形式，根据其特征进行解读和建构，以期建立一个科学的、符合其特征要求的共同体。作为一个不断发展着的概念，共同体的现代语境及其现代意义与其最初语境及其原始意义已经相距甚远。对于教师 PLC，我们要基于重建后的共同体意义，区分出原始共同体的意义与当代语境下的共同体意义、当代共同体的结构指向和精神指向，只有这样，PLC 在当代社会历史条件下才有存在的必要和发展的空间。这种意义的重建，有利于我们拓展学习共同体研究的理论空间，而不是仅仅为美好的教育理想提供了一个包装。这种意义的重建帮助我们从关注教师 PLC 的外在和形态上的性质，转向关注共同体所从事的活动和实践的性质。例如，教师 PLC 不仅仅强调教师之间的合作，更关注教师的成长与学校体制的完善，如与其他教师、社群及组织之间的互动等。PLC 在关注平等互惠、公平和谐的同时，更强调教师之间的批判性互动，尤其是适度的冲突是共同体内部的差异对话，是良性运行教师 PLC 的一个规范的、基本的维度，可以营造良好的学习氛围，因而能够带来教师 PLC 的持续更新。

从社会学到管理学再到教育学，PLC 不仅在构词上发生了变化，其内涵更是发生了巨大的演变，由“作为一种理想的社会类型”演变成“一种学校管理组织”，再演变成一种“生态取向的教师专业发展路径”，限定词赋予了共同体更多的意蕴，其内涵与外延在不断地拓展，构建的要素也基于语境在不断地发生变化。PLC 不仅仅是一种组织形式，它更多的是一种文化、一种微型的社会生态系统。对这些内容的思考似乎是在提醒我们，不应该把更多的精力放在教师 PLC 的特征分析上，也不应该只将其作为一种组织形态进行解读，而应该将其作为一个学校中具有庞大多维空间的微型社会生态系统。作为一种社会生态系统，PLC 与一般的合作组织是有区别的，它除了有其组织形态外，还包含形成的原因、存在的层面、发展的轨迹等多种维度。这些方面使得 PLC 这一生态系统得以维系和更新，并与教师专业性的提升息息相关。

1. 组织建设

共享的领导、共享的愿景和目标、集体学习和学习的应用、支持性条件、共享的个人实践这五个方面是 PLC 的特征，也是其实践中建构的基石，是界定其边界的重要标准。

共享的领导是指在学校中校长要对教师赋权增能，实施一种共享的领导，让教师能够民主地、平等地参与到共同体和学校的事务中，权力共享、决策共享。校长邀请学校教师一起参与决策的制定与实施，以此实现权力共享，同时支持教师发展和学生的学习，进而在学校内部建构一种共享权力的文化氛围。这种权力是教师发展的自主权。

共享的愿景和目标是指在学校内部，共同体的成员（校长、教师、学生、专家、家长等）有着共同的愿景和目标，都是为了学生的学习、教师的发展以及学校的政策完善和变革。在 PLC 中，教师和学校管理者之间是平等的合作关系，没有等级之分，他们都为实现团队目标积极贡献自己的力量，他们共同质疑、分析和调查，并为学校政策的变革和学生的学习寻找解决办法。共享的愿景不仅仅是指对某一想法和认知达成共识，而且是一种对于共同体成员来说都是十分重要的、特殊的精神形象，是存在于成员心中的一种感召性力量。共享的愿景可以使 PLC 成员相互信任、彼此认可，在共同体这一平台上通过合作和交流、协商和分享，为了共享的愿景而积极地从事教师专业发展活动。

集体学习和学习的应用是指共同体成员之间共同探究、学习和活动，针对共享的愿景设置发展活动，制订发展计划，推进计划实施，总结和评估计划过程，共同建构专业知识、技能和策略，在 PLC 中获得自我的身份认同，并将这些新知识和技能应用到教育教学活动中去，从而实现学生发展、自身专业技能提升及学校制度改善的目标。

支持性条件决定 PLC 作为一个团队在什么时间、什么地点、以什么方式进行学习、共同决策、解决问题以及富有创造性地开展工作，这是 PLC 有别于其他学校组织的特征。支持性条件分为两个方面：一方面是文化氛围的支持，即 PLC 内部形成相互尊重、相互信任、相互学习的文化氛围，既支持同伴的发展，同时也关注同伴的学习，愿意为实现共同体的任务作出努力并承担相应的责任，共同体成员之间开诚布公地说出自己的看法和经验，吸收团队成员成功的经验和失败的教训，在此基础之上提升自身；另一方面是资源条件的支持。学校尽可能地为 PLC 提供空间支持，为教师提供充足的时间面对面地交换想法；在地域上、在办公位置上合理安排教师，以便他们相互观察互动；学校要为共同体及成员之间的交流提供系统的支持，建立交流体制，如专门为教学、学习和其他事务召开日常会议等。

共享的个人实践，指 PLC 成员之间相互观摩、相互探究、协作分析，并进行记录，课后还要进行研讨并给予积极的反馈。在讨论中，教师们或是观点一致，或是存在分歧，但是他们能够畅所欲言，乐于分享成功的经验和失败的教训。在PLC中，课堂观摩与评价是一种常态，教师愿意其他教师到他的教室参观或听课，教师们真诚地赞扬彼此的成功之处，在个人失败时也能得到同事们的关心和帮助。他们把课堂观摩视为一种同伴互助的方式，而不单单是一次评价的过程。在这个实践过程中，他们彼此协助对方找到解决问题的方法，再通过个人自身实践实现教学能力的提升和教学质量的提高，从而促进彼此学习能力的提升。

2. 形成动因

不管在理论上其内涵如何演变，在具体的学校教育中，PLC以其独特的方式演变着，从有形到无形，从硬造到自然，或者说从无形到有形，从自然到硬造，分不清哪个是始哪个是终。然而，具体到某一个PLC，其产生的原因以及目的却是有迹可循的，不仅是来自教师专业发展的自身需要，自发组织的，还是源于教育行政部门的需求，人为组成的；不仅是一种固定的学校组织，还是一个短期修研团体。有形的PLC便于建构和完善，而无形的共同体更能促进教师学习。硬造的PLC更易较快地组织和实施，而自然而然的PLC不易产生且也并非是理想和完美的。但不管是何种类型的PLC，其产生的最初原因一定是源于内在的或外部的促进教师专业发展的需求。这不仅有利于我们研究和分析教师专业发展的需求驱动，而且有助于我们分析各种需求难以促进其发展的问题所在。若学校中教研组安排的研修活动效果较差，可知其在激发和调动教师参与度方面出了问题，没有认识到教师的真正需求；若学校中自然而然地产生了教师研修组织，那么就表明这个学校的教师发展氛围较好，教师专业水平较高，自主发展意识较强，共同体建设程度也较高。对不同类型的共同体进行分析有助于我们了解教师专业发展的真正需求，找到发展滞后的原因，基于其需求开展活动，调动教师专业发展的积极性，让教师感知到活动开展的目的和意义，最终提升教师专业发展的质量。

3. 存在层面

实践中的PLC可从微观、中观和宏观三个层面进行分析。具体而言，在不同层面的共同体中分析教师专业发展与PLC的互动、教师之间的合作和学习活动的开展，体现为在教师个体层面、社群层面与学校层面等实现二者的对话与互动：在个体层面实现教师个体与共同体中的多元主体之间的互动，在社群层面实现教师个体与作为共同体的教研组的互动，在学校层面实现教师个体与学校（制度、文化）的互动。

1）个体层面：共同体中的多元主体与教师个体的互动

研究这一层面共同体与教师专业发展的互动，主要从微观的角度分析教师个体与作为共同体中的个体之间的互动。这种互动是多元主体之间的交流，双方在互动中获得对方的经验，分享彼此的知识和信息，从而实现使命、愿景、价值和目标的共享。此层面的教师专业发展主要在于获得初步的专业身份认同，以及专业素养和能力（专业知识、专业技能和专业品质）的逐步提升。作为学习者的教师个体要从共同体的历史文化脉络的边缘性参与开始，与共同体中的个体进行交流、商讨、争论，了解共同体的核心文化，并认可这一文化。得到其文化认同之后，教师个体才获得了合法参与权，并逐步进入共同体成为其中的一员，专业角色得以重新塑造。在这一过程中，教师个体通过与共同体中多元主体间的反思性对话和探究，了解到共同体的价值和愿景，得到共同体其他成员的关怀和信任。此外，教师通过与共同体中其他教师相互观摩、评课，得到他人鼓励与教学实践方面的反馈，获得对方的支持及帮助，共同寻求知识、技能和策略，探讨如何更有效地促进学生的学习。

2）社群层面：作为共同体的教研组与教师个体的互动

研究这一层面共同体与教师专业发展的互动，是从中观的角度分析教师个体与作为组织的共同体的互动，即与不同年级、学科的教研组互动。在此层面，教师专业性的提升主要在于获得专业身份认同。与学校传统的金字塔式的科层管理组织架构相比，构建PLC就是要消解科层组织体系带来的教师的孤立活动，在兼具层级扁平化与“边界模糊化”双重特征的组织架构中，实现教师群体在专业领域内的有效合作。当教研组等学校组织作为一种PLC来建构时，就意味着教师个体与教研组的互动是一种平等、良好的互动，教师的参与是一种充分的、有实质意义的参与。教师有实质意义地参与到共同体的互动中，依赖的是自主、自愿、平等、信任等理念，是自然而然的合作与互动关系，而不是依靠学校行政干预形成的硬造关系。作为共同体的教研组为教师身份认同提供了重要的场所。首先，PLC为教师认识自我和实现自我提供了场所。教师通过与共同体的互动，在集体的同质性和个体的独特性之间的张力中寻求自我的角色和身份，既强调作为集体成员之一的集体自我，也突出个体差异的个性自我。其次，PLC为教师的确定性实现提供了场所。在个体与共同体互动的过程中，教师获得了其他成员的信任，其确定性得到充分的肯定和满足。这种确定性更多的是一种集体归属感和信任感，教师可以在共同体中充分地表达自己的观点，并得到其他成员的认真倾听和回应。PLC中的教师学习是联结个体与集体形态的非正式学习，最终能够实现教师个体与共同体的共同发展。

3）学校层面：学校（制度、文化）与教师个体的互动

研究这一层面共同体与教师发展的互动主要是从宏观的角度，分析作为共同体的学校的制度、文化与教师个体发展之间的互动。将学校作为一个PLC来构建，其形成的各种合作制度乃至文化，营造出的相互信任、情感支持的环境氛围，以及共享的学校愿景和价值，影响甚至是决定了教师专业发展，尤其是教师专业自主能力和权力的获得。这一层面的PLC是其构建的最终目标。霍德总结出PLC

的五项特征，即共享的领导、共享的愿景和目标、集体学习和学习的应用、共享的个人实践、支持性条件。这些内在的学校制度和文化会促使教师主动地走出安全地带，改变习惯性行为，唤醒改变自我的自觉意识和积极态度，这一冲动和热情使 PLC 的制度得到很好的认可和实现。这种改变自我的自觉意识就是教师要求专业自主发展的萌动。同时，作为学校的 PLC，其特定的权力运作模式会给教师自主发展留有一定空间，共同体制度本身的合理性有效地为教师个性的发挥和能动性的发展提供了空间和条件，教师会在其制度安排的可能空间内，利用共同体的资源不断地促进自我的发展，在制度的限制性和促进性的张力中寻求自主发展的权利空间。

4. 发展轨迹

在不同的 PLC 中，教师发展的层面、学习的方式、合作的文化、活动的深度、发展的内容、自主发展的程度也有所不同，而组建不同程度的教师 PLC 是实现深刻和可持续的教师发展的有效途径[①]。在低程度的教师 PLC 中，教师专业发展仅限于在个体层面和教研组层面与教师个体开展互动，一般不涉及学校层面的互动，即还没有完全形成作为学校的 PLC，人为合作和硬造合作的因素影响较大，专业发展的目的指向不明显。就教师学习的方式而言，主要以信息和资源分享为主，并伴有争论式的交谈，即使出现分歧和冲突，也会很快被动或主动地终止，因此不会产生新知识和新理念。然而这种争论式的交谈是必要的，它有利于共同体向更高程度发展。教师发展活动在低程度的共同体中开展得较为零散，缺乏一致的目标，或者说即使制定了一致的目标，教师也很难作出一致的行动。此外，教师发展的内容也围绕着专业知识、技能和品质的某一方面展开，目标单一，很难做到多个目标的共同发展。教师在这一程度的共同体中初步获得了自主发展的意识，萌生了改变自我的主动意识。而在较高程度的教师 PLC 中，教师专业发展在很多方面得以提升。已经具备共同体特征的学校会通过制度制定和文化导向等方面对教师发展产生潜移默化的影响，这时的教师合作更多体现出自然而然的性质，其促进教师专业性提升的目的更为突出。此外，教师除了萌生了自主发展意识之外，还具备了一定的自主发展能力，有了一定程度的自主发展权。值得注意的是，切不可认为较低程度的共同体建构是没有必要的。由低程度向高程度发展是共同体构建的一般模式，且共同体由低程度向高程度的建构过程正是教师专业性提升的过程，前一阶段的发展为后一阶段的提升奠定了基础，教师在不同程度的共同体中才可以实现其专业发展深刻而持续地进行，且不同程度的 PLC 为不同需求、不同阶段的教师发展提供了相应的发展空间，促进了其往更高水平的方向发展。

---

① Borko H. Professional development and teacher learning：Mapping the terrain[J]. Educational Researcher，2004，33（8）：3-15.

（二）基于 PLC 现代语境解读下的双向互动关系

PLC 与教师成长是一种互动的关系，PLC 的建构程度与教师专业发展程度呈正相关，其发展是相互交织在一起循环上升的过程。将教师学习、成长与发展置于 PLC 的现代语境之下，为教师学习和成长提供的社会性境脉决定了对 PLC 的研究不是设计一套普世的分析框架，而是根据不同的需要提供一个发展空间。在这个空间中，PLC 是一个由程度维度、层面维度、类型维度构成的多维空间，共享的领导、共享的愿景和目标、集体学习和学习的应用、共享的个人实践、支持性条件等维系着共同体的存在，同质性与异质性、合作与冲突、私人关系与专业关系等几对张力不断地拓展着共同体的边界，使得教师发展在 PLC 境脉下得以整体提升，并在多个层面中联结。在这一空间中，教师在专业情感、专业技能、专业实践和专业身份认同等方面发生着变化和发展，在不同层面、不同维度实现着联结和成长；反过来，教师发展对 PLC 的组织更新与建构、空间维系等方面都有着重要的影响并给予一定的支持。

1. 二者的契合性分析

1）目标的统一性

PLC 建构的目的在于促进学生的学习和教师的发展，最终实现学校的变革。研究表明，形成了 PLC 的学校都有一个核心特征，那就是坚定不移地强调学生的发展。笔者将这一共同愿景表述为：为每一位孩子提供一个理解他们的世界、尊重自我和他人、尊重环境以及提供一个欣赏和理解他们文化和语言的机会，帮助每个孩子发掘他们的潜能，使之成为一个有责任感和有能力的公民。从形成过程来看，PLC 不仅鼓励教师参与形成共同愿景的过程，更重要的是，它把这种共同愿景作为在教育和学习中进行决策的向导加以贯彻。教师发展的目的在于通过自身专业性的提升，促进学生的发展及学校的变革。因此，在目标上二者是一致的，PLC 既关注成员的集体学习，也关注个体的成长；教师发展始终是围绕着学生发展这一目的而展开的。

2）场域的共同性

随着教师教育在全球范围内向学校本位的教师专业发展路径的整体转向，教师的培养机制由以政府为主导的高校（学院）式的教师培训模式转变成以学校为本的教师教育模式，教师专业发展的场域发生了重大转变，从高校回到了自己的学校，校本研修、校本培训和校本学习等成为教师专业发展的重要路径。在全球范围内，英国的“伙伴学校”、美国的“教师专业发展学校”等成为学校本位的典范和各国争相学习参考的依据。教师专业发展转而聚焦于学校内部，由学校负责职前培训让教师学会如何进行教学、评价学生、管理课堂等，教师有权自己决定培训的需求，并告知负责培训的专业人员，这些人员将结合教师需求和高校进行协商，制订专门的培训计划。此外，以学校为中心的各种教育改革计划、学校课程、教学改革等都与教师专业发展紧密结合，并明确了其在这些活动中的身份和地位。教师所在学校成为教师专业发展的重要场域，学校不仅仅是学生成长的场所，也是教师学习和发展的重要基地。从教师专业发展的脉络来看，经历了由教师个体专业化向群体专业化、由学习型组织向 PLC 的转向，在 PLC 中促进教师专业成长成为教师专业发展的重要路径。因此，PLC 既是教师专业发展的内部需要，而恰好又是教师专业发展之学校本位的重要场域，二者在场域上有着天然的一致性。尤其是在我国，长期以来存在着教研组制度，教师在教研组中讨论和制定各科教学进度，研究教学内容和教学方法。在 20 世纪 80 年代随着教师参与教育研究的热潮，教研组又成为教师选题、开题、立项、结题等研究活动的重要组织和平台。这种独具特色的、集教学和研究于一身的学校本位的教师专业发展形态，也是我国教师 PLC 的特色形态。这些都成为教师专业发展和 PLC 构建在场域上统一的重要背景。正如前文所言，二者天生是一对，是绕不开、断不了的。

3）互动的有效性

PLC 与教师专业发展之间的互动，主要依托各种形式的活动，如师徒制、教师反思活动、教研组活动、校内和校际教学竞赛等。这些活动发生在二者互动的各个层面，既有教师个体层面，又有 PLC 层面，还有学校层面，涵盖了教师专业生活的全部环节。PLC 为其活动的展开提供了多维空间的支持和指导，教师得到这些指导和支持之后，能更有把握地参与到互动之中，为共同体的建构和更新提供新的动力。PLC 和教师专业发展互动的产物之一——教师专业认同，也会对二者的互动产生积极的催化作用，促使教师积极地参与到 PLC 的建构之中，使之成为 PLC 的有机组成部分，也会让共同体凝聚教师，使之成为教师专业发展的有机土壤。总之，二者互动的依托和产物都成为其有效性的重要见证和表现，二者的良性互动，促进了教师专业发展和 PLC 的建构、更新。

2. 二者的互动关系分析

1）PLC 与教师专业发展的系统分析

首先，PLC 的构建是互动关系产生的先决条件。PLC 的构建状态和实现程度决定了二者互动关系的产生，共同体构建的状态决定了在二者互动中是否能够实现共享的领导、共享的愿景和目标、集体学习和学习的应用、共享的个人实践、支持性条件，如果这些方面的建设程度较低，先决条件达不到，教师就很难融入 PLC 中，也很难通过与共同体的深层互动实现自身发展，而教师无法从共同体中获得进步，也就不能为 PLC 的建构提供支持。

其次，教师专业发展和共同体建构是二者互动的双重目的。PLC 和教师专业发展互动的目的，除了要促进教师专业性的提升，还有对 PLC 的构建、维系和更新。因为，PLC 的构建对教师专业发展至关重要，二者会在互动中形成良性的循环上升式的发展状态，若只关注教师专业发展而忽视了 PLC 的构建，便会导致在后续互动中 PLC 不能为教师专业发展提供空间支持，无法形成庞大的多维空间，也难以形成多层面的互动平台。

最后，教师专业发展的程度决定了互动的深度。教师专业程度若较高，其专业知识和技能就较为扎实，专业自主发展的意识和能力就较强，并具有较强的身份认同，因此，在与 PLC 互动的过程中，其互动的层面就不仅限于在共同体的微观和中观层面进行互动，而且会在学校这一宏观层面深入地展开。在学校层面的互动中，教师会以探索式的交谈为主，贯穿有针对性的质疑、反思、交谈和争论，促进教师发散性思维的产生，激发新的知识和理念，实现教师具有实质性意义的参与和学习。同时，教师发展活动是围绕着教师专业发展来展开的，活动的实效性较大；在促进教师专业发展的内容上可以兼顾专业知识、技能、品质中的某几个方面甚至全部。

2）互动模型建构

PLC 与教师专业发展的互动模型建构需要讨论两个方面的内容：一方面是 PLC 中教师专业性是如何提升和发展的，另一方面是在互动中以教师发展为导向的 PLC 是如何构建、维系和更新的。

首先，PLC 中教师专业性的提升和发展。PLC 中教师专业性的提升和发展，需要解决以下主要问题：教师如何通过与其他成员、共同体、学校之间的互动，使得学习发生、持续和循环？教师在学习过程中又有怎样的情感经历和精神体验？教师的专业情感（合作精神、自主发展意识）、专业知识（实践性知识、课程开发能力）、专业实践（专业发展活动）、专业认同等是如何提升和发展的？专业身份认同如何发展并在不同层面产生联结的？如何使教师发展在 PLC 境脉下得以整体提升，并在多个层面中联结？

其次，教师专业发展导向下的 PLC 的构建和更新。在二者互动中，教师专业发展导向下的 PLC 的构建和更新，包含以下几个方面的问题：教师专业发展如何反作用于 PLC 建设？表现在哪些方面？如何通过共同体成员教师专业发展实现 PLC 的建构、维持和更新？

第六章

PLC 中教师合作中的几对关系

共享价值观、和谐的同侪关系、教师合作、去个体化的实践等是衡量教师 PLC 的重要标准，是共同体存在的重要基石。然而这些标准又在具体实践中面临着种种困境，尤其是在教师的同质性和异质性、合作与冲突、教师之间的专业关系与私人关系等方面，问题更为明显。正是这些矛盾的存在，为专业学习个体的发展和更新提供了动力。然而，这些矛盾是如何发展的？共同体中的成员究竟应该是同质还是异质？在多大程度上表现出同质和异质？合作中如何恰当地管理好冲突？合作中的个人主义与社群主义之争如何处理？这些困惑的解决都至关重要。

一、同质性和异质性

（一）同质性还是异质性？

同质性与异质性是社团或者组织等社会子系统绕不开的话题。PLC 进入教师教育领域的最初原因之一，是当时教师专业个人主义盛行带来的各种弊端，导致教师专业发展陷入孤立主义、个人主义的“牢笼”之中。为了消除教师个人主义，PLC 强调共同的价值观、共享的愿景和决策权。教师 PLC 的建构过程实际上是界定共同体的边界，是建立起共同体内成员身份的过程，其最终成员必须形成共享的学校目标、价值、愿景与意识形态。共同的愿景是一个团体未来的发展前景，是全体成员奋斗的目标，对于一个组织和个体来说是至关重要的。从社会心理学来看，群体同质性能减少成员之间的陌生感，从而降低文化冲击的阻力。在群体中，尽管人们进入新群体的目的是结交新朋友，但人们往往根据自己的偏好和喜好与熟识的朋友进行交往。这种同质聚集的群体更能促使成员保持经常性的活动，具有更长的生命周期。

然而，这样一味地强调成员的同质性却是十分危险的。虽然同质性可以有效地维持和实现PLC内部的良好运行，但却极易使共同体的构建陷入“孤岛”之中。过分地强调教师致力于学生的学习和学校的改革这一目标，极易低估教师信念的差异性和实践的多样性，减少PLC能够接触到的社会资源和资本，对共同体的开放程度形成制约，不利于资源的优化配置。PLC的开放性、包容性与成员的异质性对于教师个体的专业学习、共同体和组织的学习是十分有帮助的。具有异质性的社会能为群体成员提供更多的潜在资源，具有异质性的成员使得可交换的信息和资源更多元化，成员所能获得的潜在收获更多。首先，PLC中成员的异质性若较大，其组成的群体就可以接触到更为广阔的社会资源，可使用的信息量就更大，更容易促进共同体决策的形成，从而提高PLC对快速变化的社会环境的适应能力。其次，PLC中成员之间的异质性可以使共同体内部产生更多的冲突，为了解决这些冲突，彼此会相互商讨，甚至是争论，由此激发出普遍的信任感，异质性成为相互合作的动力，通过商讨促进共同体成员合力制订出新的、更优化的解决方案，使PLC的功能得到最大限度的发挥，也提高了共同体成员参与群体活动的水平。最后，共同体成员的异质性还可以降低他们所交换和共享的信息的重复率，进而实现共同体资源的优化配置，更有效地解决共同体遇到的实际问题。

（二）共同体成员的异质性与教师身份认同

异质性较强的PLC，其社会网络就较广，与其他共同体之间的交往就更为频繁。在这个庞大的共同体网络中，教师通过在不同PLC之间的跨越进行学习，其中最重要的一个方面就是获得或者身份认同。一个人要获得自己的身份，就是要辨识自身与他人的区别，或明确其属于某个群体的特征。这是一个过程，是个人对内在自我寻求统合，对外区分与他人的差异的过程，具有不确定性。无论是存在于传统规范中的“传道授业解惑者”，还是在当代管理主义式的专业论述中所讲的追求绩效、效率的教师，对于教师身份的客观界定都有规定性。这些规定性将教师视为一个角色，是集体的、功能性的，忽视了教师作为一个人在生活经验、知识、情感、价值上的差异性。认同联结了社会与个人，然而这种认同建立在一套社会规范界定的基础之上，由个体将这些社会意义和价值内化成自身的一部分。后现代社会则认为，没有永恒的认同。“认同”的概念并非在整个历史盛衰中从头到尾都不变，也不是由人为赋予的自我里面的集体的自我。霍尔（E. H. Hall）认为，身份认同是建构于差异而非相同之上的，如个人的族群认同、性别认同等，并非确立特定族群、性别的属性与特征，而是基于个人与这些特征的相同之处，将个人归属于群体[①]。这是普世主义的做法，但它忽视了个人的差异。尽管在PLC

① 周淑卿. 课程发展与教师专业[M]. 北京：九州出版社，2006：81.

中，强调成员之间共享的目标、价值和愿景，然而就教师个体学习而言，对自己身份的生成，是要问“作为主体的个体是谁”，而不是“个体归属的群体是什么”，所以教师学习最终要获得身份认同。这种获得不是归属得来的，是通过建构而来的，涉及个体的知识、价值与情感取向等方面，不同的人因其生活情境、所经历的事件、生活体验的不同而建构出不同的身份认定。

因此，在实践中，教师需要更多的机会认识到他们的专业身份是建构的，而非外界规定的、本质就是如此的，应该允许介入更多的可能性和差异性。也就是说，教师间的差异与异质性为教师提供了更多的学习机会、更丰富的资源和一些新的观点，从而更有利于教师身份的建构。

（三）共同体的包容性与 PLC 建构

包容性（inclusive）通常指某个社会主体能够包容客体的特性，PLC 的包容性的内涵更广泛。与包容性相反的一个词就是“排他性”（exclusive），这是群体形成和发展中极易走进的“怪圈”。排他性分为两个层面：一个是制度性的排他，即对社会成员或其他群体成员的生存状态、生活方式和文化的排斥；另一个是主体选择性排他，即成员拒绝参加社会活动或本群体之外的活动，排斥其他群体的制度和规范。这种排他性极易造成共同体与社会和其他团体的隔离或断裂，进而可能引发对群体其他成员的极度信任，但对其他群体的不信任或排斥，或者是对本群体的追逐或顺从，对其他群体的歧视或偏见。这都十分不利于 PLC 的健康发展和更新。PLC 的构建和更新，需要其自身具有较强的包容性，包含了其组织形式上边界的非制度性和单个共同体边缘的模糊性。

1. 共同体非制度性的边界限定

为了应对学校教育、教师专业发展的复杂性和快速变化的社会环境，我们除了要推动 PLC 成员资格的系统性扩展外，也要在专业共同体的知识基础方面建立更加多样化的来源。因为只将教师纳入某一个 PLC 的做法是不现实的。在学校教育中，制度性的组织和 PLC 之间往往是互相交织的。例如，一个学校组织可能包含着数个 PLC，如师生学习共同体、以课题为中心的科研组共同体等，或者不存在任何 PLC；一个 PLC 有可能横跨数个学校正式组织的边界，由多个院校的专家学者围绕一个课题组建而成；一个 PLC 还可能是虚拟的，是在知识丰富的网络世界中建立的虚拟学习共同体。这些相互交织的共同体，共同为教师的专业成长提供了巨大的空间支撑，教师只处在某一共同体的情况几乎是不可能的，而共同体之间也是不可能完全隔离和无关联的。也就是说，PLC 边界确定的原则不是由某种外界力量或者某个人的主观意愿来限定的，而是由构成 PLC 的内部要素来界定的，这些要素是构成 PLC 的基础，要求其有共同的愿景和目标，由其自身来界定共同体的自我边界。这种非制度性的边界限定，在某种程度上扩展了 PLC 的社会网络，丰富了其资源，增强了 PLC 与其他组织形式或共同体的资源共享和互换。

2. 模糊性边缘

共同体的包容性不仅体现为其组织形式上的边界的非制度性，还体现为其边缘的模糊性。这种模糊性表现为共同体对学习者的准入没有严格的限制，只要是合法进入的学习者，就既可以作为旁观者进行观察，也可以参与到 PLC 的活动之中，这就为初学者提供了丰富的学习机会和资源，并容纳了不同水平、不同经验的学习者参与；反之，新参与者的异质经验也会通过这个边缘地带，经过有意义的协商而逐渐融入 PLC 的文化之中。另外，PLC 提供的边缘地带为不同经验水平的参与者之间、不同层面的 PLC 之间的交往互动，提供了更为多元、多层面的学习机会，每个教师都为共同体建构贡献着自己的力量，进而收获不同的学习经验，教师专业发展和 PLC 共同成长着。

二、合作与冲突

20 世纪 80 年代开始，教师专业发展的研究重点开始渐次从关注教师群体专业化转向对 PLC 的研究，越来越关注教师专业的脉络发展和土壤培育。PLC 是针对教师个体专业化过程中，较为明显的个人孤立倾向，如教师在日常的教学活动中缺乏与其他教师、教师群体的必要沟通和相互交流等弊端提出来的，它强调教师发展的社会生态转变。这与哈格里夫斯和富兰提出的教师专业发展的生态取向理念相一致。以 PLC 为载体或平台，甚至有学者将其当作一种促进教师专业发展的研究模式，已成为包括我国在内的世界各国教师教育改革的主要范式之一①，这种观点得到越来越多教育理论研究者和实践者的认可。然而与其流行热度相比，共同体的理论研究深度却亟待提升，如共同体内部教师合作中冲突属性的判断、教师冲突的限度、校长如何进行有效的冲突管理等在已有的研究中鲜有涉及。冲突管理是任何组织都无法避免或忽视的重要管理工作，PLC 作为一种学校中教师专业学习和发展的组织，更要科学地认识教师冲突，以免影响其功能的发挥和阻碍教师的专业发展。下面从 PLC 的视角分析教师冲突的属性、限度以及管理，以期为教师专业发展和学校变革提供借鉴。

（一）冲突的教育学属性

对冲突的研究是一个跨学科的研究问题，哲学伦理、心理学、社会学、政治学、组织行为学和人类学等多个学科领域对这一问题都有涉及。社会互动理论认为，尽管冲突是合作的对立面，是双方为了某种利益或者价值观而产生的相互排

① 转引自王晓芳. 什么样的“共同体”可以称作教师专业学习共同体——对教师专业学习共同体理论的审视与反思[J]. 教师教育研究，2014，（4）：16-22.

斥、伤害、剥夺甚至毁灭的互动方式，但适当的冲突是必要的。“一个被消除了冲突的社会将是毫无生机、沉闷乏味的。”[①]在学校中，教师冲突也是常见的现象，教师冲突潜伏在生活的各个角落，它们使教师之间成为一种关系性存在，并形塑自我概念[②]。PLC 则要求教师合作必须有独立的思维、多种观点的讨论、观点的对抗与冲突。正确把握冲突的属性，理解适当冲突的教育成效，认识到过度冲突的危害，对有效地管理共同体中的冲突有较大的意义。

1. 冲突的正面教育属性

冲突对共同体、教师和学校变革有着重要的建设性和推动性影响，可以增强共同体功能的发挥，促进教师发散性思维的产生，改善他们之间的关系，推动学校变革。

（1）对教师而言，适当的冲突会提供解决问题的多样选择性，改善教师间的关系。在冲突中，争论或对抗会让教师尽可能多地进行思考，寻求多种解决问题的方式。在有争议的情境中，相比那种“一片和谐”的情景，教师会提出更多的问题，并更渴望了解对方的观点。他们也能听到更多对立的观点，预测对方过去以及未来的观点并确定他们反对的理由。相反，一旦冲突被压制或者被刻意回避，教师会以一种幽默、诙谐的自嘲方式将其淡化，并创造出一种假象的和谐氛围，在这样的共同体中，教师就会忽略解决复杂问题的多种选择性，而采用传统的、最有效地解决问题的办法。这样一来，他们处理复杂问题的有效性也可能会降低。同时，适当的冲突也会促进教师创新思维和能力的发展。面对熟悉的日常工作，教师能够驾轻就熟地处理常见的问题，寻求最适合自我的解决路径，并逐渐地形成了惯性思维。惯性思维可以帮助教师最快、最省力地解决问题，但同时也会阻碍其去寻找其他的解决路径。通过适当的协商甚至是冲突，教师可以了解不同的解决问题的方法，与自己已有的认知产生碰撞，激发其发散性思维的产生。

冲突是由相互依赖、相互作用的冲突主体之间的差异性和矛盾性所引起的对抗情形，这一情形从冲突产生到发展再到解决都在不停地变化。美国行为科学家庞蒂（L. R. Pondy）把冲突的产生和变化的历程划分为五个可以辨认的不同发展阶段：潜在的冲突、知觉的冲突、感觉的冲突、显现的冲突和冲突的结果。在发展变化中，冲突主体的心理特征也在不断发生着变化。积极而强烈对抗的教师冲突产生于教师教育理念和个体特征的差异性，在冲突中，教师通过沟通和交流，会增加对彼此的了解，加强团体内部教师之间的协商，最终的结果是双方经过争论和协商获得的，可以说是彼此争论和妥协的结果。而这样的结果恰恰是最能让双方在最大限度上都接受的。复杂的问题得到充分的解决，冲突得到某种程度上的

① 杜静，王晓芳. 论基于社会互动理论的教师合作[J]. 教育研究，2016，（11）：113-118.

② 马丁·布伯. 我与你[M]. 陈维纲译. 北京：生活·读书·新知三联书店，1986：118.

缓解乃至解决，而最终的结局不仅不会增加共同体中个体之间的矛盾，相反还非常有利于教师之间私人关系的发展。用一种友好的且被教师接受的冲突进行合作会产生教育决策者想要的结果；相反，仅仅强调教师之间的友谊是不会取得这样的结果的。

（2）对共同体而言，适当的冲突会增强 PLC 的功能。有适当冲突的共同体是一种良好且理想状态的团体，也具有教师合作的真正内涵。正如鲍曼给“共识”下的定义，它“只是由思想见解根本不同的人们达成的一致，它是艰难谈判和妥协的产物，是经历过多次争吵、许多次反对和偶尔的反抗后的结果”①。教师冲突最终的结果是达成集体的共识，共同体拥有了共享的使命、愿景、价值和目标，且得到同事的认同，就能在共同的价值平台上相互信任、交流和对话。在适当冲突基础上的对话，所进行的是集体分享式的反思、探究、学习和行动，教师之间能共同建构新知识、新理念、新技能和新策略；同事之间能够相互观摩、评课且进行积极的反馈，协助对方找到问题所在并提出解决问题的方案。这种集体的实践使共同体的价值和功能得到最大限度的发挥。相反，如果过度地压制和避免认知冲突的发生，共同体会丧失很多发挥其功能的机会。

（3）对学校而言，适当的教师冲突会促进学校变革。冲突既是变革的原因，也是变革的动力和方法。适当的教师冲突会在学校秩序性变革、认知性变革和结构性变革三个层面上促进学校深层次变革，而这三个层面分别是由秩序性冲突、认知性冲突和结构性冲突引起的②。教师冲突在促进学校变革上具有合理性和合法性，发挥教师冲突在学校变革中的价值，让其成为学校变革的观察者、计划者、监督者和调配者。正视共同体中的冲突行为，共同的结论是由教育决策者根据共同体各成员共同协作、讨论得出的，它更为科学合理，更适合学生、教师和学校发展的需要，是教师发挥智慧、集体决策的结果，参与决策的各方都会从中获益。教师冲突通过对校园秩序、师德师风、新的教育理念和变革方法、新的制度和文化等方面的影响，落实于教学情境中，深入到学校制度中，促使学校走向更深层次的变革。

2. 冲突的反面属性

是否所有的冲突都会发挥积极的教育成效？现代冲突管理观念认为，冲突不仅具有客观存在性和主观知觉性，而且具有两面性，即冲突对于组织或群体既具有建设性、推动性等正面属性，又具有破坏性、阻滞性等反面属性。组织中管理者的任务不再是防止和消除冲突，而是要管理好冲突——限制破坏性冲突和促进建设性冲

① 齐格蒙特·鲍曼. 共同体：在一个不确定的世界中寻找安全[M]. 欧阳景根译. 南京：江苏人民出版社，2003：5

② 王瑞德. 学校中的教师冲突研究[D]. 上海：华东师范大学，2014.

突，刺激功能积极的冲突，充分利用和发挥冲突的积极影响并控制其消极影响①。换言之，冲突管理的内涵不能囿于消除冲突、解决冲突或处理危机等方面，后者隐含的前提假设是“冲突是破坏性的”，“冲突管理是冲突事件发生以后的工作”，这显然是对冲突管理的曲解，有较大的局限性和片面性。冲突有其建设性的积极作用，也有破坏性的消极影响。教育中的冲突也是如此，并不是所有的冲突都能发挥积极的教育成效。冲突除了会促进教师专业发展和学校变革以外，也会给学校、共同体、教师带来痛苦和令人沮丧的体验，若任其扩大和生长到无法控制的地步，反而不利于教师之间和谐的人际关系，会压制共同体功能的发挥以及阻碍学校变革。与其把教师协作中的冲突当作一种病态急于清除，还不如集中精力趋利避害，寻找驾驭和改进它的办法，找到其对学校变革有益的、创新性的策略。

（二）教师冲突的限度

1. 冲突过低是否可取？

中国教师专业发展在长期的实践过程中形成了独具特色的五种学习社群，即教研组、备课组、年级组、科研组、党支部②。从文化生态来看，我国中小学教研组制度是产生于本土文化背景下的一种基层教学研究组织，基于我国的集体主义文化，它关注人与人之间的相互依赖性和集体的重要性，强调和谐、权威、统一③。以教研组为例，反观我国教师合作中的冲突管理，发现一种最经常的做法是，忽视和否认冲突的存在。教师有时候为了不处理冲突，就去否认共同体中有冲突的发生或者人为地降低冲突的后果，是考虑到自己的公众形象或者是维护同事的面子。和谐固然重要，有了和谐的氛围才会使共同体有共享的使命、愿景、价值和目标；有了和谐的氛围才会有教师的集体分享和探究，才会促进学生学习，促进教师专业发展和实现学校变革。然而冲突作为一种广泛存在的社会现象，不仅存在于正式组织的各项活动之中，还存在于人类社会活动的各种形式、各个层面、各个领域和所有主体之中，却唯独很少出现在教育实践中。学校环境应当和谐，但不可被过度地和谐化。在共同体中，独立的个体之间不可能没有矛盾和冲突；在面临复杂程度不同的问题时，共同体成员也不可能有着绝对相同的观点和意见；每个教师也并非对最终的决策毫无异议。没有冲突或冲突过低，教师间的价值认同或承诺很容易变成“顺从”，会给其他教师一个误解：教师之间是彼此了解且理解对方想法的。否认冲突的最常见的后果是教师团体思维的产生，其最大的特征就是为了维护团体利益而最大限度地寻求解决问题的办法。因此，在学校中对冲

---

① 马新建. 冲突管理：基本理念与思维方法的研究[J]. 大连理工大学学报（社会科学版），2002，（3）：19-25.

② 朱旭东. 论教师专业发展的理论模型建构[J]. 教育研究，2014，（6）：81-90.

③ 单志艳. 走向中国特色教师专业学习共同体的教研组变革[J]. 教育研究，2014，（10）：86-90.

突的压制或者粉饰，很有可能会降低教师的创造性和创新性，泯灭个体的个性和独立性。学校一旦形成了避免或压制冲突的惯例和氛围，学校决策者就无法听到不同的声音，往往仅凭个别人或几个人的意见而作出较低质量的决策，这是十分不利于学校发展和变革的。从近期来看，对冲突的压制或刻意忽视会导致未来冲突的扩大，甚至达到无法控制的程度。避免冲突的后果是冲突问题仍旧存在，而我们没有从中获得任何好处。反之，妥善地处理冲突会降低冲突的程度，且为问题的解决找到康庄大道。PLC 中的认知冲突不应该成为效率和变革团体及组织的敌人，恰恰相反，它应该在这些方面发挥巨大的作用。

2. 冲突过度是否可取？

显然，冲突过低会产生较差的结果，如窄化多种选择的可能性、呆板、减少思维的碰撞、降低教师感知冲突行为的敏锐度等。同样的道理，冲突过度也不可取。过度激烈的冲突不仅不利于以上我们提及的结果的发生，也会产生不利的后果，尤其是会过度地激发教师感知冲突行为。冲突形成的过程是相互连贯、循序渐进的，是不同程度的冲突不断地转化、升级和演变的结果。因此，每一个阶段的冲突管理都十分重要。在教育教学中，过激的冲突可能会激发教师感知冲突行为的敏感度，过度地感知到冲突的存在，表现出较为敏感的反应，如紧张、生气、焦虑和担忧等；或将冲突的双方明确化，过度放大冲突的严重性和目的性，有敌对意识地与对方划清界限，并为应对下一步的冲突作准备。教师之间的冲突过于频繁和激烈，如果处理不当可能会造成教师关系的进一步恶化，导致共同体中教师群体的严重分离。更为严重的后果是，学校决策者为了压制过度的冲突，往往会利用行政权力进行压制和掩盖，这样一来就会削弱或窄化学习共同体本来的功能和价值。

（三）冲突的管理者——校长的艺术

当前学校变革需要对教师赋权增能，把教师从改革的执行者转变为改革的推动者和主力军。就目前对学校变革的研究来看，其中两个重要的议题就是：教师的发展和建立 PLC[①]。学校创立的共同体越多，面临的冲突越多。通过建立 PLC 促进学校的变革，最大的挑战不是避免或者压制冲突的发生（冲突控制），而是换个角度，找到积极应对或管理冲突的办法（冲突化解），并充分利用它。尽管最终的方法并不是一劳永逸的，但达成临时性的共识是必要的。在学校中，冲突的主体主要是校长和教师、教师和教师。校长与教师之间的冲突主要是学校行政权力与教师专业自主权力之间的博弈，教师之间的冲突则源于个体差异，主要是由教师间价值观、个性特征等方面的不同引起的。冲突管理最重要的原则是倡导建设性冲突，把冲突控

① 宋萑. 校本教师发展与教师专业学习共同体的建构[J]. 集美大学学报，2007，(1)：37-42.

制于适当程度。辨识建设性冲突并保持其与共同体的连通性之间的平衡需要校长表现出足够多的教育智慧，在实践中不断学习、体会和探索。

1. 校长在管理冲突中的独特作用

（1）作为持续学习者的校长。阿普尔（M. Apple）认为，教育过程存在于对立和冲突的学习情境中，其目的主要是唤起学生的批判意识，进而在群体的相互沟通及分享下，采取适当的行动，以实现平等和正义的社会①。教师如此，校长亦是如此，首先要承担起持续学习者的角色。在 PLC 中，作为学校管理者的校长不再仅仅是日常工作的管理者，而是 PLC 中的一员，他们应积极地参与到学习的过程中。在集体学习的氛围中，校长必须像理解多样的管理方法一样理解变化，认识到接受分歧、冲突是必须具备的一种管理能力。校长不仅要认识到教师专业发展将成为推动学校变革的主要动力，也应该意识到首先最需要改变的是自己，只有这样才能带领教师实现学校发展的目标。校长不能像普通教师一样抵制冲突的存在，而要通过持续不断地领会 PLC 的理念和价值，真切地认识到冲突的存在是不可避免的，切实地体会到每一位教师的角色和立场，面对不同类型的冲突时能找到最佳的解决方法，而不是千篇一律地压制或忽视。在每个共同体或每次合作中，校长要率先垂范，不断地寻找新的视野收集信息，并将之应用于学校的教学和管理实践之中；校长要能够准确地判断和衡量出这一冲突是什么类型，冲突过程中双方的角色态势如何，冲突各方期望的理想结果是什么，冲突的强度如何，频度情形如何，存在冲突的关键所在，并结合自己的教学和管理经验，选取适当的处理方法，争取获得理想的解决冲突的办法。

（2）校长要建立与教师的合作关系。在合作中，作为拥有权力的校长和作为执行者的教师，双方之间的分歧是冲突管理中较为棘手的问题。校长和教师的合作，核心问题是彼此存在的对立情绪，就像雇主和雇员的关系一样，教师会抵制和批评校长的想法，这是十分正常的②。激发有效的冲突，建立真正的合作关系，最有效的方法是不带任何权威和职位权力地为教师服务，这可以使校长的个人观点和意愿易于在合作中得到认可和执行，从而建立与教师的合作关系，为教师创造学习机会，提高教师持续学习的能力，另外校长可邀请教师参与决策的制定和实施。校长通过权力共享、改变组织结构来配合和支持教师参与学校决策，探讨学校的工作计划，学校领导委员会通过决议吸收教师参与决策。这些做法不会触及教学工作的核心，且与独断地强迫教师被动地接受改革相比，更容易让教师认识到改革的价值和意义，消除认知上的分歧，变冲突为认同。

2. 帮助教师之间建立信任和合作关系

教师之间并非不存在冲突，教师的冲突实践也非完全不理性。化解冲突的

① 迈克尔·W. 阿普尔. 教育与权力[M]. 曲囡囡，等译. 上海：华东师范大学出版社，2008： 30.

② 霍德. 学习型学校的变革：共同学习，共同领导[M]. 胡咏梅，等译. 北京：中国轻工业出版社，2004：23-24.

目的是，化解导致冲突行为的利益对立，疏导和消解冲突，帮助教师建立彼此信任和合作的关系。教师在校长的鼓励和引导下，全面地参与学校决策，并逐渐具备制定决策的能力。在此基础上，校长引导教师相互学习、互为师表，通过集中讨论解决共有的问题。最重要的是，教师通过参与共同体活动，能够从专业角度和个人角度了解彼此，信任度不断增长。校长指导其按照 PLC 的特点运作，即共享的领导、共享愿景与目标、支持性条件。除此之外，校长还要创设冲突管理的适宜环境，引导教师积极合作，不断成长。

（1）共享的领导。这就要求教师们在一起设计新课程的单元指导，寻求参加职业发展活动的机会，并将学习的成果在全体教师中分享；引导个体与其他教师合作时讨论学校存在的问题；定期按照不同学科和跨年级团体的安排参加会议，制定决策，相互学习；与学校领导委员会成员一起工作，将全校议题带回到日常工作中，监督学校决议的执行；增强教师乐于参加学校会议和职业培训的意识；指导个体分享自己的知识，并接受其他教师分享的知识，注重积累自己的知识。

（2）共享愿景和目标。PLC 的核心特点是对学生学习的密切关注[①]。促进学生学习和成长是每一个学习共同体的共同目标和愿景。只有教师成为学习者才能真正帮助学生提高学习水平，在这一点上教师应该达成共识。教师不仅被鼓励参与愿景的设计，还需要将愿景作为其学习指南。教师要认识到通过与其他教师分享自己学习所获得的知识和信息而体现出的学习价值，一旦形成共享价值观和愿景，共同体中的教师就必须对自己的行为负责。

（3）支持性条件。除了物质和组织条件等支持性条件外，校长还需要为教师专业发展提供支持条件，而这一点往往容易被忽视，如对待学校教育、学生和变革的积极态度，学生是否对学习有极大兴趣，教师专业发展能否持续推进，是否对愿景和目标达成广泛的认同，并建立共同决策的标准等都是校长需要重点关注的。这些价值观点上的共同性可以避免或化解合作中的冲突行为。

（4）创设冲突管理的适宜环境。营造冲突管理的环境，首先，需要校长分享决策权，过度管控的学校氛围会限制教师的自由，抑制冲突行为的发生。分享决策意味着共同体中的每个个体都有参与学校变革的责任和权力。校长分享决策，适度地放权，并非是对其作为管理者的质疑，而是呼吁赋予教师更大的权力，引导教师思考学校变革的核心问题，如变革中我的角色是什么，我如何来确定学校变革的理念与目标，我如何执行和推进变革等。教师将被赋予工作创新的自由以及追求私人空间和个人兴趣的自由，这样更有利于教师多样性和差异性的发展。其次，要有完善的学校决策制度。完善的学校决策制度对教师冲突的有效管理是十分有益的。从目前来看，学校的制度并不支持较大范围内冲突行

① 霍德. 学习型学校的变革：共同学习，共同领导[M]. 胡咏梅等译. 北京：中国轻工业出版社，2004：9.

为的扩大与滋生，因为与具有批判精神的教师相比，遵纪听话的教师更容易得到校长和同事的喜爱与表扬。教师不应该是“被改革者”，而应该成为制度建设的参与者和实施者①。因此，制度的制定一定要避免教师虚假合作行为的发生，避免争执发生了，讨论也在进行，紧张得以缓解，但是决定性的事件却一直没有出现的情况发生。

三、合作中的个人主义与社群主义

在任何形式的团体活动中，强调个体优先的个人主义与突出集体发展的社群主义之间一直存在着激烈的博弈，教育领域及教师教育方面的团体活动也不例外，似乎二者天生就是水火不容、非你即我的关系。回顾教师专业发展的路径，我们从中也可以找到一些端倪。

（一）回溯矛盾之源

教师专业化发展经历了组织发展阶段和专业发展阶段。不同的取向使得不同的教师组织走上了不同的教师群体专业化道路。工会主义取向以罢工为主要形式，旨在争取社会对教师群体的认可和教师地位的提升，此引发了关于教师群体专业性的研究。专业主义取向认为，教师地位不高的原因是专业化程度不足，以此引发了关于教师资格证书制度、教师专业发展阶段、教师专业素质等方面的研究以及为了促进教师专业发展而进行的多种形式的集体培训。然而，工会主义和专业主义都没取得令人满意的结果，这使得研究者开始反思教师专业发展的历程，并提出必须关注两个方面的问题：一是把教师作为一个社会分层，力求集体向上流动；二是提高教师自身的教学水平，增加个人知识和技能。至此，教师专业发展的研究重心开始从群体被动的专业化转向个体主动的专业发展。然而，个体发展的路径暴露出来的缺点让人们开始质疑专业个人主义的合理性。因此，PLC 的提出迅速得到研究者的重视，并直接实现教师专业发展实践的转场。

通过以上梳理可以发现，教师专业发展取向的发展路径表明，教师的发展一般依赖于两种途径：一种是以教师个体发展为优先；另一种是以教师群体发展为优先。这两种取向在教师 PLC 中表现得也较为明显，且一直在博弈之中。

（二）集体学习之下的个体学习与发展

PLC 的特征之一就是强调集体学习。在 PLC 中，不同学科、不同年级的教师

① 朱益明. 中小学教师人事制度改革：问题、思路与建议[J]. 教育发展研究，2005，(9)：66-70.

之间持续不断地共同探究和协同分析问题，共同体成员针对教学问题提出质疑、寻求新方法、集体计划、验证方法、推进计划实施、进行计划的评价，最终解决问题。此外，共同体成员常常借助反思性对话、探究行动，共同建构知识和策略，这为教师开展持续的合作提供了可能。在反思性对话中，教师之间通常围绕共享的愿景和目标——学生、学习、教学等主题展开商讨。在反思的同时还伴随着探究行为，探究又引发了组织成员对重要问题的争论，从而给他们提供了共同学习、相互借鉴的机会。经过教师个体的学习性的交流和相互之间的互动，教师集体作出决策，用新的想法和信息来解决问题，通过集体学习和广泛参与制定的决策被应用到新的实践中。然而在集体学习中，始终贯穿着教师个体的反思和行动，教师只有主动地学习和反思，积极地参与集体学习所开展的相关活动，并对其他成员的评价进行积极的反馈，对自身的问题和不足进行较为有效的反思，并结合自身情况应用于教学实践中去，改善自身的教学，才能真正实现自身的发展。也就是说，PLC 中的集体学习只是教师个体学习的重要环节和方式，个体成长才是目的，切不可本末倒置，过度地强调共同体和集体学习而牺牲成员个体发展的机会。

PLC 中的集体学习要赋予个体一定的专业自主权，对专业自主权的强调不是在突出专业个人主义，这是两个不同的概念。专业自主权意味着一个专业人士有权控制自己活动的权力，在权限范围内判断什么是对的[①]。专业自主权是教师个体发展的动力，只有其自身有强烈的发展自我的意识、能力和权力，才能真正实现自身的专业发展。然而，教师的专业自主权必须以其所在的社会文化形态为前提，离开了PLC，不仅个人的道德、理性和能力无从谈起，其个体的自主性也无法存在，更无从谈起。

（三）二者的博弈

PLC 专业并没有一味地强调集体学习、同侪合作、共同承担责任，它也重视、接纳、包容独立反思的教师。当 PLC 的建构、更新与教师个体发展出现矛盾时，教师学习以及个体发展是否应为 PLC 的建设让步？是否可以放弃理论概念的清晰性来满足教师专业发展？是否应该刻意追求 PLC 特质的完美和理想？

从本体论来说，学术界对教师 PLC“应该是什么”的问题基本已经达成初步共识，但对 PLC 的研究过于关注其内涵及特征，即对“完美的（理论的）PLC是什么”的追问。虽然霍德、杜福尔等都强调教师学习的核心地位，但学习者个体置于 PLC 的影响之下，学习要兼顾共同体的稳定性及其作为结构性学习资源作用的发挥。为了建立共同体、营造教师之间的良好合作关系，现实中很多

① Raaen F D. Autonomy，candour and professional teacher practice：A discussion inspired by the later works of Michel Foucault[J]. Journal of Philosophy of Educational，2011，45（4）：627-641.

做法容易忽视教师在学习共同体中新知识的获得和运用，忽视教师自身专业性的发展，不可避免地会侵犯教学活动中原本不可侵犯的专业自主权，从而降低了教师的自由度。共同体最初被引入学校教育的目的与社会学所追求的“有机团结”有所不同。如今，通过资源共享促进教师专业性的提升，进而实现学生发展和学校变革仍是其根本目的。PLC 获得了自己的属性特征，即起点是共同体，专业学习是过程，而终点却一定是教师自身的发展。对共同体的建构，不可绕开这一目的而片面地追求完美和理想，切不可“只见共同体不见个人”。对 PLC 这一平台的打造，即使再完美，也不可忽视其促进教师专业发展的根本目的，我们要回归到教师自身的生活，帮助其探寻作为人的意义和价值。对“理想”教师 PLC 的建构以及实现共同体内部的“有机团结”是社会学对 PLC 的追求，这一研究视角并不完全适用于教育学，但给从教育学角度认识教师 PLC 造成一定的误导。“没有最美，只有更美”这一逻辑思维模式，引导着研究者在理论上不断地主观追求所谓的“完美理想”，其最大的危害在于将 PLC 分割为某一学科，窄化了研究视角，从而限制了教师 PLC 对教师专业性提升的作用。

这些看似无法避免却也无法解决的矛盾一直存在于教师合作之中，然而正是这些矛盾成了 PLC 这一生态系统维系和更新的张力，不断地推动 PLC 向外延伸，促使其边界向更广的范围拓展，使得 PLC 有了庞大而具有包容性的空间以及良性的生态环境。

第三部分

探寻和再现：PLC视域下教师专业发展的现实考辨

缺乏理想的现实主义是毫无意义的，脱离现实的理想主义是没有生命的。

——罗曼·罗兰（R. Rolland）

本部分包含第七章和第八章，主要从实践中探寻和再现我国 PLC 视域下教师专业发展的经验。第七章从 PLC 的视角，分析我国共同体构建的实然境况，并进一步透视其构建中影响教师合作的因素。第八章主要结合我国的教育实践，从 PLC 的视角，细描教师专业学习与成长过程，并分析共同体建构影响教师发展的因素，探寻 PLC 中教师发展的新路径。

第七章

共同体建构：PLC 视域下教师合作的实践探索

一、PLC 与教师合作

自 20 世纪 90 年代起，PLC 就被认为是一种推进学习持续变革的有效模式，并在美国的教育文献中频繁出现。佐藤学指出，学习共同体就是学校改革的范式之一①。博耶尔（E. Boyer）曾发表过一篇名为《基础学校：学习的共同体》的报告，在这份报告中他认为："成功的学校改革运动是建立在真正的学习共同体基础之上的。"②这里，我们以 PLC 中的教师合作为切入点，以河南省的某一中学为例，在结合国内学校教育的基础上，对 PLC 中教师合作的实然样态进行调查研究，以期能够完善教师合作的相关理论，同时能够丰富国内学校建构 PLC 的经验。

（一）教师 PLC 与教师合作的关系

PLC 就像是一把神奇的金钥匙，它的神奇之处在于它既能打开教师专业发展之门，也能打开学校变革之门。所以，国内的不少学校已经开始尝试建构自己的 PLC。为了顺利实现教师 PLC 的本土化建构，确保 PLC 在国内学校稳步、持续地发展，优化 PLC 中的教师合作势在必行。首先，教师合作是 PLC 建构的重要组成部分。PLC 不是一种教育变革的理念，更不是停留在书本里的概念，它真实地存在于学校教育改革的实践中。既然 PLC 是真实存在的，那么它必定需要一定的组织范式去运作。而且 PLC 并非是一个个体概念，而是一个可以相互沟通、彼此交流的团队组织，这种组织最直接的呈现形式就是教师合作。其次，教师合作是 PLC 发展的

① 佐藤学. 静悄悄的革命：创造活动、合作、反思的综合学习课程[M]. 李季湄译. 长春：长春出版社，2003：136.

② 转引自全守杰. "学习共同体"研究理论考察与新探[J]. 湖北经济学院学报（人文社会科学版），2007，(10)：34-35.

重要保障。PLC 非但不是一个静止不动的概念，反而是一个富有旺盛生命力的组织，它有着自己独特的发展动力和发展阶段。PLC 的发展不是一蹴而就的，而是随着学校外在条件和内在条件的不断完善层层推进的。PLC 的磨合期既需要成员间的相互鼓励、帮助，也需要技术的支持，PLC 的成熟期需要成员间互相指导、持续帮助，无论是在磨合期还是在成熟期，PLC 需要的内外部条件都是紧紧围绕着教师合作展开的。PLC 的发展是各种因素相互促进的结果，而各种因素作用的最直接的对象就是以团队形式呈现的教师合作。当外界条件满足教师合作的需要时，教师合作方能正常运行，合作成员之间才会有互动、交流与沟通。只有对 PLC 中的教师合作给予足够的重视，PLC 才会更好地稳步前行。

（二）PLC 中的教师合作研究

PLC 为教师合作带来了新愿景，将教师发展与学校变革紧密地联系到一起。作为 PLC 的一分子，教师的作用不再仅仅局限于学生和课堂，更关系到学科建设和整个学校的发展。PLC 打破了教师合作中的沉默，改变了以往某些教师不愿与人分享的现状，真正地促进了教师之间合作的进行。目前学者对 PLC 的研究主要体现在以下四个方面。

第一，教研组方面。学者阴祖宝、倪胜利分析了 PLC 的意蕴与价值，调查了当前我国教研组的发展情况，提出了走向 PLC 的教研组变革路径，即分享领导，赋权增能，冲破行政化藩篱；创新教研模式，凝聚共识，形塑共同体文化；厘定支持体系，累积正能量，维系发展动力①。学者蒋福超、刘正伟指出 PLC 相关理念可以为教研组的变革提供支持与示范，PLC 视角下的教研组应把促进学生学习作为终极目标，强调所有的成员拥有共享的愿景、价值观以及采取支持性的领导方式②。他们试图从制度、氛围、活动形式和教师激励等方面入手构建 PLC 型教研组。单志艳指出完善具有中国特色的教师 PLC 应着力于构建自主、平等、合作型教师文化，突出教师 PLC 本土化建设，创建有效的制度和机制③。

第二，名师工作室方面。许昌良指出，因为名师工作室具有共同价值与理念、分享、支持、合作等特征，所以它实质上是典型的 PLC，因此，可以通过建立专业发展对话、描绘共同愿景、打造多元协商的成长样态、关注学科教改等途径实现名师工作室的改革与建设④。

第三，校长领导力方面。在 PLC 与学校变革方面，王晓芳在《西方教师专业

① 阴祖宝，倪胜利. 走向专业学习共同体的教研组变革[J]. 现代中小学教育，2013，（8）：54-57.

② 蒋福超，刘正伟. 专业学习共同体视角下的教研组变革[J]. 教育发展研究，2009，（10）：83-87.

③ 单志艳. 走向中国特色教师专业学习共同体的教研组变革[J]. 教育研究，2014，35（10）：86-90.

④ 许昌良. 专业学习共同体视角下的名师工作室建设——以无锡市“许昌良语文名师工作室”成长为例[J]. 中小学教师培训，2015，（3）：63-66.

学习共同体中校长领导力类型的研究述评》中探讨了建立和维持教师 PLC 过程中校长的多重角色，分析了变革型、教学型及分布式领导力及教师 PLC 的建立和维持的关系，提出了关于教师 PLC 中校长领导力的初步构想——融合与权变。

第四，学校环境方面。在 PLC 与学校变革方面，还有学者认为 PLC 有利于学校环境的改善。吴艳茹在《教师专业学习共同体的构建》中指出，PLC 对于促进学校的文化变革和改善教师的工作环境具有重要的价值。

综上所述，目前多数学者对 PLC 的研究主要集中在教研组上，其次是名师工作室、校长领导力等方面，而对 PLC 与教师合作的研究相对较少，且集中在对教师文化的研究上。从研究内容来看，有关 PLC 与教师合作的文献可分为三种。

第一种，以 PLC 中的教师合作文化为主题的研究。例如，时长江、罗许成等认为，教师合作文化是教师在教育实践中的行为方式，是教师在教育活动中的一种思维方式，是教师群体在职业发展中的价值取向。学校可通过实施师徒式教师教育模式、营造开放性环境等方式来培育教师 PLC 中的教师合作文化①。

第二种，以 PLC 为视角，以合作型教师文化为主题的研究。马传军以教师学习共同体为视角，以合作型教师文化为研究对象，阐述了当下合作型教师文化与教师共同体之间的耦合性。马传军通过对国内中小学中合作型教师文化的考察，发现了合作型教师文化面临的困惑，并从共同愿景、同伴关系、时间支持和学校管理四个方面，探索了合作型教师文化的变革路径②。

第三种，以 PLC 建构为主，以教师合作文化为建构措施的研究。郭向军以中关村第四小学为个案，探究了教师 PLC 的建构措施。在文中他指出，教师 PLC 最基本的特点就是教师间的深层合作，PLC 的建构需要教师有强烈的合作精神③。

根据现有的资料来看，国内外尚未有学者专门对 PLC 中的教师合作进行研究。教师合作贯穿 PLC 发展的始终，它有利于教师的专业发展，也影响着学校的教育变革，但是目前国内 PLC 中教师合作的实然情况，与理论中 PLC 中教师合作的应然情况相比，存在着一定的差距。笔者通过阅读文献资料发现，现有对 PLC 的研究主要以教研组、名师工作室、校长领导力以及学校环境等为主，专门针对 PLC 中教师合作的组织、形式、内容、效果和进一步发展等问题的研究甚少。

二、PLC 中教师合作的实然境况

为了解当前教师 PLC 中教师合作的实然样态，我们选取了河南省中部 F 中学

① 时长江，陈仁涛，罗许成. 专业学习共同体与教师合作文化[J]. 教育发展研究，2007，（11B）：76-79.

② 马传军. 当代合作型教师文化研究——基于教师学习共同体的视角[D]. 上海：华东师范大学，2010.

③ 郭向军. 构建教师学习共同体的个案研究——以中关村第四小学为例[D]. 北京：首都师范大学，2009.

作为研究对象，从 PLC 中教师合作的平台建设、组织运行和管理及评价等方面进行问题设计，并对 F 中学校长、管理者 M 教授和数名 PLC 成员就 PLC 中教师合作的情况进行了访谈，同时还通过学校网站、教师微信群等多种途径收集了相关文本资料。笔者试图通过分析 PLC 中教师合作的影响因素，来探寻 PLC 中教师合作的优化策略。

（一）F 中学 PLC 的创建

F 中学位于河南省中部某市的东北隅，是河南省教育厅直属的三所省重点中学之一。学校积极推进素质教育，一切从学生的实际出发，注重因材施教，鼓励学生大胆创新，关注学生的个性发展，使学生都学有所得。学校创造了优良的育人环境，主张以德育为首，以教学为主，以科研开路，面向全体学生，积极推进素质教育，提高教学质量。F 中学的校长是一位国内名校毕业的教育学博士，长期从事教育实践与科研工作，在教育技术方面成果显著，且具有丰富的理论知识和扎实的学术功底，善于思考和捕捉教育教学的发展动态。F 中学校长认为，国内一些学校进行的军事化管理，压抑了学生的主体性，阻碍了学生的个性化发展，导致部分学生发展后劲不足，学生毕业后对学校感情淡薄且怨言颇多；身处军事化管理中的教师更是辛苦，终日埋头于题海，无暇顾及自身的专业成长，扭曲了教师从教的初衷。教育改革势在必行，但是现实的情况是，虽然大的社会背景在变，但应试教育的“指挥棒”仍在，所以强制推行大范围的教学改革是行不通的，真正意义上的改革应该是以小见大，树立典型，通过一些合适理念的引领，让大家主动、自愿地跟着学。所以，F 校长以 PLC 为载体，以信息化教学为突破口，通过信息化教学带动学校发展，形成了具有本校特色的教学改革模式。F 中学的 PLC 是在教学改革的基础上形成的，也称为教改团队。目前，教改团队已走过两个年头，受惠的教师越来越多。

F 中学 PLC 中教师合作的过程多是在专门的教室中进行的，同时也有一定的网上交流，合作的目的是提升该校教师的教学水平，合作的成员既有校外教授，也有校内教师。从合作的形式上来看，该中学 PLC 中的教师合作属于实体型与虚拟型相结合的教师合作；从合作的内容上来看，该中学 PLC 中的教师合作属于教学主导型的教师合作；从合作的成员构成来看，该中学 PLC 中的教师合作属于校际教师合作。目前，该 PLC 中教师合作的过程多依赖管理者和几个热心教师的组织与主持，尤其是管理者在合作过程中发挥着至关重要的作用，因此，该 PLC 中的教师合作处在起步期。

（二）F 中学 PLC 中教师合作的平台建设

1. 人员配备：教授参与、教师配合

M 教授是某高校教育技术学硕士生导师，多年来一直在高校从事教育技术学的教学、研究及实践工作，参与重大科研项目数十个，发表优秀论文 20 多篇，积累了丰富的理论和实践经验。F中学校长想要推行教学改革（以下简称“教改”），但因为学校事务繁多，仅凭其一人之力，这次改革是很难完成的，所以F中学校长需要一位有理念、肯实践的人来协助实施教改。高校的M教授是很合适的人选。经过沟通商量，两人理念基本一致，一拍即合，F中学校长愿意提供帮助，M教授也愿意尝试。于是，F中学正式聘任M教授担任该校科研副校长一职，并为M教授颁发聘书，希望受聘专家对学校教育科研工作给予引领指导。在聘任仪式上，校长要求学校科研骨干要多向受聘专家学习请教，共同研究探讨，力争使学校的教育科研工作取得新突破。M教授对学校为教师专业化成长创造的良好条件、搭建的广阔平台表示了感谢，并表示一定会不辜负学校的重托，认真履行科研副校长的岗位职责，在教书育人、科学研究及学科建设等方面尽心尽力，为学校各项事业又好又快发展贡献自己的力量。

再美好的设想，如果不付诸实践，都是一场虚无缥缈的梦；再精心的教学改革如果没有教师的配合，也只是纸上谈兵。F中学于2015年12月14日下午召开了教改实验动员会，在动员会上，M教授提出要通过信息化教学带动学校发展，形成具有河南特色的教改模式，并鼓励教师要能吃苦、敢创新。与此同时，M教授还对F中学学生学习现状进行了数据分析，引进了新的教改理论和方法，让教师认识到在教育改革的浪潮中，教师应该不断学习，实现自身的专业发展。F中学的教师也深感在应试教育制度的影响下，中学生疲于应付各种各样的考试，学生学得累，教师教得也累，许多教师想改变这种现状，却不知怎样改。教改团队的成立刚好为那些愿意去成长、愿意去改变的教师提供了机会，在自愿参加的原则下，部分教师积极主动地加入了这个教改团队。

2. 设备支持：录播教室、中学在线

F中学为教师提供了专门的录播教室，录播教室分为两个部分：一部分是有多媒体的大教室，教室内摆放了大小相同的圆桌12张，每张圆桌可供五六个教师使用，在这间多媒体教室中，有很多的摄像装置，可以多角度录制教师合作的情景；另一部分是监控室，监控室可容纳5～6人，负责观察和记录。这两个部分用特殊的玻璃隔开，从监控室里可以清楚地观察到大教室里教师的一举一动，大教室里的教师却无法看到监控人员。这样的设计既打消了教师的顾虑，也保证了观察的真实性和有效性。圆桌型的座位安排便于教师之间交流，有利于教师合作的深度进行。除了这个多功能教室外，学校还购买了3D打印机，供教师使用。与此同时，另一项资源“中学在线”正在试用，“中学在线”是一个多元化的网上互动平台，它包含了资源、空间、活动、教学和帮助五个模块，PLC中的教师和学生们已经进行了初步体验。针对这些资源，F中学校长如是说：

现在开发资源库的企业很多，往往是一个知识点一大堆微课，不适合学校情况，所以我们就根据自己的情况自己建库或修订一部分。一方面，我们可以通过教师建设校本资源；另一方面，我们可以借助社会资源，通过应用、评估，筛选出适合我们的资源库。

目前，F 中学的资源库正在建设中。不久的将来，该校 PLC 下的教师就可以从这个资源库中汲取更多自己需要的资源。

3. 场域拓展：外出学习、引入合作

F 学校十分重视与其他学校的交流合作，一方面选派教师外出学习，拓展思路，汲取经验；另一方面不断接受外来教师的参观学习，借以加强与兄弟学校的互动交流。如一位教师参加了上海七宝中学开办的微课程交流共享平台首期培训班，回来后感触颇多：

首先，通过这次外出学习，每位教师的教学观念都得到了更新。我们认识到在线课程（远程教育）已经是教学方式中不可或缺的一种，而不仅仅是课堂教学的辅助手段。在线课程的学习地点、学习时间可以随心所欲地安排，学习进度也可以根据个人意愿把控，实现了优秀教师资源的共享，还有充分的交流答疑时间，交流的平台也更为宽阔，相关信息可以共享并及时反馈。我们充分认识到时代在发展，在线课程是应运而生的事物，我们要迅速接受新生事物，重视新教学方式的应用，并将这种教学方式与课堂教学有效地结合，从而实现课堂教学的高效与大容量。其次，在线课程资源的研发不是一个人的工作，需要我们的团队合作交流、探究，共同努力。

外出学习开阔了教师的眼界，激发了教师的内需，深化了 PLC 中教师之间的合作。随着 F 中学 PLC 的日渐成长，不少外校教师也慕名而来，想要跟着一起学习。

2016 年 6 月 6 日，××路小学微学堂团队的教师，在 M 教授的带领下来到 F 中学，进行教育信息化方面的交流学习。M 教授为他们介绍了信息化教改实验团队，来自道德与法治、数学和英语三个学科的青年教师代表讲述了自己学习、创新的经历。F 中学教师学习新技术的热情和钻研教学的执着让来校交流的教师备受鼓舞。从微课如何录制、高端幻灯片如何制作到优质资源的应用，两所学校的教师进行了深入的交流。临走前来访的教师纷纷表示此次交流学习收获颇丰，希望以后还能有更多的合作学习和交流的机会。

周边兄弟学校的加入，坚定了 PLC 成员继续跟进的决心。伙伴合作关系的建立，既满足了 PLC 中教师合作过程中对资源的需要，也拓宽了 PLC 中教师合作的领域和内容。

（三）F 中学 PLC 中教师合作的实施过程

1. 以多方协作为保障

PLC 中的教师合作需要不同类型的人才，方能保证各种思维的碰撞与交汇，才能不断地推动教师合作的进行，实现教育教学的融合与创新。F 中学是当地某大学的附属中学，所以长期以来都与某大学保持着合作关系，F 中学成立了 PLC，并聘请了当地大学的 M 教授主持日常工作。在 PLC 中教师合作开展的过程中，M 教授不仅邀请了她的同事 Z 博士和 W 博士来 F 中学为教师做相关讲座，以方便 PLC 中的成员与相关研究者进行沟通和交流，此外，她还邀请了该大学教育技术专业的本科生和研究生，对教师给予技术上的指导。F 中学 PLC 中的教师合作形成了以 M 教授为核心，以本校教师为主体，以少数专家、兄弟院校的教师以及部分本科生和研究生等为协作的共同体。M 教授是 F 中学 PLC 中教师合作的核心人物，她对自己的工作认真负责，在 PLC 发展的一年中，她主持工作、协调活动，成为推动 PLC 不断发展的核心力量。研究生团队和本科生团队的加入，活跃了 PLC 中教师合作的氛围，为教师合作提供了技术帮助。研究生团队和本科生团队也提前感受了技术在教学中的实际应用，有利于他们的长期发展。其他学校教师的加入为 F 中学 PLC 中的教师合作注入了活力，他们相互讨论、合作与交流，巩固着 PLC 中的教师合作。

2. 以主题活动为载体

自 PLC 成立以来，F 中学每周都会有一次教师合作活动，截至 2016 年底，教师合作活动已进行了 20 多次。笔者通过自己记录和学校网站搜索，概括地整理出了 F 中学 PLC 中教师合作活动的主题及内容（表 7-1）。

表 7-1　F 中学 PLC 中教师合作活动的主题及内容

时间	主题	主要活动及内容
2014-12-31	打造数字高效互动课堂	1. 教师们交流到上海培训的心得 2. M 教授讲解信息化教学的实施路径和信息化教学对教师能力的要求 3. 校长讲话
2015-01-07	打造数字高效互动课堂	1. Z 博士开展“微课及其教学应用”讲座 2. ××研究生讲解指导 Camtasia Studio 软件的使用方法和技巧
2015-01-13	创建数字化互动高效课堂	M 教授开展“如何创建互动高效课堂”讲座
2016-03-03	在方法指导下促进教学改革和教师专业发展	M 教授开展“教改中的行动研究方法”讲座
2016-03-10	理解信息化教学设计	M 教授从“信息化教学设计流程”“教学设计的 ASSURE 模型”“信息化教学设计特点及要求”三个方面开展讲座
2016-03-17	人工智能走进课堂	三位教师分享英语学科和数学学科教改方案
2016-03-31	根据问题找方法	教师分享外出学习收获，讨论教学改革方案
2016-04-07	更新理念坚持改革，使教学更加高效	M 教师讲述思维导图在英语教学中的应用，Y 教师讲述思维导图在数学教学中的应用，C 教师介绍语文教改方案
2016-04-14	如果你永不止步	1. W 博士开展“翻转课堂及其应用”讲座 2. 教师提出困惑并与 W 博士进行交流
2016-04-21	翻转课堂再讨论	1. M 教授回顾了上次活动大家提出的问题 2. 组织在座教师和研究生团队进行讨论

续表

时间	主题	主要活动及内容
2016-05-05	只要你愿意努力	1. 网络中心 W 教师讲述学校视频中心建设情况 2. M 教师分享自己的教学设计 3. 教改团队交流外出学习感受
2016-05-12	掌握技术，交流经验	1. M 教师和××研究生进行技术培训 2. 教师之间探讨实践中存在的问题
2016-05-19	学习软件技术	两位研究生讲解 Focusky 和 Easy Sketch 软件的使用
2016-05-26	开阔眼界，学习知识	1. 两位教师分享外出学习感受 2. M 教授讲授“微课的制作与设计”
2016-06-01	PPT 制作与设计	Z 博士讲解 PPT 的框架设计、排版布局
2016-07-08	微课作品案例分析	五位教师分析自己的微课作品，交流经验
2016-07-09	回首过去，展望未来	教师各抒己见，指出收获以及面临的困难
2016-11-03	理念学习更新	M 教授开展“微课设计与制作”讲座
2016-12-01	分享经验，交流学习	三位教师分享微课制作经验和心得
2016-12-08	全球教育信息化新趋势	M 教授主讲“信息技术在教学中的未来”

因为 F 中学的 PLC 是以“信息化互动高效课堂”为目的的，所以整个 PLC 中教师合作活动的主题都是信息化教学，微课的制作、微课在课堂中的应用、制作微课中常见的问题以及解决方法等都是信息化教学这个大主题下的分支。

3. 以经验分享为引领

F 中学 PLC 中的教师合作多在该校的录播教室进行，活动多由主持人或优秀的教师进行技术指导和微课制作的心得分享。我们以自己观察到的一次活动为例进行分析。

2016 年 7 月 8 日的下午 3：00—6：00，教改团队活动在该校的录播教室开展。第一个上台分享的是 F 中学高中部历史学科的 C 教师，她从“学”“做”“思”三个角度谈了自己在接触信息化培训后获得的启发，以及自己课下的实践活动，还提到自己在荔枝 FM 开有一个关于中学历史的播客。第二个是教授高中生物的 M 教师，接下来是初中部外语学科的一位教师。第三个是初中数学 Y 教师，Y 教师在他的“三角形的三边关系”一课中手动完成了三边关系的探究过程。第四个是初二英语 S 教师，主讲的是英语中“want”的用法。第五个是某大学教育科学学院三年级的学生，他分享了自己有关微课设计、制作、开发方面的经验。至此，三个多小时的活动结束。

活动刚开始时，台下就座的教师相当积极，眼睛都盯着 C 教师的 PPT，边欣赏边点头，表示认同 C 教师的制作成果，当听到 C 教师讲到问题该如何解决时，就座的教师还认真地做笔记，主动与同交流，甚至还会问主讲者一些问题。但是随着活动的进行，一些教师开始走神，表现得心不在焉，有的开始准备自己的课件，有的开始拨弄自己的头发，还有的在窃窃私语。

（四）F 中学 PLC 中教师合作的管理与评价

1. 以宽松式管理为主导

F 中学的 PLC 刚刚成立，校长为了凸显教师的主体性，主张采用自愿的原则让学校的教师加入。在教师合作活动的开展过程中，无任何签到形式，教师可以随时加入和退出。这样的措施给了教师充分的自主性，并且吸引了一大批热情较高的教师。在谈到 PLC 的管理方式时，F 中学校长说：

教研组和教改团队是 F 中学教师合作的主要载体，教研组是学术组织，教科室是行政组织，教改团队属于教科室。目前教科室只负责组织 PLC 活动，没有什么特权，也没有相关的规章制度。因为，教学改革和教师专业发展不应限制很多的框框和模式，要让教师进行个性化发展，突出教师的主体性。

由此可知，F 中学对 PLC 中教师合作的管理并无强制性，完全凭教师的意愿；对合作活动开展的整个过程，F 中学也尚无成文的制度和组织规范，具有很大的随意性。因此，合作的成员会经常发生变动。

2. 赋予教师一定的话语权

话语权的获得有利于激发教师参与合作的热情，有利于推动 PLC 下教师合作的顺利开展。在访谈中，S 教师说道：

在 PLC 成立时，学校没让我们班参加。我非常郁闷，就去咨询校长，找找原因。校长说 11 班和 12 班是后进班，如果使后进班能够提升，那么其他班也都可以。我觉得这非常不科学，因为要想看到改革的成效，首先要保证两个班教师一样，11 班和 12 班的教师是不一样的。而我正好教 5 班和 6 班的英语，6 班的班主任很愿意和我一同参加，但 5 班的班主任的积极性却不是很高，恰好我们可以做个参照物，这样就具有了科学性。校长听取了我的想法后就欣然同意了。

话语权的获得不仅推动了 PLC 中教师合作的开展，也让教师有底气、有勇气去面对合作中的冲突。面对冲突，S 教师表示：

我们相信真理越辩越明。面对冲突，我一定会畅所欲言，因为我是受益者，我不想让其他人因为无知而缺失这些机会。

F 中学采用对教师赋权的方法，激发教师参与 PLC 中教师合作的主动性，这促进了 PLC 中教师合作的深层次开展。

3. 设置专门的比赛

适当的奖励是对 PLC 成员的最好肯定。为了发挥优秀教师的示范作用，引领更多的教师进行理念更新，提升自己的教学技能，F 中学专门设置了校内微课件大赛，旨在通过开展微课件大赛，搭建教师经验交流和教学风采展示的平台，丰富教师的生成性课程资源，推动课堂教学方式改革，提升F中学教师应用信息技术的能力，推进教育信息化建设，以促进教师的专业发展。截至2016年底，F中学已先后举办了三届微课大赛，这很好地体现了F中学校长对PLC的重视。微课大赛的作品充分地展现了PLC中教师合作的成果，使F中学越来越多的教师主动参与到PLC中教师合作的活动中去。微课大赛的设置让PLC中合作的成员有了展现自我的空间，也让全校的教师重新认识了这些努力勤奋的教师。

（五）F中学PLC中教师合作的效果分析

1. 成效初显：教师教学技能提升明显，合作氛围融洽

S教师在一次微课件大赛中获得了二等奖，而且还是校长亲自给她颁的奖，访谈中S教师很开心地说道：

通过在PLC中的不断学习，我收获了很多。首先，我们班学生学习的兴趣提高了，我做的微课，学生们觉得很酷，对我也越来越崇拜，觉得我什么都会。其次，我出名了，在网上我创建了自己的FM电台，我的听众36%是河南的，64%是外省的，分布在北上广等各大城市，我的内心很有成就感。从暑假到现在，我的FM电台一直在更新，讲的内容我会提前录好。有一次录好忘了推送，晚上9点多有些家长还在问我更新没，被关注和被认同的感觉真好。在加入PLC的这一年中，我去了北京、上海、郑州等地进行学习，开阔了眼界，感觉自己的人生格局都不一样了。尤其是去北京四中学习时，真心觉得自己太low了。在接下来的教改活动中，我会更加努力，要多与其他教师合作交流，多向他们学习好的经验。我们建立了微信群，遇到问题大家也可以在群中交流，寻求帮助，感觉我们现在都是一家人了。

这种有情感归属的PLC消融了教师之间的竞争、嫉妒和猜疑，使教师愿意去分享，去共同成长。正如校长所设想的那样：

应用了新设备的教师，水平提升得很快，学校设立比赛，设置奖项由校长颁发，并提供外出学习机会，教师不断进步，甚至有些教师成了“网红”，教师的个人声誉、经济回报、个人的自我获得感都有了很大的提升，其他教师看到效果了，就会积极靠拢。

S教师在自我专业素质以及教学技能方面有所提高的情况下，又推荐了和她关系不错的G老师，现在G老师也是PLC中的一员。

2. 存在的问题：合作过程不深入，成员的异质性难保障

圆桌型的座位安排便于教师之间交流，有利于教师合作的深度进行，但通过实地参与和观察，发现教师之间的合作并不充分。活动多由主持人或者几名表现优秀的教师主讲，其他教师扮演了学生的角色，教师的主体性并未得到充分激发。当活动形式中分享或讲解的成分占得过多时，教师无形中就会把自己定位成学习者的角色，成为被动的接受者。少了主动思考、自主探究和提建议的环节，PLC 的合作效果也会大打折扣。“过分强调共同体成员的同质性、排他性和封闭性，对于教师和共同体的发展也是不利的。”“教师间的差异与异质性为教师提供更多的学习机会与新观点、新资源，从而更有利于共同体的形成。”[①]F 中学在 PLC 成立时采用的是自愿参加的原则，一些有丰富教学经验的教师或许是因为年纪大不想再主动改变，也或许是因为家务事多没有时间参加，所以报名参加该 PLC 的多是富有热情、生活简单、较为活跃的青年教师。在教师合作活动进行时，合作成员之间是随机就座的，没有刻意的安排和任务划分，这样一来，合作成员的异质性就很难得到保障。当有问题出现时，同桌教师的想法很可能大致相同，所以就会觉得没有合作的必要，不再进行交流，教师间献计献策的状态没有达到，创新教学模式或实现教学变革也就无从谈起。

3. 呈现特点：合作场域宽，发展路径窄

2016 年 10 月 28 日，F 中学（含初中部、高中部）及其附属小学、附属幼儿园（简称“两校一园”）签约仪式在某大学图书馆三楼会议室举行。“两校一园”不仅仅是一个项目，也是 F 中学教改的契机。每个学校都有自己的发展特色和优势，只有架好桥梁才能实现资源的互通。PLC 的发展是持续性的，需要有长远的规划。在访谈中就 F 中学 PLC 偏重技术化的问题，校长是这样回答的：

教改团队以年轻教师为主，他们热情高，家庭生活简单，很愿意学习。但年轻人的问题往往倾向于技术，感觉新技术特别炫酷、特别好，但在理念方面确实不如老教师理解得深刻。目前教改团队确实存在技术化倾向，理念也有但比较少，教改团队组织讲过几节教学设计，如微课件设计、预习用微课、上课用微课、课后辅导微课等。我觉得学技术比较实用，而且比较接地气。教育理论听着比较高大上，但是对于中小学教师来说却显得有点空，无法很快地融入实践。知识分为实践知识、理论知识和技术知识，教师有丰富的实践知识，但技术知识比较欠缺，而理论知识的需要主要表现在一些理念方面。我认为理论知识，尤其是那些高深知识对一线教师来说作用有限。一个人的精力就那么多，目前教师没有多余的时间和精力去学习理论知识。

基础教育信息化只是 PLC 中教师合作的主要内容之一，若 F 中学自始至终都把 PLC 中教师合作的内容局限于教学技术的改革上，容易导致 PLC 中教师合作的技术化倾向，致使教师合作出现停滞状态，最终影响 PLC 的整体发展。

---

① 王晓芳. 什么样的“共同体”可以称作教师专业学习共同体：对教师专业学习共同体理论的审视与反思[J]. 教师教育研究，2014，（4）：16-22.

三、PLC 中教师合作的影响因素

从 F 中学的个案分析中可知，无论是校长层面、管理者层面还是教师个人，都非常重视 PLC 中的教师合作，希望通过高效的教师合作来促进 PLC 的发展。然而，高效的教师合作并不是一蹴而就的，它是众多因素相互作用的结果。F 中学 PLC 中的教师合作，既有很多值得其他学校借鉴的地方，也存在着一些其他学校可能也会遇到的问题。

（一）促进 PLC 中教师合作的因素分析

1. 共同的发展愿景

没有信仰的人生容易虚度，没有方向的航行容易迷失，没有目标的合作容易低效。在 PLC 中，合作愿景是合作成员努力想要达到的合作目标。对共同愿景的理解越清晰，实践操作也就越有针对性，合作成员的投入也就越充分，合作的最终效果也就越明显。若共同愿景缺失，那么 PLC 中的教师合作也就无法有序进行。就 F 中学 PLC 的成立愿景，校长说道：

有效的教师专业发展是要点燃教师自身发展的欲望，充分调动广大教师的自发自愿性，有效的教学改革必须建立在尊重事实的基础上，遵守循序渐进的原则，由小规模的它组织（学校）到大规模的自组织（教师自发）。目前，教育信息化已在全国重点城市逐渐铺开，信息化教学已成为基础教育的发展趋势。为了提高学生在课堂上的积极性，提升学生的课堂学习效率，实现学生综合素质的显著提升，推动学校的教学改革和课程改革，逐步向发达地区的教学模式靠拢，我校成立了以信息化为主的 PLC，试图为教师带来技术和理念方面的冲击，以实现教学的信息化、技术化发展，使教师不自觉地把信息技术融入教学中，让教师学会“互联网 +”的思维，在遇到教学问题时会用互联网思维去解决，最终使教师的思维方式发生变化。

作为 PLC 的管理者，M 教授这样说道：

学校改革是一项艰难的、系统的工程，在这项工程中最不能缺少的角色就是教师，要想改革顺利进行，就要在教师身上下功夫。作为成年人，尤其是具有实践经验的工作者，教师的改变很难，需要环境、观念和行为的综合作用，PLC 的建立为教师接受新理念、新模式提供了平台。第一步，主要是要激发教师改革的想法和希望，初步了解信息化教育，体验“互联网 +”的思想。第二步，是为教师改革提供具体的帮助，对于有兴趣和有意愿参加的教师，我们会引入教育技术类的研究生团队为其提供帮助，使教师掌握信息化教学工具和教学方法。

作为 PLC 中的成员，初二年级的英语教师 S 说道：

PLC 成立时，我曾问过校长有关 PLC 成立的初衷，校长的回答是超越重点班。当时我并没有想得这么远，因为我带的是普通班，成绩较为一般，我参加 PLC 的初衷，只是想让我的学生有所提高，有所进步，比如，激发他们的学习兴趣，提高他们的学习成绩。

校长以全校作为出发点，谋求学校的改革与发展；教授从自身的理念出发，试图为教师带来新的改变；教师以提升学生学习能力为动力源泉，寻求师生共同成长之路。由此可见，在对 PLC 共同愿景的理解上，PLC 的成员基本保持一致，并初步实现了最初的效果。

2. 个性的发展空间

史塔瑞特提出一种理想状态领导者，应该是将领导与管理集于一身，要用领导引领团队去共同应对改革，要用管理来组织机构实施规划完成目标[①]。F 中学的校长在 PLC 中的教师合作过程中，不仅发挥了很好的引领作用，也为教师合作提供了一个个性化的成长空间。在访谈时校长说道：

虽然我有良好的教育技术背景，像微课、MOOC 都做得很棒，但有时候我也去听听，鼓励鼓励大家，但我从不指手画脚，不过多干涉，更不会限定教师的发展模式。把一个学校限定在某一个教学模式里面都是为了宣传，起不到实质性的作用。学校教师要实现个性化发展，用理念改变思维方式，遇到问题只要能把问题解决掉就 OK 了。当然形成一种模式也是我们的一个追求，但很可能还需要走很长的路。教改团队的活动主题是我和 M 教授决定的，但随着教师专业的进一步发展，教师可以提出合理的改进建议，学校承认教师的集体智慧和才华，只要建议经过评估被认为是可行的，将给予充分的支持。

由此可知，F 中学校长在 PLC 发展过程中做得还是相当好的，虽然他在信息化方面有一定的研究，但并没有因此对 PLC 中的教师合作进行过多的干涉，为 PLC 中的教师合作创造了一个自由发展、畅所欲言的合作氛围。

3. 共享的合作资源

合作结果的互惠性是维持教师之间长期合作的关键。奉献是一种美德，收获是一种成长。教师在奉献的同时也需要不断地汲取营养，合理地看待教师在合作中获取的利益是推动教师持续合作的前提。PLC 中教师合作的基本原则包含资源共享，F 中学 PLC 中教师之间的资源分享不仅体现在合作的过程中，教师将自己的经验和感触、微课制作的方法分享给大家，把自己当前遇到的困惑提出来，让大家给出好的建议和解决方法；还体现在每次活动结束后，M 教授会提醒那些有优秀作品的教师及时上传到百度云盘，百度云盘中的资料是按照日期归类的，这样做方便没有参加本次活动的教师私下学习，其他非 PLC 的成员也是被允许进入云盘学习的。在

① 宋萑. 教师专业学习共同体研究[M]. 北京：北京师范大学出版社，2015：131-132.

PLC 没有活动的时候，成员之间通过微信群联系，截至 2016 年底，该微信群已有成员 129 个，且微信群的成员还在不断增加。M 教授会将近期外出参加的会议内容分享到这个群中，大家也会主动上传一些自己看到的、认为比较好的资源或课件。比如，8 分钟记住中国近代史重要时间、Why do you like pandas、化学水溶液中的三大平衡、互联网时代的学习变革、18 条视频教你学会录屏软件 CS8、微课制作素材网站推荐等。

不久的将来，该校 PLC 中的教师就可以在更大的在线平台——“中学在线”上分享自己的资源。

4. 独特的管理理念

以往有的学校在进行教学改革时，不惜血本配备了很多高端设备，最终那些设备却成了供人参观的摆设，这不但消耗了学校的财力，也打击了学校领导改革的积极性。在对学校进行改革时，针对硬件应何时引入、又该如何引入和如何使用等问题，F 中学校长有自己独特的管理理念：

一些想法要实施，就需要一些基本的教改条件，尤其是以信息化为基本平台来实施的教改。信息化教改需要设备，所以我们购买了几百万的设备，这些对于提高教师教改的积极性有很大帮助，也是很有效的。我先让教师外出学习，形成理念冲击，使教师处于亢奋的状态，然后教师开始主动要求改变，要求配备设备，想要进行实践，这时再上设备，设备才不会闲置和浪费。在提供设备时，如平板电脑，不是人手一个，而是让老师们抢着使用，产生一点竞争的态势。真正的教改应该是低成本、高效率、可复制的，所以我们要保证设备投入处在一个合理的时间点上，使其花得有价值。

F 中学校长的管理理念既调动了教师合作的积极性，又避免了资源的闲置和浪费。

（二）阻碍 PLC 中教师合作的因素分析

1. 偏离的角色定位

“角色”一词最初源于戏剧，用来说明个体在舞台上的身份及行为，后来被广泛用于社会学和心理学的研究中。“角色”是一个抽象概念，不是指具体的某个人，而是社会关系的反映。角色定位的偏离是指个体对自己在组织里面所扮演角色的认识存在偏差。认识决定行为和意识，若认识存在偏差，那么活动个体的行为和意识势必要受到影响。F 中学 PLC 的成立以信息化高效课堂为主题，面对教师缺乏教育技术方面知识和技能的现状，M 教授采用了讲解、考察和引入的方法来弥补教师在信息化领域的不足。在 PLC 开展的过程中，M 教授借助自身的专业知识传递给教师一些信息化教学的理念，还时常带领 PLC 中的教师外出学习，让教师开阔眼界、发现不足、寻找差距，并邀请某大学的研究生、本科生团队为教师提供技术服务。这一系列的举措丰富了教师在基础教育信息化方面的知识，提升了教师在基础教育信息化方面的能力。但是这样的教师合作形式只适合 PLC 成立的最初阶段，随着教师信息化技术的不断提升，教师合作的程度应不断加深。但现实的情况是，教师教育技术方面的知识和技能得到改善后，大部分教师还是保持先前的角色，每次活动去听听课，做做笔记，很少对研究的问题发表自己的见解。造成这种情形的原因之一就是教师在 PLC 中的角色没有及时跟进，教师的心理还处在最初的角色阶段，他们认为自己参加 PLC 仅仅是来学习新知识、新技能的，自己的角色就是“学生”。角色定位的偏离直接影响着教师在合作时的行为和合作的程度，教师若是以旁观者的身份参与 PLC 中的教师合作，他的行动力就会大打折扣，付出的精力也就极为有限，他很可能就会成为 PLC 中教师合作的一个倾听者、欣赏者和汲取者。教师若是以主人翁的身份参与到教师合作中，就会积极主动地应用接受的知识，肯花费精力去尝试和操作，很可能就会成为 PLC 中教师合作的探索者、创造者和分享者。同样的成员、同样的教室、同样的时间，由于教师自我定位不同，其合作的程度也不尽相同，最后的收获也可能不相同。

2. 失衡的成员结构

PLC 中成员结构是否完善不仅制约着 PLC 的持续发展，还影响着 PLC 中教师合作的充分性。F 中学是一个完全中学，有两个校区，包括初中部和高中部，共有教师 300 多人。截至 2016 年底，F 中学 PLC 中的本校教师仅有 50～60 人，仅仅占全校教师的一小部分。其中 PLC 的核心成员和主要成员只有 20 多人，在这些较为稳定的成员中，以新进教师和年轻教师为主，他们年轻有冲劲、愿意尝试且富有激情。但从 PLC 中教师合作的长远发展来看，这样的成员结构并不是最理想的。理想的成员结构应该呈梭形结构，梭形结构的两端是青年教师和年纪稍长的教师，中间是中年教师。因为不同阶段的教师对教学的经历和体验也不同，年轻教师多热衷于新鲜的事物，喜欢追赶时代的脚步，对一切未知充满探索欲，不怕尝试与失败，不足之处是青年教师从教时间有限，对学生的了解和把握不如老教师深入，对教材的解读和应用不如老教师到位。而中年教师大多性情沉稳，思维缜密，既有丰富的教学实践和经验，又兼具青年教师的拼搏精神，是合作成员结构中不可或缺的部分。学校教学改革的推进需要该校全体教师的共同努力。F 中学的构想是以青年教师为切入点，先实现少数人的专业发展，再借助青年教师强烈的感染力，吸引更多的教师参加，最终引爆整个教师群体，以推动全校师生的共同发展。PLC 未来的发展离不开多种类型教师的参与，中年教师和老年教师的加入对 F 中学 PLC 下教师合作而言是十分必要的。PLC 中的教师合作应该各抒己见，然后再通过合作成员间的交流碰撞，集百家之言，做到真正的理解、共融。而这一切的前提是 PLC 中要有不同类型的教师存在，即 PLC 中教师的结构是相对完整的。F 中学的 PLC 既有校长的大力支持，又有高校教授、研究生、本科生的参与和兄弟院校的加盟，若是 PLC 中教师合作的成员结构能够再完善一些，那么 F 中学 PLC 中的教师合作就会更为充分和深入。

3. 有待激发的冲突

冲突是推动专业发展的主要内驱力，PLC 的发展要经历从弱到强的过程，在这个过程中，合作成员的成长依赖于合作中产生的冲突。在没有冲突存在的情形下，PLC 中的教师合作充其量只是形式上的合作。只有在合作成员相互信任、相互分享、产生碰撞的状态下，PLC 中的教师合作才会有实质性的改变。PLC 的主持者要善于引导合作成员发表不同的观点和看法，使成员之间零散的想法聚合，汇成一股强大的力量，优化教师合作的成果。而 F 中学在 PLC 开展的初期，主要以信息化教学改革为主，一线工作的教师在这方面并没有太多的研究，基础薄弱，所以教师之间的合作侧重于信息技术的求教和学习。换言之，在 PLC 的活动中，教师需要接受的知识比可探讨的话题多，如果没有合作的契机，合作就无法开展。但是，随着 PLC 活动的持续进行，教师对相关软件有了充分的了解，一些就共有的问题或困惑展开的讨论才开始逐渐出现。该 PLC 中教师最初合作的内容并不是合作成员所擅长的、所熟知的，这也间接地导致了合作过程中教师的话语较少。除此之外，还有教师自身的原因，没有实践就没有体验，没有尝试就没有感触，没有体验和感触就没有发表意见的资本。个人的合作与合作中的个人并不冲突，个人的成长需要通过合作来促进，而合作也需要以个人的自我学习为前提，个人的成长与外界的合作是相辅相成的，共同促进着个人和群体的发展。而现实的情况是，在 F 中学的 PLC 中，一些教师用合作替代了自我学习，当他们接触教育技术方面的新知识后，没有及时地去尝试、去应用、去消化，所以当其他教师在分享自己制作微课件遇到的难题时，这些教师就无法产生共鸣，很容易就成了 PLC 中教师合作的看客。而那些亲自尝试、敢于应用的教师不但从合作的过程中探寻到了解决自己问题的方法，还在与其他教师的交流碰撞中产生了新的想法和思维。有冲突才会想办法去解决，解决问题的过程就是进步的过程，所以 PLC 中的教师合作需要冲突的产生。

4. 缺位的制度保障

制度的基本含义是要求大家共同遵守的行动准则或办事规程。“无规矩不成方圆”，多数组织的健康运行都需要完善的制度作保障。PLC 中的教师合作也不例外，它有力的、持续的发展不仅需要合作冲突作为内在动力，还需要适当的制度作为外在保障，内在与外在的共同作用会不断增加 PLC 中教师合作的深度和互动的频率。外在的制度的建立并不是为了束缚或限制合作成员的行为，而是为了使合作成员的活动更加有序化、规范化。作为外力的推动力，完善的制度会使 PLC 中的成员更加团结一心，形成合力。将 PLC 中的教师合作完全制度化不利于教师合作的开展，甚至有可能压抑教师之间合作的欲望，打消教师之间合作的冲动。但是如果 PLC 中连最基本的制度都没有，那么其中的教师合作就很难得到强有力的保障。F 中学的 PLC 是以自愿为原则建立的，教科室负责 PLC 活动通知的下达和举行微课大赛等活动，但对 PLC 中的教师合作并未设置相应的规章制度，PLC 中教师合作的成员也并不稳定，教师合作的随意性很大。截至 2016 年底，该学校 PLC 中的教师合作尚无任何相应的评价制度，仅仅是通过设置微课大赛来发现 PLC 中进步较快的教师，并对这些教师提供适当的奖励，同时将其资源传至校园网以供其他教师欣赏、学习。要想培养 PLC 成员的合作意识，增进合作成员之间的关系，对合作成员所在的集体进行奖励也是必要的。完善 F 中学 PLC 中教师合作的组织规范，采用个人与团体并重的评价方式是优化该 PLC 中教师合作的重要举措。

（三）PLC 中教师合作的模型建构

结合相关文献可以看出，以前的学者多将影响教师合作的因素归结为教师个人、合作文化和管理体制。通过对 F 中学的调查，笔者发现 F 中学 PLC 中的教师合作与以往学者研究的结果存在相同之处，但又有其自身的独特性。其中共性包括四点。第一，教师合作离不开教师这个主体。教师是合作的主体，也是 PLC 中教师合作的关键，PLC 中参与合作的教师均是自愿的，因此，对于参与 PLC 中合作的教师而言，他们的合作意识是值得肯定的。第二，教师合作需要形式与内容。合作形式是教师合作的呈现方式，合作内容是教师合作的内在灵魂，PLC 中的教师合作也需要有一定的方式去运行，多样的合作形式会让教师乐于合作，丰富性的合作内容会让教师对合作充满期待。第三，教师合作需要合作目标。PLC 中教师合作的环境可以自由宽松，但教师合作目标要有一定的指向性，目标的存在可以避免教师合作偏离共同愿景，激发教师合作的热情，提升教师合作的效率，有利于共同愿景的实现。第四，教师合作的成效并没有设想中的完美。相对于传统的教师合作而言，PLC 中的教师合作会更加完美，但其成效往往受多种因素的影响，某些因素的缺失会让教师合作变得脆弱，使教师合作的进程出现停滞。除了共性外，F 中学 PLC 中的教师合作还有其自身特征，如校长支持、学校条件、校际关系和管理理念等。

1980 年，哈克曼（R. Hackman）和奥尔德姆（G. Oldman）就工作组的有效性方面设计了一个模型，该模型包含三个要素：支持性的组织情境、结构性因素和健全的人际交往过程①。借鉴哈克曼与奥尔德姆的工作组模型，结合以上的分析可知，PLC 在教师自愿参与的基础上，通过提供合作平台、创设合作情境、实施有效管理和运用科学评价等四方面的支持，共同促进教师合作（图 7-1）。

① 李斐. 学校变革情境下的教师合作机制研究[D]. 南京：南京大学，2012.

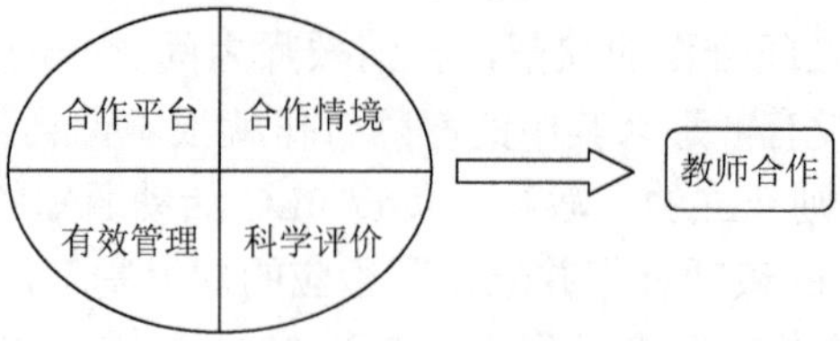

图 7-1　PLC 中教师合作的模型图

1. 合作平台

平台支撑不仅包含教师合作所需的软硬件设施，还包括人员的配备、场域的拓展和对发展愿景的理解等，这是 F 中学 PLC 得以建立的基础，也是 PLC 中教师合作开展的前提。但是，并不是每个学校都会具备像 F 中学那样的优势：拥有先进理念的校长、关系密切的大学合作伙伴、充足的资金支持和与兄弟院校的合作契机。因为每个学校所处的地理位置不同，当地的经济条件不同，学校的发展基础不同，校长成长背景和办学理念更不相同，所以要想建构 PLC，促进 PLC 中的教师合作，合作平台的建设是他们面对的第一关。

2. 合作情境

合作平台的建设为 PLC 中教师合作的开展准备了充足的外部条件，合作情境才是 PLC 中教师合作的真实场景。合作情境包含合作氛围、合作形式、合作内容、合作的开展和合作成员的构成等，F 中学在这几个方面的整体表现是优劣共存。校长的不过多干涉，避免了教师为同一个发展模式的景象，为教师营造了一个个性化的成长空间；圆桌型合作方式便于教师讨论，但成效欠佳；信息化的合作内容提升了教师对技术的运用水平，但易出现技术化倾向；青年教师为主的合作团队激情高、冲劲大，但缺乏对教学的深度理解和把控。教师合作的开展必定需要一定的组织形式和活动场景，这是每个想要深化教师合作的学校不可回避的问题，也是容易出现教师低效合作的关键因素。如何组织教师活动的开展、什么样的合作内容才有吸引力、如何营造良好的合作氛围是许多学校在发展教师合作方面的困惑。

3. 有效管理

有效的管理可以规范 PLC 中教师合作的行为，激发教师合作的热情，提升教师合作的主动性。本研究的有效管理包括管理理念、管理方式、管理机制、责任划分和制度规范等。F 中学整体上采用以小促大、以少促多的管理理念，先引导参与 PLC 的教师进行合作，再影响其他教师；以自愿加入的原则来消除教师的被动合作和虚假合作；通过对教师赋权，唤醒教师的主人翁意识；划分专门的组织来协助教师合作的开展。这些经验是值得其他学校借鉴的。但因 F 中学过于强调自愿性，而不愿设立任何规章制度，导致合作人员流动性大，合作过程不深入。

4. 科学评价

科学评价不仅会让优秀的教师收获专业认同，在合作中勇于表现自我，也会使后进的教师发现不足，加紧追赶。科学评价包括评价对象、评价方式、评价原则和评价内容等。F 中学通过开设微课大赛，制定具体的评分标准，做到公平、公正地评价，让参赛的教师明确了自己努力的方向，完善了自己的技能。同时，微课大赛的开设为参与 PLC 的教师提供了展示的机会，看到了自己合作学习的成效。微课大赛的奖杯和奖章由校长亲自颁发，凸显了领导对新型教师合作的重视。但不足之处是，F 中学微课大赛的奖励多针对教师个人，缺少对合作团体的评价。有失均衡的评价方式容易造成教师间的恶性竞争，这也是其他学校在对 PLC 中教师合作进行评价时应尽量避免的。

第八章

学习与成长：PLC视域下的教师发展

一、初探素颜：关于C教师和H中学

（一）H中学PLC初描

H中学是一所完全附属子弟中学，既有初中也有高中，属于省重点中学，坐落于有着悠久历史和丰厚文化底蕴的古城一隅，校园面积约18 760平方米。H中学现有教职工155人，其中国家级骨干教师3人，全国艺术教育先进工作者1人，省级教育教学专家2人，省学科带头人5人，省级骨干教师9人，省级优秀教师5人，市级骨干教师4人，特级教师4人，高级教师47人，一级教师53人。H中学注重教职工队伍建设，要求班主任和任课教师敬业、爱生、博学、求精，按教学规律教学，并每月评比反馈一次教学效果、教案、作业批改情况等，对教职工实行全员聘任制，并建立了较完善的激励机制、竞争机制和评价机制。H中学坚持办“青年教师学校”，对青年教师实行以老带新制度，定期开展基本功大赛，训练其班主任工作、教学工作和科研工作的基本功，学校领导还经常鼓励教职工攻读在职研究生。H中学重视教育科学研究，定期召开教育科学研究会，对教职工发表的著作、论文等科研成果进行评奖，并汇集编印成册，这极大地激发了教师从事科学研究的热情。走进H中学网站主页，扑面而来的便是浓厚的教师专业发展文化氛围，如教师们积极参加“立德树人，成就最美”师德征文比赛，签订拒绝参加有偿补课承诺书，定期学习《中小学教师职业道德规范》和《H 中学师德管理办法》，共同参加冬至包饺子送温暖、篮球比赛、“迎元旦”卡拉 OK 大赛、健身跑活动、马拉松比赛等，这些活动丰富了教职工的精神文化生活，增强了教师们的归属感和组织认同感。H中学的校风是勤奋、协作、求实、创新，教风是爱生、敬业、博学、求精，学风是尊师、善学、立志、进取，校训是文明、求真。

走进 H 中学校园，整体看起来整洁有序，初中部楼、高中部楼、办公室楼和学生公寓楼环操场而建。操场虽小，但有不少激情洋溢的学生在里面尽情追逐欢笑。站在学校大门正中央，映入眼帘的便是“勤奋、协作、求实、创新”几个大字，办公楼的正前方立着一座质地坚硬、不易风化的花岗岩雕像，其形象为：几位同学背对而立，其中一位同学英勇无畏地站在书本上面，高举着求真的钥匙，一位教师在旁边帮助这位同学微微托起那把蕴藏着智慧与科学的钥匙，一位男同学手抱篮球，极目远望，一位女同学，手捧书本，凝视天空，思考人生。这座标志性的雕像，传递着 H 中学教师们爱生、敬业、博学、求精的教风，学生们尊师、善学、立志、进取的学风。正对着学校大门的教学楼印刻着“文明 求真”。不必任何人做引领，笔者独自漫步校园，可以看见教学楼的墙壁上有名人名言、书法作品、绘画、漫画、京剧脸谱……绕过教学楼，走进小花园，沿着铺满鹅卵石的小路向深处走去，可以清晰地看到每棵植物上都挂有“人与自然”社团写的关于植物的简介，“编号：45 号，石楠，拉丁学名 *photinia serrulata* Lindl.，蔷薇科，石楠属，常绿乔木类，喜温暖湿润的气候，喜光也耐阴，萌芽力强，耐修剪，对烟尘和有毒气体有一定的抗性”。别具匠心的设计彰显了校园独特的文化氛围，让笔者清晰地感知到这所学校内在的严谨与涌动的活力。在办公楼的前面，各种优秀社团宣传海报一字排开，“合唱团”“模拟联合国协会”“航模社团”“游龙音乐社”“国旗护卫队”“盘鼓社团”等，丰富多彩的社团活动力求提高学生的学习能力、创新能力和实践能力，给校园文化带来了生机和活力，它们是传承和培育校园文化的生力军。一路走来，所见所感给笔者一种想要深入探索的冲动。

（二）H 中学 PLC 中的 C 教师

C 教师，女，34 岁，2007 年本科毕业于一所综合院校的历史专业，2010 年硕士研究生毕业，目前就职于 H 中学，截至 2016 年她已有 6 年教龄，任教学科是高中历史，现担任高三 3 个班的历史教师，职称是中学二级。C 教师活泼大方，和蔼可亲，积极上进，勤于学习，善于创新，在教学上肯钻研，肯用心，肯吃苦，是青年教师中成长速度较快的一位。C 教师在教学中不断学习成长，取得了一定的成绩，曾在新教师优质课汇报中获得优秀奖，在最近三年的青年教师板书大赛中都获得了一等奖，分别获得第一届微课大赛二等奖、第二届微课大赛一等奖、第三届微课大赛一等奖。所带的第一届高三学生成绩优异，赢得了学校师生的一致好评。

C 教师的办公室在高中部楼的 3 层靠楼梯处，办公室不大，四张办公桌两两相对放置在办公室的西侧，椅子靠墙而放，办公室随处可见绿萝、红掌、仙人掌等植物，生机勃勃。C 教师的办公桌在办公室的最里侧，紧靠窗户，在办公桌上整整齐齐地摆放着各年级的历史教材及《史记》《全球通史》《计算机软件教程》等各类参考资料，右手边放着每位学生的默写本，一个档案夹里放着每位同学写给她的“小秘密”，桌子上还有台笔记本电脑、一个笔筒、一个水杯、一盆玻璃翠和一些小零食。玻璃板下，有自制课表、学生的合影、学生画的漫画和思维导图，内容丰富。可以看出，C 教师极具青春活力，有着独特的个性魅力。

二、细描成长：C 教师专业发展的点点滴滴

（一）从梦想起航

故事一　初遇坎坷

从小父母特别重视对我的教育，给我报琴棋书画各种兴趣班，由于自己努力，我经常受到老师的表扬，老师还经常让我做“小老师”，我也很想把自己学的东西表达出来，教给别人。父母对我的老师都特别尊重，只要老师们提出与我学习有关的建议，父母必定谨遵建议，对我严格要求。小学、初中、高中一路走来，我遇到的班主任老师都对我们尽职尽责，这更增强了我从事教师岗位的欲望。我从心底对老师有敬佩、感激之情，从小便在心中埋下了“长大要做一名教师”的种子。在读书时，我遇到过一位老师，这位老先生和他的妻子都是退休的老教师，但他们退休后并没有闲下来，而是联系各种基金会筹款，设立大学奖学金，资助国内大学生读书，并捐助云南贫困山区的希望工程。这位老先生虽然自己没有太多钱，拿着普通工薪阶层的工资，却每年都会把钱交到需要帮助的学生手里，这种默默付出、不求回报的人生信念深深地触动了我，使我的灵魂为之颤动，让我更加坚定了从教的信念，这也成为我从事教师行业的精神动力。

考大学选专业时，我毫不犹豫地选择了师范专业。我对于科学研究方面的兴趣不大，我喜欢做教学实践，喜欢上课，喜欢和学生在一起。研二放暑假时曾在培训机构兼职，并开始慢慢锻炼自己的教学能力和改进教学方法。在担任培训机构教师短短 2 个月的时间里，我感觉我并不是一个“好老师”。记得第一次登讲台时，我紧张慌乱，竟然把“上课”喊成了“起立”，让学生摸不着头脑，不知如何是好。后来熟悉讲台后，我每天都会像“复读机”一样，针对不同的学生灌输相同的知识，把一节知识重复讲四五遍，在讲课过程中，我不知道怎样更好地让学生接受并理解知识，怎样更好地与学生沟通。培训机构也要求教师上课之前必须先备课，但我并不知道怎样更好地备课，怎样更好地设计教学目标、教学思路，挖掘教学重难点，每次我都凭自己的感觉上课。记得有次培训机构要求我们只能用一个课时讲解考试试卷，下节课还安排有其他任务，而我拿起试卷就从头至尾地讲，结果一节课仅讲了试卷的 1/3，严重影响了教学进度。在重复低效的工作中，我感觉很疲惫，没有成就感，觉得自己只是传授知识的教书匠，没有专业的提升与心灵的悸动。但这并没有动摇我从教的决心，研究生毕业后，我毅然选择了去 H 中学任教，希望自己的

教学知识与能力能得到进一步的提升。

由于父母对教师这个职业尊敬有加，“成为一名教师”成为她从小的梦想与追求。小学、初中、高中一路走来，遇到的班主任老师都尽职尽责，使她对教师这个职业从心底产生敬佩、感激之情，这使她更加渴望从事教师职业。读书时遇到的一位教师更坚定了她选择从教之路，给予她从事教师这一职业的信念与动力。最初从教时所遇坎坷并没有动摇 C 教师从教的决心，可见，C 教师对教师职业有强烈的职业认同感，即具有励志成为一名优秀教师的职业理想与精神内驱力。C 教师初登讲台的慌乱与紧张，说明其实践性知识存在不足。C 教师在教学中不知如何遵循中学生身心发展特点和教育教学规律为其提供适合的教育方法，不知怎样更好地设计教学方案，不知怎样与学生沟通，以及与其他教师合作。可以看出，C 教师在进入 H 中学任教之前，其专业理念与师德、专业知识与专业能力还存在很大的提升空间。

（二）在指引中前行

故事二　行进中帮助我的那些人

来到 H 中学，我结识了很多良师益友，他们在工作和生活上给予了我无微不至的关怀与照顾，有他们伴我成长，是我今生之幸。

首先要说的是我的指导老师。根据学校“以老带新”的工作安排，我刚来到 H 中学便拜 G 老师为指导老师。G 老师以严谨的治学态度、脚踏实地的工作作风、有条不紊的教学思路、行之有效的教学方法指导我的课堂教学，培养我的教学实践能力，规范我的教育教学常规，使我受益匪浅，进步显著。在 G 老师的指导下，我认真领会新课程的理念，积极学习教育理论知识，对中学教育有了新的认识。我充分认识到要想成为一名优秀教师，首先必须掌握过硬的专业知识，充分熟悉本学科课程的基本内容，并灵活运用教材，在此基础上才能利用更好的教学方法教授给学生更多知识。G 老师鼓励我积极观摩学习优秀教师的教学实践课，学他人之长，运用于自身教学，快速弥补课堂中的缺陷。尤为让我感动的是 G 老师还积极开放自己的课堂，让我听课观摩，课后 G 老师以自身课堂教学为例，针对如何进行新课的引入、知识的讲解，如何把握整个教学环节，如何正确处理课堂教学中的突发问题对我进行指导，使我受益匪浅。G 老师每周都会抽出至少两节课时间，观摩我的课堂教学，并认真做好听课笔记，课后，他会针对我讲课中存在的不足，提出许多宝贵意见。记得有次联考中，我带的一个班的历史成绩比之前下滑了很多，比平均分低了 7～8 分，平常年级前 10 名，我们班会有 7 个，这次才有 3 个，我觉得很自责，便对这次考试进行了深刻反思，与 G 老师进行深入交流。G 老师告诉我：“默写是高中历史学习的一大法宝。”从此，我便让学生每次上课前都要进行默写，并踏上了默写的“不归路”，效果很显著，学生成绩明显提高不少。在G老师的谆谆教导下，我在教学中不断学习成长，取得了一些成绩，曾在新教师优质课汇报中获得优秀奖，在最近三年的青年教师板书大赛中获得一等奖，所带的第一届高三学生成绩优异，赢得了学校师生的一致好评，顺利完成了教学任务。非常感谢学校能组织这次“以老带新”的活动，使我有了这次机会向以G老师为代表的优秀教师学习，避免了在工作中走弯路，这让我受益匪浅。

接下来要说的是我的备课组和教研组。备课组由3位老师组成，教研组由高中全年级政史地老师组成，年龄横跨老中青，我们是和睦、团结、向上的团队。我们每周二、周三下午都会针对课程教学进度、教学思路、教学方法、选题与做题的方法和考试安排等方面进行交流与研讨。在会上，大家畅所欲言，各抒己见。在组织活动时，老师们分工明确，亲力亲为，互相帮助。

以休伯曼（M. Huberman）为代表人物的教师职业生命周期理论，把教师职业生命周期分为七个时期：入职期（第1～3年）、稳定期（第4～6年）、实验和歧变期（第7～25年）、重新估价期（在许多情况下，教师不经过实验和歧变阶段，而是代之以自我怀疑和重新估价）、平静和关系疏远期（第26～33年）、保守抱怨和退休期（第34～40年）①。初任教师处于入职期，这一时期的教师刚从师范生走向社会，初次担任教师角色，由单纯的学生身份向多重的教师身份转换，教学的实践经验开始逐渐增多，教学理想与现实可能会发生冲突。C教师是初任教师，H中学为其安排指导教师，帮助其快速平稳度过入职时的求生状态。G教师是位比较优秀的老教师，他有着扎实的教学基本功和丰富的教育教学实践经验，加之他严谨负责、脚踏实地、用心指导，才能使C教师的教育知识、教育教学态度与行为、学科教学知识、教学设计能力、教学应变能力得到不同程度的提高，使其收获颇多，不断进步。不过在与C教师交谈中可以发现，她在和指导教师相处的过程中，会有所顾忌，有时候对于内心的忧虑和教学中遇到的困难不太愿意全部向指导教师请教，有时遇到问题她会去网上搜集资料，或向其他同事请教，其实这里面包含的深层含义不是不愿意，而是不敢。同为一所学校的教师，既是师徒关系又是同事关系，往往指导教师在学校的资历都会比较深，尽可能地减少指导教师对自己的负面评判是C教师非常真实的内心思考。C教师谈及对自己的未来职业规划时，她说：“目前还没想那么远，规划得再好，也会有变化，做好当下，静待花开。”可以看出，C教师没有较为系统的成长规划，其专业理想的明晰程度还是比较模糊的，成长的自我方向感不明确，G教师也很少对C教师进行这方面的指导。由于C教师的班级考试成绩差，在其请教G教师时，G教师仅注重班级考试成绩的提高，给C教师默写的“法宝”，却忽视了对C教师失败背后深层原因的分析与思考。G教师是经学校精

① Huberman M，Grounauer M，Marti J. The Lives of Teachers[M]. New York：Teacher College Press，1993：184.

心选择后派给 C 教师做指导教师的，但指导教师应指导哪些方面的内容是值得 H 中学思考的问题。

C 教师还提到了两个学习共同体——备课组和教研组，C 教师融入集体并找到了组织认同感和归属感。教研组内的教师年龄横跨老中青，有教学经验丰富的骨干教师，也有激情洋溢的青年教师，人员构成比较合理。她每周都和其他教师在固定的时间一起研究讨论，收获颇多，其专业知识与能力得以迅速提高。但在交流中发现，他们对教学研究的态度比较随意：有次因为一位教师缺席，就取消了教研会议；有次教研活动还不到 10 分钟，草草拍了几张照片就结束了；还有一次教研组安排的活动是听 A 教师的课，并在课后对其评课，以提升 A 教师的教学技能和方法。A 教师作为刚入职的新教师，想通过各位教师的评析解决自己心中积存已久的困惑。下午 2:30 开始上课，教师 2:25 分左右踏着上课铃声陆陆续续进班，听完课后紧接着就去教研室评析讨论了。在教研过程中，笔者发现真正发表见解的教师并不多，大多数教师只是在听，并未发言。教师对 A 教师的课进行点评时，多是些褒扬和鼓励的话，所提的意见一般都会是改进方向而不是什么实际问题。教研结束后，笔者问 A 教师是否解决了自己的困惑，A 教师表示“有些问题还是没弄清楚，以后自己再慢慢摸索吧”。如何让教研组活动更高效、更有意义，是值得每位教师思考的问题。

故事三　夜，太美

我们学校校长很有想法，教育理念比较新颖，三年前在我们学校成立了教学改革团队，带领教师如火如荼地进行教学改革。一直以来，我都想改进我的课堂教学，提高我的教学能力，于是不论小雨淅淅，还是大雪纷飞，寒风凛冽，每周四晚我都会如约而至，参加教改活动。安静的校园里，几盏发出淡黄色灯光的路灯，微弱却温暖，足以照亮这座静谧漆黑的校园。这样的夜，太美。

校长聘请 L 教授为我校科研副校长，做教学改革的领路人。L 校长每周四晚都会给我们安排不同的学习主题，还经常邀请她所在大学的教授和她的研究生团队给我们传授新的教育教学理念和实用的教育信息技术。我们前前后后开展了 30 多次的主题活动，大致有 L 校长做的“如何创建互动高效课堂”“教改中的行动研究方法”“理解信息化教育设计”“翻转课堂再讨论”“微课的制作与设计”“全球教育信息化新趋势”等讲座。Z 教授和 C 博士开展的“微课及其教学应用”“PPT 高级应用”“创客空间”等讲座。L 校长还带领她的研究生团队指导我们安装及运用 Focusky 动画大师、Easy Sketch 手绘、Mind Manager 思维导图和 Camtasia Studio 视频编辑等软件。L 校长经常带领我们团队的教师出去参加学习培训，组织教师们交流学习经验与心得。我们有一个微信群，教师们经常在群里学习交流，还有一个专门的百度云盘账号，每次培训的内容都会上传至云盘里，供大家自行下载学习。团队中的教师都很友善，大家互相帮助，互相学习，有时私底下还会一起聚餐，一起购物，这让我感觉很温暖。

三年的培训学习，让我清醒地意识到外面发生了多么大的变化。我对教育的理解不再局限于学校教育，除此之外，还有社区教育、企业教育、家庭教育；也不再局限于正规教育，还有非正规教育；有现实的课堂，还有在线学习与网上课堂；有学校学习，但终身学习更加重要；课堂不仅仅局限于“教师讲，学生听”的传统授课模式，还可以采用翻转课堂、慕课、微课等多种形式上课；教师要更多地注重对学生的创客教育，注重对学生的科学素养、创新能力的培养。我还学会了运用Camtasia Studio等软件进行视频编辑，用Mind Manager思维导图制作知识体系，在摸索中学会了好多制作PPT的高级炫酷技能，真的是收获满满……

C教师这时已在H中学从教4年。根据休伯曼的教师职业生命周期理论，C教师此时处于稳定期，这一时期的教师对教学工作较为投入，由关注自己转向关注教学活动，不断改进教学基本技能，情绪较为稳定①。H中学成立PLC，进行教学改革，为教师提供了专业发展平台。L校长带着他的研究生团队与教师一起朝着共同的愿景奋斗，面对面地进行沟通与互动，分享价值观、技术、资源、经验等，构建了一个真正的PLC。H中学餐厅3楼微格教室便是每周教师进行研讨学习的地方，里边有先进的录播设备，环境设计独特。9张绿色圆桌，每个圆桌都配有专门的电脑插座与5把凳子。教室后有一个小隔间，专业技术人员每周都会在小隔间内把培训内容录下来，上传至学校的在线平台。教室墙壁采用暗黄色的木板装饰，给人一种温暖平和又不失高雅的现代感，墙壁上装有特殊隔音材料，使教师能够随意讨论而不被外界打扰。校长还购买了专门的在线平台，更新了教学设备。学校领导的大力支持与投入，让教师能够在良好的学习环境中尽情学习与讨论。微信群和百度云盘账号的设立，可以使教师们在网上沟通交流，共享资源。但每次的教改培训主题基本上是教育信息技术理论方面的培训，关于怎样优化课堂教学、改变学生学习方式方面的内容还很少。教学改革的真正目的是什么，值得H中学每位教师深入思考。

C教师主动加入PLC，每周四晚都会积极参加教改培训，风雨无阻，坚持不懈，体现了C教师终身学习的基本理念。但是，该学习共同体的核心成员一直都只是五六位不担任班主任的青年教师。笔者在和其他教师交流中问及，“为何不去参加学习培训？”有位教师说道：“没时间啊。我是班主任，还承担语文教学工作，学生管理和教学任务本来就比较重，家里还有孩子，晚上回家得照顾孩子，哪有时间啊。”当然，一个“忙”字不足以解释她不参加培训学习的所有原因，更重要的是她对教学改革不感兴趣。怎样调动广大教师参与教学改革的积极性，是值得H中学思考的问题。在PLC中，C教师开阔了眼界，增长了见识，更新了教育教学理念，提升了

① 王蔚虹. 国外教师职业生涯周期研究述评[J]. 集美大学学报，2008，（2）：3-8.

教育信息技术水平，找到了归属感，获得了成就感。PLC 为她提供的帮助成为她专业发展的关键点。如何让广大教师找到归属感，融入集体并共同成长是 H 中学值得思考的问题。通过交谈和课堂观察，笔者发现 C 教师在她的课堂上，依旧采取教师讲、学生听的课堂教学模式，翻转课堂、微课、慕课运用得很少，在教学中更注重学生的知识性学习，对学生创新能力和实践操作能力方面的培养很少，C 教师虽然有一定的学生主体意识，但是在实际操作过程中不一定能够落到实处。所以，从信奉理念到实践理念，还需教师作进一步努力。

故事四　探索与尝试

受教学改革的熏陶和感染，我开始慢慢探索制作微课。我做的“综合认识近代前期的侵华战争”“用双手 8 分钟记住中国近代史所有重要时间”“8 分钟带你学会运用多元史观解读历史”等微课都得到学生和老师们的一致好评，并相继获得第一届微课大赛二等奖、第二届和第三届微课大赛一等奖的好成绩。我从 11 月 17 日开始着手制作“8 分钟带你学会运用多元史观解读历史”微课，到 11 月 27 日完工，正好 10 天。这 10 天里除了完成正常教学教研任务外，我调动一切脑力和体力，抽出一切能挤出来的时间来做这件事，10 天下来，我确实感到很紧张，很辛苦。刚开始我尝试用录屏软件 Camtasia Studio 同步录制画面和讲解，但录制过程中我不是不能及时按翻页，就是说话时语言没组织好，导致手忙脚乱，我也越来越焦虑。后来，与 L 校长和教改团队中的 Z 教师及时沟通后，我便采用先录音频，后录画面的形式，分开录制讲解和画面，这样便保证了我能够专心去做每一步。10 天来，我利用中午休息的碎片时间录制音频部分，一个人在办公室里写词录音，我先用手机上的 MP3 录音软件分开录制每一小段，直到自己满意为止，然后才把音频导入电脑，转换成 WAVE 的格式，并在 Camtasia Studio 上导入编辑。当然，这些技术能够更好地展示老师的课程设计，但老师的创意和思路对课程设计来说才是最宝贵、最重要的。在与 A 教师的交流中，我领悟到了做微课可以从课堂上学生经常问的问题、不容易理解的知识点和学生易混淆的知识中选题。受教改团队中教师的熏陶，我平常会关注些有关 PPT 制作的公众号和网站，如 PPT 研究院、锐普 PPT、璞石 PPT、燕归来 PPT、演界网，没事就翻开看看，提高一下自己的审美能力，并下载收集一些动画 PPT 作品，积累里面的可用元素。做了几个微课下来，我总结出录制微课时要注意以下几点：短于 6 分钟的视频更吸引人；语速要适当加快才能完美配合画面播放时间；有教师头像出现比单纯 PPT 录屏更好；稍显随意、非正式的上课形式更受欢迎；要善于制造一对一的感觉。做一次微课，感觉像扒了一层皮，我经常会想一些问题，什么类型的知识点适合做成微课？如何更省时省力地做微课？各种尝试探索都不够系统，有无更好的整体方案？

笔者反复观看了 C 教师做的“用双手 8 分钟记住中国近代史所有重要时间”的

微课，感觉其画面唯美灵动，极具呼吸感，无论教学设计还是讲解都恰到好处。C教师仅用了一双手上的10个指头和9个指缝，就让同学们清晰地理解和记住了中国近代史所有重要的时间。可以看出，一方面，C教师注重知识体系的建立，有着比较完善的本体性知识，而且愿意积极探索比较好的学科教学方法，是一位很有思想与创新力的教师；另一方面，H中学的教学改革以教师为依托，尊重教师的创造性。C教师在遇到困惑后，L校长与Z教师及时予以指导，增强了她的自信心。在交流中，C教师谈道："刚开始做出来的微课，给学生看后，他们没反应，面无表情，这让我很有挫败感，我便反思，微课的受众是学生，怎么能让学生提起兴趣，而不仅仅是获取专家和领导的好评，在'8分钟带你学会运用多元史观解读历史'微课的录制中，我便让学生进行角色扮演，参与其中，效果很好，学生很喜欢。"可以看出，学生的参与对C教师专业发展很有帮助，C教师对自己的教学也很有想法，而且善于反思与总结，但是没有养成系统地记录和分析的习惯，针对问题不能进行系统的深入思考，获得的经验多，但从经验到理论的分析还不够。这样，很多鲜活的教学案例和想法便会从身边悄悄溜走了，成长的速度和有效性会受到一定的影响和制约。C教师积极学习借鉴他人经验，做微课的选题以学生难理解的知识点为依据，并让学生参与微课录制，调动学生学习积极性，吸引学生的兴趣，C教师能把学生作为自己成长的动力，传达出来的正是她对教师职业的内在认同，也体现出C教师以学生为本的理念。C教师学习借鉴Z教师的经验，经常浏览PPT制作网站，建立自己的资料库，可以看出，她是一位善于学习、懂得积累与归纳的教师。C教师通过培训与学习能够娴熟地运用各种技术的软件制作微课，现代教育技术的应用能力得到了提升。C教师有时不惜牺牲休息时间，调动一切脑力和体力，用挤出来的时间做微课，表现出她对自己职业理想的热爱与坚持。但践行教学改革需要教师投入更多的时间和精力，怎样激励教师持续发展，是H中学值得重视与思考的问题。

（三）探析成长状态

故事五　教育理念之我见

在H中学经过几年的学习与历练，我有了自己的理念与想法，并慢慢在我的教学中实践。我认为要用心对待每一位学生，用心浇灌心灵之花。在实际教学中，对待每一位学生我都一视同仁，用心浇灌，真诚付出。我坚信"如果每个孩子，在成长的道路上遇到一位好老师，世界会更美好"。我认为现代社会条条大路通罗马，各条路都可以走，并不是只有学习成绩好，才能获得成功，所以我对学生的成绩不是很在意，要求不是很高，也不会因为谁成绩好就更喜欢谁。我更看重学生的学习态度，只要他善良，愿意真心、勤奋地付出，我都会伸出双手拉他一把。在教学中，我对基础知识点强调得比较少，更注重培养学生的情商，教会学生解决问题的思维方式。对于面对高考的高三学子们，我会用我的方法帮助他们轻松地理解与记忆各类历史知识。

我带的三个班中，每个班的学习程度是不一样的。比如，六班艺考生比较多，在他们班上课时我更加注重基础知识的讲解，教学进度比较慢，例子举得比较多，作业留得比较少。而针对学习成绩较好的五班，我就会经常探讨一些比较深入的问题，讲得也比较快。高三复习课是枯燥的知识总结，是无趣的内容重现，很折磨人，相比较来说，学生更喜欢学习新课，探索新知。为了让复习课不那么枯燥乏味，我尽量把课件做得精致绚丽一些，还会在教学中间插入一些小视频、小故事等，调动大家学习的积极性。有次上课时，我通过播放电视剧《芈月传》里的一个片段，引导学生不要拿现在的眼光看待历史事件和人物，要学会客观公正地看待历史。上次这个班有三位同学参加北京大学举办的中国通史考试，其中有位同学得了 A，这意味着这位同学有优先申请北大招生入学的资格。在短短不到一年的时间里，学生们能够取得这样的成绩，我感到很欣慰。在讲到《罗马法》的时候，我会结合当时在网上传得比较热的"初中生打架"的故事，引导学生认识到《罗马法》的原则在现代还是普遍适用的，让学生深切体会到《罗马法》影响之深远。考虑到每班每周只有四节历史课，我每周日都会在"跟谁学"软件平台上面向全国学生开设直播课，教给学生学习历史的方法，如开设"30 分钟把握高考历史大题解题技巧""用关键词记忆法高效建立高考历史知识体系"等系列课程，有的课是免费的，有的课会设置每个学生能接受的"9.9 元"的门槛，这样会让学生更加珍惜听课的机会，更认真地听课。只要是我的学生，告诉我他听了课还认真地做了笔记，我都会把 9.9 元以"发红包"形式返给学生。另外，我几乎每天在荔枝 FM 平台上讲一个历史小故事，开阔学生的知识视野。我还在 QQ 上建了一个"家校师生群"，每周都会在群文件中分享上课的课件、历史学科素养资料和运用软件学习的方法等资源；我也会在群里发布题目，并通过查看题目正确率，有针对性地讲解题目；我还经常会抽一些零碎的时间，看看学生们在 QQ 上的留言，给他们修改一下大题的答案。我有时会让学生给我提关于"怎样上好历史课"等方面的建议，学生们很积极，给我提了很多建议。比如，多检查作业、多讲一些有趣的历史小故事、做一个历史错题本等，我会经常翻看并认真考虑这些建议。

根据教师职业生命周期理论，这一时期的教师处于稳定期，教师有了自己关于教学活动的想法与见解，逐渐形成了自己的教学风格，表现出幽默、自信和愉悦的特点。在访谈中，学生普遍认为，"C 老师教学方式比较新颖，我不仅能在课堂上学习历史，课下还能在网上看老师的直播课，听老师的知识点解析，做 QQ 作业盒子里的作业。C 老师的 PPT 做得很绚丽，很有立体感，这让我更加愿意集中注意力听课了"，"我感觉 C 老师能够尊重我们每一位学生，对每一位学生都能平等相待，没有偏见，谁找她问问题，她都会很耐心地讲解。她不以学习成绩的高低来评价我们，更重视我们的学习态度，只要我们愿意学习，她都会竭尽全力帮我们。C 老师还经常做甜点和蛋糕给我们吃”，“C 老师是位善于学习的人，很有创新能力。长这么大我很少见一位老师能为我们做这么多创新的事”，“C 老师上课不仅仅讲书本上的知识，更多的是结合现代前沿时事讲解历史，也不会强迫我们去认同书上的观点，鼓励我们独立思考，有自己的观点，而且她的逻辑思维很强，给我们总结的知识点比较系统全面”。C 教师根据每个班学生的志趣、能力和原有基础的不同，尊重学生的个体差异，采取不同的教学方法，使学生领悟和掌握知识、技能，提高能力；她尊重学生的独立人格，不仅仅注重学生成绩的提高，更注重对学生能力的培养和情感、态度、价值观等维度的教育；她上课会结合有趣的故事或学生感兴趣的东西，讲解历史知识，鼓励学生有自己的观点和看法，注重培养学生的独立思考能力。这些都足以说明来到 H 中学后，C 教师对待学生的态度与行为、教育教学的态度与行为及个人修养均得到不同程度的提升与发展。

如在一节课中，C 教师在课堂上花了 7 分钟时间，让学生观看芈月鼓舞士兵士气的视频，看完后提出一个与视频内容关系不太大的问题：“你怎么看待芈月这个人？”有位学生回答说：“她比较淫荡。”C 教师接着引导学生：“你觉得，这个女人不能容忍吗？她一生跟了三个男人，她的人品有问题吗？现在这么开放的年代，谈两三次恋爱怎么了？现代社会离婚也挺常见的，我们追求自由生活，追求自我价值的实现，在现代看来一个女人跟两三个男人不是问题，但在古代这样的行为就是问题。所以我们对历史人物的评价不能拿现在的标准去评价她。”C 教师想引导学生客观公正地看待历史人物，但却花费了足足 7 分钟的时间，让学生观看不太相关的影片，在引导学生时，C 教师的逻辑思维不是很清晰，语言表达也不是很顺畅。显然，C 教师没有精心设计这节课。课下，笔者和 C 教师交谈：“平常您是怎么设计教案的？”C 教师说：“我教了 6 年历史了，上课之前熟悉下 PPT，构思一下自己的上课思路就行，没有必要写下来，写教案只是为了交。”听到这样的答案，笔者感到很震惊，认为她可能只是一个个案，但经过观察和访谈发现，这是 H 中学教师普遍存在的问题。有的教师甚至说：“写教案对我来说就是一个累赘。”没有充分的备课，就上不了精彩的课，没有精心设计的课堂，学生能学到什么？这值得每一位教师深刻反思。针对枯燥乏味的复习课，C 教师有点不知所措。系统的复习课应该怎么上？这是一个比较容易被教师忽略的问题。

访谈中问 C 教师：“为什么没做班主任？”C 教师说：“一是，学校没安排我做。二是，我考虑先提升我的教学能力，再提高管理能力。这样，我现在就有足够的精力和时间来进行历史教学方面的思考和实践了。”再问：“将来有做班主任的打算吗？”C 教师说：“当然有了，我还想往上发展呢。我们学校老师评职称时必须具备三个条件。第一，要有市级表彰，这是一个硬性指标，一般只有优秀班主任和社团干部才会得到市级表彰；第二，要有优质课；第三，要有结项的课题。课题可以几个人一起申请，最后写一个结项报告就可以结项。我的教学设计在市上能得一等奖，可是我的论文水平却很差，怎样写研究论文，对我来说是一个难题。”从交谈中可以看出，一方面，C 教师觉得自己的研究能力比较薄弱，但从交流中并没有发现 C 教师有明显的研究意识；另一方面，H 中学对教师的评价制度值得深思。

故事六　我的公开课

半个月前，学校领导让我准备一节公开课。我选择采用翻转课堂的形式上一节总结提升课——多角度解读辛亥革命。之所以选择“辛亥革命”这节内容，一方面，是因为辛亥革命是较有代表性的事件，人们能够从革命史观、近代化史观、社会史观、全球史观、文明史观等角度对其进行评价，从而完整地表现出对社会各个方面的不同影响；另一方面，是因为按课程进度安排，当时就学习到“辛亥革命”这部分内容，选择从多角度解读辛亥革命这个知识点也是顺理成章的事。我之所以选择 5 班同学和我一块完成这节公开课，是因为带的三个班里，5 班的整体学习氛围较好，我和他们班学生相处时间较长，感情也比较深。课前，我做了充分的准备工作。我把学生领到机房，一人一台电脑，观看我在网上找的关于辛亥革命的背景和过程的动画短片，动画短片只有音乐和图像，没有配音。看过后，我要求每位学生给动画短片配音，按照短片顺序撰写解说词，这样既能锻炼学生的语言表达能力，又可以对辛亥革命的背景、过程及对孙中山的认识和评价进行简单回顾。同时要求学生回家做思维导图，形成有关辛亥革命的背景、过程与中华民国建立之后的政府颁布的各种措施及政策的完整的知识结构体系。我还在荔枝 FM 电台上专门更新了与辛亥革命和《中华民国临时约法》相关的音频资料，让学生上课之前先去听一听。

经过充分的准备，我们便去教室上课了。教学过程的第一个环节是导入，我让一位同学结合动画短片给大家分享一下他对辛亥革命的解说和感受。第二个环节是我引导学生分别从革命史观、近代化史观、社会史观、全球史观、文明史观几个角度探讨评价孙中山领导的辛亥革命及这样评价的原因。第三个环节是角色扮演。我让同学分小组扮演 1912 年春天的旧官僚、乡村农民、外国友邦、妇女、青年学生、城市民众 6 个不同的角色，让他们作为经历过辛亥革命、中华民国的建立和清帝的退位的历史亲历者，谈一下他们对革命的态度。第四个环节是思考总结。通过对多角度解读辛亥革命的总结，引导学生形成客观、辩证、全面的思维方式。第五个环节是随堂反馈。我在微信与课堂软件上发布了 5 道历史选择题，让学生作随堂练习，并针对错误率最高的题目进行讲解。

一节课下来，我还是比较满意的。随后的教研组评课中，没有人主动站出来点评，Z 教师便点了几位老师进行点评。老师们对我的总体内容给予了肯定，大致说了以下几点：课堂内容重点突出，条理清楚；教学环节安排紧凑；学生角色扮演这个环节很有创新性，能够调动学生的积极性；注重对学生思维与情感、态度、价值观的培养；信息化教学技术应用恰到好处。老师们提出的主要建议是学生扮演角色活动的时间有点长。后来，我也对这个问题进行了反思，但是没有确定的答案，老师不能从头讲到尾，要给学生自主学习与探究的时间，但这个时间到底多长才好，到现在我也不是很清楚。

C 教师在上公开课之前做了充分的准备工作，可以看出，C 教师对教学是很用心的。C 教师在教学过程中始终面带微笑，教态自然大方，教学有亲和力，偶尔的小幽默会引起学生哄堂大笑，营造了良好的课堂氛围。C 教师设置的导入环节新颖别致，通过让学生饱含深情地朗诵动画短片的解说词，吸引学生的注意力，调动学生听课的兴趣。C 教师通过情景创设，引导学生穿越到 1912 年的春天，扮演旧官僚、乡村农民、外国友邦、妇女、青年学生、城市民众 6 个不同的角色，亲身体验革命发生的过程及影响，这激发了学生的学习兴趣，提升了学生独立思考的能力。小组讨论时，C 教师走到学生中间与学生交流，并对其进行指导，可以看出，C 教师有一定的学生主体意识。C 教师不是做好思维导图让学生背诵，而是教会学生学会用软件做思维导图，构建自己知识体系的方式，从而引导学生自主学习与探究。C 教师不仅注重知识体系的建立，更注重学生情感、态度与价值观的培养，有一定的教学目标设计能力。C 教师把翻转课堂、微信随堂练等多种现代信息技术应用于公开课课堂，提高了课堂的教学效率与质量。C 教师在教学中并没有明显体现出通识性知识的丰富程度，但在交流中笔者发现她的文化底蕴和知识视野还是比较丰厚和广阔的，不过更多的是对本体性知识的拓展和深入。在交谈中笔者了解到，C 教师在荔枝 FM 学习平台上是位有名的播客，她每天都会坚持播放一些历史教材中的难点、重点和一些有趣的历史小故事，她还坚持每周日晚上在“跟谁学”软件平台上开设直播课，为学生讲解记忆历史知识和解答大题的方法，搭建自主学习与探究的平台，以弥补课堂学习历史时间的不足，开阔学生们的思维广度，激发学生们学习历史的兴趣。可见，C 教师把几年来成长过程中所获得的能力与智慧巧妙地运用到了实践课堂教学中。

整体来讲，这节课教学环节丰富紧凑，课堂氛围良好，但在教学中还存在着一些值得改进的地方。第一，从后现代主义来看，课程的意义在于为学生创设一个与知识相遇的情景，在这一情景中，教师帮助学生将知识作为探究的起点，发展学生对知识的判断力、鉴赏力和批判力①。但在和学生交谈时，C 教师步步引领，急于

① 姚文峰. 后现代主义知识观及其对教育的启示[J]. 教育探索，2004，（7）：70-72.

给学生答案，没有给予学生足够的自由思考的空间，没有放手让学生去体味，给予的远远多于体悟到的。第二，最近发展区理论认为，学生的发展有两种水平：一种是学生的现有水平，即其独立活动时所能达到的解决问题的水平；另一种是学生可能的发展水平，即在同伴或教师的帮助下所能完成的学习任务水平。学生现有水平与学生可能的发展水平之间的差异就是最近发展区，因此，教师教学应考虑到学生的最近发展区。但 C 教师的提问过于随意，对问题缺乏精心设计，有些问题没有考虑到学生的最近发展区，无层次性和启发性，课堂提问频率太高，没有把握好提问契机，容易阻碍教学对话的开展，限制学生的思维空间。第三，C 教师在整个教学中没有恰当的评价策略，对学生的评价大多是“好”“非常好”“太好了”等较笼统的语句，点评针对性不强。解释学视域下的对话教学具有不可预料性、即时创作性和游戏性等特征。C 教师如果能运用教育智慧，针对学生回答的内容给予恰到好处的评价，关注生成性和互动性的教学方法，进行适当的追问、转问、反问和澄清，便能够又一次地启发学生的思维[①]。第四，教师提问“你们有什么感受”时，Z 同学回答说：“没感受，不知道外面发生了什么。”教师说：“这么轰轰烈烈的，你总得听到点风声吧。你曾经写过一篇《日子》，不记得了吗？我来为你回忆一下。”紧接着就念 PPT 上呈现的内容。C 教师对这位同学的引导显得力不从心。在应对预设外的答案时，其教学生成能力还有待提高，教学应变能力有待加强。如果上公开课之前找同事或指导教师进行交流与探讨，这些问题可能会有所避免。教研组教师看完 C 教师的公开课后，大多不愿点评，有些教师勉强提出学生扮演角色活动的时间有点长的意见，至于怎么掌控时间，时间该有多长，却没有去深入研究，可见，学校教研组对活动的重视程度有待加强。

（四）他人眼中的 C 教师

1. 领导眼中的 C 教师

H 中学校长说：“C 教师作为刚毕业的大学生，应聘试讲时表现得并不突出，刚开始老师们对于是否聘用她是有点争议的，但她有一个非常重要的优点——积极上进。去年我带领教师成立了教学改革团队，C 教师是第一批自愿加入该团队进行教学改革的人。她对教学改革感兴趣，有热情，有激情。她认真学习摸索新理念、新技术，努力实践课堂教学新模式，经过几年的努力，她学习到了新理念、新技术，取得了较好的专业发展，前段时间还获得了教育部的大奖。继续积极探索应用信息技术优化课堂教学，转变学生学习方式是她下一步需要努力的方向。”这一评价反映了该校长对 C 教师目前工作成绩和工作状态的肯定，也肯定了 PLC 对 C 教师专业发展的帮助，该校长的期望则包含了对 C 教师把信息技术应用到具体课堂教学中

① 杜静，赵艳芳. 中小学教师课堂提问策略探究——基于课堂的观察与反思[J]. 教育探索，2016，（4）：20-23.

的实践智慧增长的期待。

2. 指导教师眼中的C教师

指导教师说："C 教师肯吃苦，认真、勤奋，对自己的教学很上心，教学上的许多问题她都积极向我请教，我也会认真、耐心地帮她解答。我鼓励她不仅仅在学校给学生上课，在家里也可以通过网络给学生们上课，她是一位执行力很强，同时又是位很有思想、有创新力的老师。C教师近两年所带班级的历史成绩在年级排名也是比较靠前的，学生们都很喜欢她。"可以看出，学校给予初任教师安排的指导教师还是起到很大作用的。

3. 同事眼中的C教师

Z 教师说："C 教师性格很好，在生活中她是我的闺蜜，我们一起跑步、打羽毛球、购物；工作上她是我学习的榜样。她肯钻研，肯用心，能吃苦，有想法，会创新，有审美能力；她做的PPT很漂亮，录制的'8分钟记住中国近现代史'微课很有特色；她经常自己主动探索，追求完美。我很喜欢、很欣赏她。用一句话对她评价就是：'智者勤，必前途无量'。"

班主任 L 教师说："C教师活泼大方，在教学上很有想法、很投入，教学方法灵活多样，教学内容充足翔实，教学效果比较好，学生们都很喜欢上她的课。她不仅有课堂教学，还在'跟谁学'上开设直播课，在荔枝FM上播放'高中历史随身听'。她还经常组织学生参加演讲、历史漫画等各种比赛，锻炼学生的语言表达能力，培养学生的创新思维，开阔学生们的眼界。她也很关心学生，经常和我交流，哪些学生最近爱瞌睡，状态不好，需要及时'敲一敲'。对一些整体成绩还不错，但历史成绩不太好的学生，C教师会及时找他们谈话，给予鼓励，教给他们一些学习历史的方法。C教师是这个年龄段中成长比较快的老师，特别是在她加入学习共同体后，制作了很多有特色的微课，在教学上更是独树一帜。"可以看出，C 教师较快的专业发展与其自身主动探索、勤奋努力是分不开的，另外，教师的合作交流、互帮友爱也是促进教师专业发展的关键点。

4. 学生眼中的C教师

同学们对C教师的共同印象是"年轻漂亮、活泼可爱、和蔼可亲"。在谈及对C教师印象最深的事情时，学生说了许多："C教师在两年一次的艺术文化节歌唱比赛中，给我们做领唱。那段时间，她每天下午和晚上都会帮我们找场地，带我们练声，帮我们排动作、排队型，甚至还找她学音乐的朋友专门来给我们指导，最后我们班获得了歌唱比赛一等奖，我们打心底里感谢她。""C老师鼓励我们参加的历史漫画大奖赛第二天就要结束了，我画好画了，但不会给图画配文字说明，那天晚上 C 教师通过 QQ 反复帮我修改文字说明，她还帮我到历史教学园地网上下载并填写了许多表格，我写完发给她后，她还要用手机拍照，并按要求把照片编辑成合格格式，然后上传到举办方的邮箱里。那晚，这些工作她做到了 11 点多。”“我是艺考生，其他老师都不管我，上课也不提问我，只有 C 教师上课提问我，下课和我交流，她尽其所能地帮助我跟上同学们学习的步伐。”“有次老师为了给我们上直播课，下午专门从外地赶回来，紧紧张张一路奔跑到家后，连饭都没吃就开始给我们上课了，等晚上 10 点多课结束了，老师才吃了点儿东西，这让我们很感动”。“课下，我见到 C 老师就会喊她姐，我们像朋友一样相处，跟她在一块儿没有压力。”从学生的言谈中，笔者真切地感受到 C 教师用心浇灌、真诚付出、不抛弃、不放弃每位学生的爱心，真切地感受到学生们对 C 教师的喜爱与敬佩之情。C 教师从刚开始不知如何与学生交流沟通，到现在能够尊重、关爱、信任学生，和每一位学生融洽相处，可见其对待学生的态度与行为发生了改变。

三、透析：PLC 中影响教师专业发展的因素

C 教师是 H 中学中一位比较典型的教师，对 C 教师专业发展故事的分析与思考，足以说明 H 中学的教师在专业发展过程中通过教师间的合作和参与共同体，自身专业得到了较大的提升，并解决了其面临的一些困惑。为了更好地促进教师专业发展，下面着重从 C 教师发展故事背后探究 H 中学影响教师专业发展的因素，主要从 H 中学校长的有力领导与支持、教师 PLC 活动的成功开展、教研组的合理设置、指导教师的适切配置、教师评价目的与主体的科学选择五方面探究促进教师专业发展的因素。从 H 中学的教研组活动形式化，教师指导内容与模式简单化，教师评价内容、方法与标准不科学三方面分析阻碍教师专业发展的因素。

（一）促进教师专业发展的因素

1. 校长的有力领导与支持

陶行知先生曾说，校长是一个学校的核心与灵魂。校长作为学校的领导者与决策者，对于促进教师专业发展起着无可替代的作用，直接引领着学校教师的专业发展。从上述叙事文本中可以看出，H 中学校长兼具教学型领导和变革型领导两种能力。教学型领导建立在工具理性的基础上，是一种目标导向的领导模式。这一领导模式认为，校长通过设计和制定标准化的教学规范来控制和监督教师的教学行为，并试图将标准的教学规范传递给一线教师，促使其朝着教学改革的方向进行教学实践，从而使学校教学变革的目标得以实现[1]。变革型领导建立在沟通理性的基础上，是一种价值附加型的领导模式。该领导模式认

① Hallinger P，Heck R H. The principal's role in school effectiveness：An assessment of methodological progress，1980—1995[C]. //Leithwood K，Diana T，Maxine G. International Handbook of Educational Leadership and Administration. New York：Kluwer Press，1996：723-783.

为，校长应以个人魅力激励追随者不断挑战并超越自我，提升追随者的内在动机与需求层次，从而创造性地推动学校组织变革与发展①。H中学校长通过创设教师专业发展文化环境、搭建教师专业发展平台、保障教师专业发展资金三方面促进教师专业发展。

（1）创设教师专业发展文化环境。“学校组织文化是学校在维持内部环境与适应外部环境一体化的过程中，由学校领导倡导，全体教职员工共同发现、创造和分享的行为准则和价值观念等独特精神现象及其外化的统称，具有内在约束性、共享性、精神性等特点。”②学校组织文化是学校精神和综合个性的体现，调节和控制着全校师生的行为。良好的学校组织文化，能够增强教师的组织认同感。组织认同感，即组织成员在组织中并与组织中各方面的具体因素发生互动和影响后出现的一种具体而现实的感受③。H 中学校长积极创设有利于教师专业发展的学校组织文化。首先，H中学校长通过鼓励教师积极参加“立德树人，成就最美”师德征文比赛，要求所有教师签订拒绝参加有偿补课承诺书，定期组织全校教师学习《中小学教师职业道德规范》和《H 中学师德管理办法》，同时开展师德师风和各类先进评比活动，加强师德师风建设，提高教师德育水平。其次，H中学校长带领学校领导班子团结务实，积极创新，贯彻落实教育法律和法规，更新教育教学观念，面向全体学生，推进素质教育，创造优良的育人环境，形成“勤奋、协作、求实、创新”的优良校风，形成“为人师表，教书育人，环境育人，服务育人，管理育人”的良好风尚，倾力打造健康和谐的学校环境文化。最后，H中学校长关心教职工身心健康，组织形式多样的文化活动，如组织并亲自参加教职工冬至包饺子送温暖、篮球比赛、“迎元旦”卡拉 OK 大赛、马拉松比赛等活动，这丰富了教职工的精神文化生活。同时，组织开展女性健康知识讲座，慰问困难教职工和退休老教师，关心教师心理变化，给予教师情感支持，增强了教师的组织认同感和归属感。

（2）搭建教师专业发展平台。为促进教师专业发展，H 中学校长坚持变革型领导模式，积极为教师们争取学习和展示自我的平台。例如，以信息化教学为突破口，带领全校教师进行教学改革，在此基础上成立学习型PLC，形成具有本校特色的教学改革模式，进而让教师形成“互联网＋”的思维方式，优化课堂教学；为教师争取“赛课”机会，开展微课比赛、青年教师教学大奖赛、教师基本功比赛等活动，并积极选派学校教师参加区级、市级甚至国家级别的公开课竞赛，搭建丰富的展示平台，让教师努力进取，在竞赛中“逼”自己一把，提高教学能力，丰富教育智慧；始终坚持“引进来，走出去”策略，利用各种条件和机会，聘请

① Day C，Harris A，Hadfield M. Challenging the orthodoxy of effective school leadership[J]. International Journal of Leadership in Education，2001，4（1）：39-56.

② 李芹. 学校组织文化实质探析[J]. 现代教育论丛，2003，（3）：32-35.

③ 王彦斌. 西方组织认同感理论研究综述[J]. 思想战线，2006，32（6）：1-6.

专家对本校教师进行培训、指导与帮助，同时，组织教师先后赴全国各地进行观摩学习，开阔眼界。

（3）保障教师专业发展资金。为方便教师学习，H 中学校长创设多方条件，克服资金困难，举全校之力改善教师办公教学条件，如为每位教师配备一台电脑，并分批组织教师开展计算机培训，使全部教师能够熟练运用现代化信息技术进行教学、科研。同时升级软件、硬件装备，大规模、强力度地开展信息化教学建设，如建设微课教室、同步互动教室、虚拟教室、3D 创新实验室，开通校园 OA 系统、网络教学平台，为教师提供充足的物质资源支持，将信息技术融入教育教学的全过程，逐步改变原有的教育教学过程与模式，突破传统教学活动的时空限制，提升教育教学的效率与质量，促进教师专业发展，促进学生健康成长。H 中学校长还积极为教师订购有关教育教学研究前沿的杂志、书籍、光碟等，方便教师随时查看阅读，丰富教师的学习资源，拓宽教师的知识视野。

2. 教师 PLC 活动的成功开展

教师 PLC 是指以教师自愿为前提，以分享（价值观、技术、经验、资源等）、合作为核心精神，以共同愿景为纽带把教师联结在一起，互相交流、共同学习的学习型组织①。其构成要素包括共享的领导、共同的愿景与目标、集体学习和学习应用、支持性条件、个人实践的共享②。在 H 中学校长的带领与支持下，L 教授被聘请为学校科研副校长。L 校长带领其研究生团队与教师一起朝着共同的愿景奋斗，面对面地进行沟通与互动，教师平等对话与交流，分享技术、经验、资源、价值观等，构建了一个真正的 PLC。在 PLC 中，教师们彼此学习指导、共享资源、合作交流，激发了教师专业发展的自主性，提高了教师的教育智慧，培养了教师的合作意识与团队精神。

（1）学习指导，激发了教师专业发展的自主性。群体动力学理论认为，在合作性群体中，个体的工作动机较强，个体间的信息交流频繁，彼此能够相互理解，相互激励，工作效率明显高于非合作性群体③。H 中学教师自愿加入一个具有开放的、自组织的、非线性的等特征的 PLC，超越了主体与客体的二元对立，从原子化的“自我”走向“他我”，从单数的“我”走向复数的“我们”，平等开放地与他人进行主体间的交往与对话。在这个复杂系统中，教师平等交流，相互协作、沟通与学习，互享知识和经验，提高了教师的专业知识与能力，进而增强了教师教育教学的信心，提升了教师的自我效能感。教师不断学习先进知识与理念，吸收其他教师的成功经验，打破思维定势，审视自身教育实践，将好的经验与知识内化为自我认知，应用

① 商利民. 教师专业学习共同体研究[D]. 广州：华南师范大学，2005.

② 段晓明. 学校变革视域下的专业学习共同体[J]. 比较教育研究，2007，（3）：74-77.

③ 徐文祥. 教师学习共同体运行机制的研究：以秀洲现代实验学校为例[D]. 上海：华东师范大学，2009.

于自身实践教学活动中，以更好地解决教学中所遇到的困惑。这样，一方面，激发了教师的教学热情与专业自主发展的成就感与责任感，唤醒了教师专业发展的欲望；另一方面，使教师从内心感到自己所从事的职业有意义、有价值，提升了教师的职业认同感，从而更好地激发了教师专业发展的主动性和自觉性。

（2）共享资源，提高了教师的教育智慧。教师的教育智慧由理论智慧与实践智慧构成，理论智慧是实践智慧的基础。教师的理论智慧是教师在教育实践中通过对教育问题和规律的理性思考而得到的关于教育本质和现象的系统的认识。教师的实践智慧是教师经过对个体的实践感悟、经验积累、反思体悟得到的关于处理教育教学实践问题的能力[①]。知识管理理论认为，有效管理知识能使知识组织化、密集化，形成知识框架，为集体或个人共享隐性知识和显性知识提供途径。H 中学的 PLC 运用百度云盘和微信等信息软件对知识进行了有效管理，为教师们共享隐性知识和显性知识提供了途径，如每次培训学习内容都会上传至百度云盘供教师课后查阅学习，教师可通过微信群进行沟通、交流等。C 教师在 PLC 中，通过专家培训指导与课后主动学习，增长了本体性知识、条件性知识和实践性知识，更新了教育理念，加深了对教育本质与规律的理解，理论智慧和实践智慧均得以增长。建构主义认为，知识获取的途径不是通过教师传授，而是学习者在一定的社会文化背景下，利用必要的学习资料，借助教师或同伴的帮助，通过同化、顺应、调节等意义建构的方式而获得的。H 中学的 PLC 是一个具有高通透性、开放性的团体组织，不同学校、不同学科、不同级别的教师均可加入共同体学习、交流，教师们在知识结构、认知风格、思维结构、智慧水平等方面均具有异质性，每位教师都有内隐的缄默知识。他们在 PLC 中分享知识，交流经验，对教学问题加以研究讨论。教师个体对比他人，反思自己，获得知识和理解，并建构属于自己的知识体系，借助集体智慧解决自身困境，提高解决实际教学问题的能力，改进教育教学实践，增长教育智慧。

（3）合作交流，培养了教师的合作意识与团队精神。参与 H 中学 PLC 的教师们围圆桌而坐，本着“和而不同”的学习精神，敞开心扉，坦诚相待，彼此合作学习，分享个人实践经验、价值观与信念，交流学习经验与心得，互补知识和经验，碰撞思维和智慧，挖掘教师整体潜能，凝结集体智慧，协同合作完成学习任务与教学计划，圆满完成每次活动。教师协同合作、互惠互利、互助友爱，产生了“协同效应”，即在复杂的系统中，外界控制参量达到一定程度时，各要素之间的相互独立、相互竞争被非线性的相互作用、相互联系所代替，系统从无序状态走向有序状态，出现合力、协调的整体效应，即协同导致有序，亦即 $1+1>2$[②]，在此基础上，

① 郑苗苗. 论教师的实践智慧[D]. 重庆：西南大学，2008.

② 商利民. 教师专业学习共同体研究[D]. 广州：华南师范大学，2005.

形成了教师自组织和团队凝聚力，增强了教师的合作意识与团队精神。

3. 教研组的合理设置

1957年，教育部颁布的《中学教学研究组工作条例（草案）》明确规定，教研组的任务是：提高教师思想、业务水平，组织教师进行教学研究活动，总结交流教学经验，以提高教学质量。教研组的工作内容是，学习有关教育方针和政策，研究课标、教材和教学方法，结合教学工作钻研教育理论和专业科学知识。教研组是与教师关系最密切、最直接的专业组织，无论在内容上还是在方式上，各级教研组所开展的活动都会对教师的专业发展产生较为广泛的影响。H中学教研组活动内容丰富，人员构成合理，在一定程度上促进了教师专业发展。

（1）活动内容丰富。H中学教研组的常规工作有理论学习、集体备课、说课、评课、公开教学和课题研究等。H中学教研组紧紧围绕促进教师专业发展的要求和精神，开展理论与实践相结合的学习、研究和实践活动。第一，集体备课活动立足课堂教学实践，组织教师集体准备教案，确定教学重难点；备学生，确定教学起点；备教学过程，确定教学内容的呈现方式；备教学方法，优化课堂教学方法；备问题设计，调动学生学习的积极性；备课后习题，减轻学生的学习负担。组织教师学习、研讨新课程背景下的教学设计、教学策略、教学方法、教学评价，重点提高教师的教学设计能力、教材分析能力、探索教学模式能力、课堂教学能力等专业能力。第二，教研组组长有意识地引导教师经常互相交流探讨课堂教学中有关学生学习和典型教学案例处理方法的话题，进而丰富了教师的教学经验和教育实践智慧，真正实现了“以学生为本”的教学理念。第三，教研组鼓励教师积极参加学校组织的各级各类教学比赛，在比赛过程中提高教师的教学基本功和教学能力。第四，教研组重视专家的引领作用，把校内外的名师、专家、特级教师等请进学校，传播先进理念，分享教学经验，引领教研组科学健康成长，提升教师的反思能力。

（2）人员构成合理。哈格里夫斯曾经把教师文化的形式划分为个人主义文化、派别主义文化、人为合作文化、自然合作文化四种主要类型。生态取向的教师专业发展倡导自然合作文化，即教师自发、自愿地按照某种合作方式，在互动协作过程中彼此信赖、支持、开放，向共同的合作愿景奋进，从而促进教师共同发展的一种文化。合理的人员构成有利于自然合作文化的形成。整体来看，C教师所在的教研组人员构成比较合理，有教师10人，其中有6位男教师，4位女教师。年龄方面，既有教学经验丰富的资深骨干教师，也有刚入职不久的青年教师，年龄横跨老中青；学历方面，既有研究生学历的教师，也有本科学历的教师；职称结构上，有特级、中学高级、中学一级和中学二级教师。教师在年龄、性别、教龄、教学水平、知识结构、教学经验等方面具有异质性，能够优势互补，最大限度地发挥教师个人和团队的潜能。有着丰富教学经验的资深老教师在教学研讨中能够给青年教师有效的教学指导，可以使青年教师尽快熟悉教学流程，在教学探索中少走弯路；能有效地帮助经验不足的青年教师准确、科学地分析教材，把握教学重点和难点，优化课堂教学设计，缩短新任教师的成长过程，快速提升其教育教学能力。有着研究生学历的教师可直接参与教学科研，将常规教学工作与课题研究结合起来，带动其他教师积极开展行动研究和课例研究，提升教师的科研意识与能力。

4. 指导教师的适切配置

H 中学为了帮助初任教师顺利度过入职期，平稳度过求生阶段或适应阶段，尽快适应学校工作与教师角色，专门任命有经验教师及时为其提供专业上的帮助与支持。

（1）精心选择指导教师。H 中学在 C 教师入职培训开始前，就及时指派有经验的 G 教师作为 C 教师的指导教师，对刚入职的 C 教师帮扶带教，使其尽快适应教育教学活动，促进其专业发展。为了使 C 教师尽快融入集体，找到入职后的归属感，H 中学安排指导教师前，对指导教师进行了严格的筛选，不仅考虑其教育教学能力，还考虑到其沟通交流能力、所带年级、年龄、个性、性别等与初任教师的匹配度，并具体分析了指导教师的个人基本情况、教学理念、教学优势、指导方向至少四个方面的信息，同时争取到初任教师的同意，最终在师徒双方自愿的基础上民主、高效地选派有扎实的教学基本功、丰富的教育教学实践经验，严谨负责、脚踏实地的 G 教师作为 C 教师的指导教师。G 教师的用心指导使 C 教师的教育知识、教育教学态度与行为、学科教学知识、教学设计能力、教学应变能力得到不同程度的提高。

（2）合理考核与激励指导教师。在考核机制方面，H 中学对指导教师的指导态度、指导内容、指导效果三方面进行全面考核评价。H 中学关注指导教师是否有责任感，是否愿意积极主动地帮助初任教师；关注指导教师对初任教师的教学技能、教学知识、教育智慧、教育观、学生观、职业认同、职业规划和情感心理等各个方面的指导；关注指导教师对初任教师所带学生成绩和公开课、汇报课以及各类竞赛中的表现等显性内容的指导效果；还关注指导教师对初任教师入职适应状况、反思能力、教学状态和专业自觉意识等隐性内容的指导效果。在激励机制方面，为最大限度激发指导教师的参与热情，H 中学给予指导教师物质和精神两方面的奖励，如给予指导教师物质或费用补贴，通过评选“优秀导师”“最佳伯乐”等荣誉称号，学期末在大会上对一些表现出色的师徒组合进行荣誉表彰等方式，补偿指导教师额外的时间和精力投入。此外，还采用“捆绑式激励”的方式，让师徒双方结成利益共同体，将初任教师的指导成果与指导教师的个人晋升、职称评定和奖金挂钩，提高指导教师的工作积极性，保证了指导教师制度的实施效果。

5. 教师评价目的与主体的科学选择

（1）评价目的：激励教师专业发展。发展性教师评价是指以促进教师专业发展为目的，重视教师专业发展过程，并及时与教师交流、反馈评价结果的形成性评价。

其主要形式有课堂教学评价、学期教学工作评价、教师业务考核[①]。H 中学实行奖惩性教师评价与发展性教师评价相结合的评价制度，由教研组、年级组等基层部门领导通过观察教师课堂，收集教师教案、教师工作计划和总结、教育教学奖项、科研情况、学生作业、学生成绩等资料了解教师的工作表现，客观公正地对教师进行年终考核。校方把评价结果与教师的职称评定、奖金增减、工作岗位的调整、晋级、聘任等关涉切身利益的措施相联系，在一定程度上激发了教师增长专业知识、提高教育教学能力的积极性，为其专业发展提供了动力支持。在实施过程中，H 中学淡化奖惩性教师评价的评比甄选功能，突出其对教师的激励与指导作用，坚持奖惩性教师评价服务于发展性教师评价，坚持以促进教师专业发展为基本理念，以提高教师教育教学能力为落脚点，增加了教师团队的向心力和凝聚力，促进了教师专业的可持续发展。

（2）评价主体：重视教师自我评价。H 中学一般是由校长、教务主任、教研组长、骨干教师和普通教师等组成的评价小组对教师进行评价，每学期期末也会开展学生评价教师和教师自评活动。H 中学坚持发展性教师评价，尊重教师的主体地位，重视教师的自我评价。一方面，H 中学的领导相信教师是受过高等教育的知识分子，有着较强的自尊心，他们有能力反思自己的教育教学实践，分析自己的教学行为、教学计划和教学影响，进行自我评价，进而自觉主动地调控自己的教学实践行为，实现自我价值；另一方面，H 中学的领导深刻理解教育教学规律，认为教育教学工作的复杂性、创造性、长期性和迟效性决定了只有教师本人最了解自己的工作状况，了解自己在每项工作中具体的努力程度，清楚自身存在的优势和困难。大部分教师都能够客观公正地看待自己专业发展中的优势与不足。为有效落实教师的自我评价，H 中学为教师提供了有关自我评价方面的必要培训或指导，以弥补教师自我评价理论知识和技能的不足，还制定了科学的教师自我评价标准，让教师有标准可参考。H 中学教师的自我评价唤醒了教师自主分析与反思的意识，调动了教师内在专业发展的需求与动力，激发了教师主动探索、开拓创新的积极性，在一定程度上加快了教师专业发展速度。

（二）阻碍教师专业发展的因素

1. 教研组活动形式化

H 中学的教研组有专门的教研室，办公条件比较好；教研组活动有理论学习、集体备课、说课、评课、公开教学和课题研究等，活动内容丰富；年龄横跨老中青，既有经验丰富的老教师，也有激情洋溢的青年教师，人员构成比较合理；教师互助友爱，人际关系和谐。但 H 中学教研组在发展过程中还存在一些需要改进的问题，

① 曾蓓蓓. 促进教师专业发展的教师评价研究[D]. 上海：上海师范大学，2008.

为了更好地促进教师专业发展，还需解决以下问题。

（1）活动形式简单随意。集体备课制度的基本活动方式包括相互讨论（讨论教学内容、教学目标、教学方法、教学环节、课堂管理等）、个性化修改、听课、评课、总结评价与反思等[①]。但 H 中学教师集体备课缺乏实效性，一般是老教师把自己多年做好的课件传于新教师观看，新教师在此基础上设计自己的教学过程。教师们并不提前准备教案，甚至有教师认为写教案是个累赘，需上交教案时，可以从网上下载现成的备课内容，或者抄袭老教师的备课本等方式补教案，只要能应付过检查就好。有些教师在评课过程中只是不疼不痒地泛泛而谈，多是总结与表扬，很少提出针对性的问题。有些教师提出了其他教师需要改进的问题，但教师们较少围绕问题展开讨论，对存在问题的教师课堂也未及时跟进，更没有再次听课和评课，存在的问题还得靠教师自己在摸索中解决。不论是集体备课，还是听课、评课活动，都没有真正落到实处，只是例行公事，走过场而已，有“为活动而活动”的形式主义倾向。教学研究重教学，轻科研，教学研讨过程中缺少对教师教学研究的要求与指导，更多的是引导教师关注感性层面上教学经验的传授与获得。例如，被问及科研工作时，C 教师谈道：“我们自己平常都不怎么搞科研，有时教研组长带领我们申请课题项目，但不需要我们做什么，最后组长写一个课题报告就可以结项了。因为评职称、评奖时会用到课题，所以教研组长会把我们的名字写上去。”这可以看出，有些教师申请课题只是为了评职称，对于怎样进行课题研究知之甚少，教师整体的教学科研素质十分欠缺，教研组只“教”不“研”，不能很好地促进教师科学研究能力的发展。

（2）活动缺乏真正合作。社会建构主义认为，知识不是孤立的、现存的、被动的，而是认识主体以文化和社会背景为中介，通过人际互动和新旧经验相互作用，共同参与和创造建构起来的。社会互动理论认为，要想获得发展，就要使各方面的力量不断互动与融合，相互作用和影响，进而产生发展的动力机制。H 中学教研组成员之间缺乏真正有效的合作交流，主体间没有实现互动与融合、冲突与顺应，也没有共同参与创造知识。教学研讨中，发言的大多是教研组长和见多识广的、有经验的资深教师，因经验不足而缺少信心的青年教师多数选择沉默，教研组的有些教师在参与活动时，会刻意隐瞒自己内心的真实想法，趋附于教研组长或资深教师的观点。在教研组集体活动之外，教师们也很少对教学科研问题进行深度探讨。虽然 H 中学教研组内教师间并未处于敌对状态，表面上保持着相对和谐的关系，但教师彼此孤立，合作意识淡薄，不利于教师知识的建构与学习。H 中学教研组仍处于个人中心文化氛围之中，还未形成真正的合作文化，这不利于促进教师专业发展。

① 单志艳. 走向中国特色教师专业学习共同体的教研组变革[J]. 教育研究，2014，（10）：86-90.

2. 教师指导内容与模式简单化

虽然 H 中学对指导教师精心选择、合理考核与激励，但笔者在访谈与观察中发现，H 中学指导教师制度在实施过程中还存在一些问题，制约着初任教师的成长与发展。

（1）指导内容缺乏规范性。访谈中了解到，H 中学对指导教师的具体指导内容并没有体系化的要求，指导教师对初任教师的指导缺乏清晰系统的指导内容与统一具体的指导标准，更多依赖于指导教师自身的经验和对教学问题的判断，对指导内容的选择随机性较大；指导教师对初任教师的指导大多停留在经验传授的层面，涉及更多的是业务技能、教学方法、教学技巧等方面，较少关注初任教师学科知识的拓展以及情感心理、职业生涯规划等方面的问题，适应性指导比较明显，发展性指导明显不足。指导教师以碎片化的形式将教育教学知识和技能传授给初任教师，导致初任教师难以形成系统性的知识技能体系。

（2）指导模式缺乏多样性。H 中学以一名指导教师与一名初任教师结对“一对一”传统指导模式为主。这种“一对一”的指导模式能够让指导教师集中精力指导一位初任教师，取得较好的指导效果。但这也不可避免地存在着一定的局限性，指导教师的指导意愿、指导能力、工作态度和工作投入程度密切影响着指导效果。一方面，一旦指导教师对初任教师的指导不认真，势必会影响和制约初任教师的专业发展；另一方面，过于强调指导教师的个人影响力，可能会导致初任教师顾虑到指导教师的面子，只吸收指导教师传递的信息，而失去博采其他优秀教师丰富教学实践智慧的机会。长此以往，“一对一”的传统指导模式易固化初任教师的教育理念及教育方法，局限初任教师的工作思维和视野，阻碍初任教师教育教学工作的创新性发展。

3. 教师评价内容、方法与标准不科学

虽然 H 中学坚持奖惩性教师评价与发展性教师评价相结合的评价制度，但从叙事文本中可以看到，C 教师对于公开课充分准备、精心设计，而在平时课堂上随意发挥；C 教师在课堂上过于注重对学生本体性知识的拓展和深入，忽视了对学生创新思维、实践能力和情感、态度、价值观的培养；C 教师没有明显的科学研究意识；等等。深究这些表现背后的原因，即 H 中学的教师评价在内容、方法与标准三个方面还存在有待改进的地方。

（1）评价内容：重绩效，轻过程。H 中学主要根据教师的工作业绩与教学绩效进行评价，主要包括教师的教学奖项、科研成果学生的考试成绩等方面，其中学生的考试成绩和升学率占 50%，教学奖项占 30%，科研成果仅占 10%，其他占 10%。以学生的考试成绩作为教师评价的重要指标是不合理的。一方面，学生学习成绩好坏不仅与教师素质高低有一定关系，也与学生的家庭环境、智力水平等因素密切相关；另一方面，这种评价方式只检查了教师的本体性知识和条件性知识，没有对教师的实践性知识进行考核。同时，这种评价方式还可能会造成教师过于注重向学生灌输书本知识，忽视对学生实践能力和创新精神的培养，不利于学生的长远发展。H 中学过于注重对教师教学所获奖项结果的评价，忽视对教师平时课堂教学过程的评价，使教师把主要精力放在如何表演公开课、如何获得奖项名次上，不能真正潜下心来研究教学改革，进行科研工作，更无暇顾及自我的专业提升。总之，H 中学过于注重对教师教学成果的评价，忽视对教师专业发展过程本身的评价，会给教师带来沉重的心理负担，不利于教师整体素质的提高。

（2）评价方法：重量化，轻质性。H中学为了方便评价活动，简化评价程序，保证数字面前人人平等，令教师信服，基本上不用科学复杂的统计分析法和模糊综合评判法，而是努力选择那些易被量化的指标对教师进行评价，对于不易量化的且能够说明一些关键问题的质性指标，往往选择忽略。片面的量化评价把教师教学活动肢解为一系列可以量化的绩效指标，失去了对教师教学过程的复杂性、教学任务的多样性、教学手段的灵活性、教学成效的长期性，以及教师作为一个人的完整性的关注。这种评价方式容易导致教师刻意追求既定的数量目标，难以发挥评价的正向导向功能。

（3）评价标准：重整体，轻差异。研究表明，专家型教师与新手教师相比，他们在理解教学、处理课堂突发事件、课堂经验等方面具有更精巧、更丰富的认知结构[①]。H 中学为了方便对教师的管理和考核，对一般教师与骨干教师、新教师与老教师都采用同一评价标准，不论其个性特征、知识经验、工作年限、人生阅历、受教育程度、教学风格、教学水平如何，都用同一把“尺子”来衡量和评价。这种更多考虑组织目标，忽视教师个人需求、工作背景和人格差异的教师评价是不科学的。这种评价标准容易使教师自觉或不自觉地抵制被评价，难以调动教师专业发展的主动性，很难充分发挥教师个人的特长和潜能。

四、探寻：PLC 中教师专业发展的路径

针对 H 中学存在的上述问题，本节主要从优化教研组活动、丰富教师指导内容与模式、完善教师评价三方面提出建议，以促进教师专业发展。

（一）优化教研组活动

1. 加强规章制度执行力度

加强教研组活动规章制度的执行力度是促使 H 中学教研组工作更高效、更有意

① 蔡永红，黄天元. 教师评价研究的缘起、问题及发展趋势[J]. 北京师范大学学报（社会科学版），2003，（1）：15-23.

义的一个途径。首先，教研组长是教研组的第一责任人和学术带头人，是教研组“教”与“研”、“学”与“习”的领军人物。教研组长应做到两个“必须”：每学期必须督促与检查每位教师制订教学计划；每学期必须组织教师开展不少于 6 次的带有研究性质的活动，可引导教师针对教学实践中的某一问题开展行动研究和叙事研究，开展课例研究，不定期组织教师研讨课题，互相交流见解，最终形成课题论文，以教育教学实践的不断深入促进教师科研意识和科研能力的提升。其次，备课组长要做到三个“尽心”：尽心协助教研组长开展各种教学研究活动；尽心组织开展教师教学反思活动；尽心组织教师集体备课和会课。最后，组员要做到四个“尽力”：每节课后尽力写一些教学反思；每周尽力写一篇教学日记；每月尽力提供一个典型教学案例；每学年尽力提供一篇含金量高的学术论文或研究报告。只有教研组长、备课组长和组员三方面共同努力，才能让教研组活动更高效、更有意义，从而促进每位教师专业发展。

2. 加强教研组合作文化建设

努力营造教研组内浓郁的自然合作文化氛围是教研组健康、持续、和谐发展的根本保障。首先，教研组长作为教研组的领军人物、团队中的灵魂，要充分发挥引领作用。H 中学教研组长应用观察、访谈等方式探寻教师内心深处的愿望和理想，形成与教师价值观相协调的教研组共同愿景，增强教师群体的凝聚力和对教研组发展目标的认同感，使教研组成为真正意义上的学习共同体。H 中学教研组长应采取支持性、共享性的领导方式，在活动中赋予教师更多的自主权，激发教师参与活动的意愿，充分调动各个教师的创造性和积极性，确保教研组组员的责权均衡。其次，H 中学的教师要积极主动，勇于表达内心的真实想法，突破教研时间和模式限制，充分利用现代信息技术及时与其他教师交流，真诚与大家合作，树立既竞争又合作的意识，共同营造良好的教研组合作文化氛围。只有通过教师与教研组长的共同努力，H 中学的教研组合作文化氛围才能全面而持久地存在，从而促进教师专业持续发展。

（二）丰富教师指导内容与模式

1. 拓展指导内容

美国学者富勒（F. Fuller）根据不同时期的教师关注点的不同，把教师发展分为四个阶段：职前关注阶段、早期求生存阶段、关注教学情境阶段、关注学生阶段。根据富勒的教师关注阶段论，初任教师处于早期求生存阶段。在这一阶段，教师主要关注自己的职业生存问题，如学生及同行是否肯定自己的课堂教学及管理情况，上级如何评价自己等，生存的压力相当大。H 中学应考虑到初任教师的心理成长特点，对指导教师的指导内容有系统规范的要求，并对指导教师进行灵活多样的系统培训，如聘请专家教授定期开展初任教师职业生涯规划、入职心理分析、指导方法分析等方面的专题报告，让指导教师对初任教师的整体现状在理论上有一定的感性认识，并有针对性地学习了解相关的指导技巧，结合自己的经验和体悟，使指导内容全面深入，科学有效。H 中学还可以选择指定多种类型的指导教师，拓展指导内容，如设立专家导师、心理导师、职业生涯规划导师等。专家导师负责指导初任教师的教学理念、知识和技能，提升初任教师的专业能力；心理导师负责帮助初任教师排解负面情绪，舒缓压力，为其提供必要的心理安慰；职业生涯规划导师负责解答初任教师的职业成长困惑，帮助其明确未来职业的发展方向，制订职业发展计划。

2. 构建指导教师团队

为突破传统的“一对一”师徒结对指导模式的束缚，提升指导教师制度的实施效果，H 中学应在“一对一”的师徒结对指导模式基础上设立年级指导教师团队。指导团队可由该年级富有教学经验和带班经验的资深辅导教师组成，指导教师们可定期为初任教师提供教学演示，组织开展教学观摩及教学工作研讨会，他们团结协作，各司其职，共同承担指导任务。一方面，初任教师和团队中的所有指导教师都可以沟通交流，共同探索教育教学问题。这不仅减轻了单个指导教师的指导压力，又能够使初任教师汲取不同指导教师的长处和优点，在比较分析中探寻适合自己的专业成长之路，同时促进指导教师和初任教师专业共同发展。另一方面，各初任教师在团队中相互沟通交流、合作竞争、共同学习、共同进步，减少了初任教师的孤独感，增加了其归属感。

（三）完善教师评价

1. 评价内容：重视教师实践知识

我国认知心理学家把教师专业知识分为本体性知识、条件性知识、实践性知识三类。本体性知识也称专业学科知识，即教师所教学科的历史发展脉络、基础性知识与技能等；条件性知识，即教师在教学活动中所运用的社会学、心理学与教育学的知识；实践性知识是指教师个人在教学实践中具有的课堂情景知识，它具有不可言说性、内隐性、缄默性的特征。西方学者加德（D. B. Jaard）等把教师所应掌握的实践性知识和技能分为 7 个领域：问题解决或高层次思维的技能，包括批判性思维、反思的意识和能力、创新意识与能力和评价能力等；促进、管理和评价学生学习的技能；课程开发能力；形成自己的教学风格的能力；对实际的经验进行反思的技能；合作意识与能力；广博的知识修养①。教师在具有多种可能性和不确定性的教学实践情境中亲自谋划、寻找和发现，进而获得真实、直观的教育知识和体验，

① Jaard D B，Nico V. Assessing teachers practical knowledge[J]. Studies in Educational Evaluation，1996，22（3）：275-286.

因此教学实践性知识更能真实地反映教师课堂教学的情景性、多样性和复杂性。为更好地促进教师的专业发展，实践性知识应成为评价教师的核心内容。因为教师实践性知识具有不可言说性、内隐性、缄默性等特征，所以评价主体要在对教师和学校充分了解的基础上，在自然真实的课堂教学环境中评价教师的行为，并了解和把握产生这种行为的动因及背景。

2. 评价方法：重视使用质性方法

教师的工作对象是学生，而学生的学习和发展是一个不断转化的、渐进的、长期的、复杂的过程，教师的工作价值只有在学生走向社会、服务社会后才能间接地显现出来。教师工作的长期性和复杂性、工作价值的间接性和迟效性决定了教师质性评价方法的重要性。丘班（L. Cuban）指出，"人们在实证研究中最喜欢运用的方法，如以调查为本的方法、相关研究等，往往无法为理解影响实际活动的种种因素提供足够的背景"①。第四代教育评价理论的创建者顾巴（E. G. Guba）等也认为，过分依赖实证科学的方法，使评价者忘记了实证技术、科学方法只是人类认识和评价事物的一类技术方法，而远不是全部②。因此，H 中学应该采用定性与定量、总结性评价与形成性评价相结合的评价方式，应注重探寻有效实施定性评价的方式。H 中学可以探寻多种能够收集被评教师资料的方法，这些资料能够翔实地反映教师专业发展状况和实际工作状态，如构建教师电子档案袋、观察访谈被评教师、观察收集物体踪迹等方法，为教师发展性评价提供翔实、充分的资料依据。

3. 评价标准：尊重教师个体差异

存在主义强调以人为中心，尊重人的个性和自由，反对抽象的、普遍的、无个体的生命，反对本质先于存在，倡导存在先于本质，反对普遍的个人，倡导具体的个人③。由于每位教师在人生阅历、性格特征、职业素养、教学风格、教学水平等方面都存在个体差异，因此 H 中学采用单一的评价标准对所有教师进行评价是不合理的，其应尊重并理解教师的个体差异，采取灵活多样的评价标准来适应不同教师的需要和选择，促进教师个性发展。H 中学可以根据学校和教师发展的实际需要增设多样的个性化评价标准，如教育教学创新特色、课题实验特色等，最大限度地挖掘教师的创新潜能，促进教师专业发展。H 中学评价小组也可对处于不同层级的教师分层制定评价标准。比如，合格教师的评价标准是：能够熟知学生、课程和教材，能够提高自身教育教学水平等。骨干教师的评价标准是：能够形成自己的教学特色和风格，具有教学研究意识和能力等。专家型教师的评价

① Cuban L. The Managerial Imperative and Practice of Leadership in School[M]. Albany：Suny Press，1988：97.

② 转引自张民选. 回应、协商与共同建构——"第四代评价理论"评述[J]. 全球教育展望，1995，（3）：53-59.

③ 冯建军. 生命与教育[M]. 北京：教育科学出版社，2004：203-204.

标准是，能够尝试探索教育教学规律，具备较高水平的科研能力等。“首席教师”的评价标准则是：能够牵动课题，发挥科研专长，引领学校的教科研水平不断向高层次发展等。这些分层评价标准将促使每一位教师在原有水平的基础上得到进一步发展。

在真实情境中对教师进行叙事研究，揭示隐含在教师真实教学行为背后的教育意识与理念，探寻教师发展过程中的影响因素，有利于促进其专业发展。本部分采用叙事研究的方法，选取 H 中学中 C 教师为研究对象，深入其课堂教学，观察其日常工作，访谈 C 教师本人及其学生、同事、领导等，收集一手相关资料，通过讲述故事的方式，从“从梦想起航”“在指引中前行”“探析成长状态”“他人眼中的 C 教师”四方面展示了 C 教师专业发展过程中的点点滴滴，并分析了 C 教师专业发展的成长过程与状态。通过对 C 教师专业发展故事的分析与思考，从校长的有力领导与支持、教师 PCL 活动的成功开展、教研组的合理设置、指导教师的适切配置、教师评价目的与主体的科学选择五方面探究了 H 中学促进教师专业发展的因素，也分析了 H 中学阻碍教师专业发展的因素，包括教研组活动形式化，教师指导内容与模式简单化，教师评价内容、方法与标准不科学三方面。这种研究的创新之处有两点：首先，研究视角方面，本书从学校层面探寻影响教师专业发展的因素，并提出相应的改进建议，为 H 中学的改革发展提供了借鉴意义；其次，采用叙事研究法，走进教师成长现场，深入课堂实践，倾听成长故事，以解释性理解的方式探寻实践视野中故事蕴含的情境化的教育意义，使研究的信效度更具有可靠性。

第四部分

学习与借鉴：美英两国基于PLC的教师专业发展

以一种正确的精神和严谨的治学态度研究国外教育制度的作用，其实际价值就在于，它将促使我们更好地研究和理解我们自己的教育制度。

——萨德勒（M. Sadler）

“它山之石，可以攻玉。”鉴于 PLC 理论源于国外的文化背景和教育实践，且在英美两国有着较为久远的发展，本部分将对美国基于 PLC 的教师专业发展以及英国基于 PLC 的协作型教师专业发展进行深入的分析和解读，以期为我国 PLC 视域下的教师专业发展提供借鉴。

第九章

美国基于 PLC 的教师专业发展

“PLC”一词最早出现在美国。1997 年，美国西南教育发展中心首次对 PLC 进行描述，该中心认为，PLC 是由具有共同愿景的管理者与教师组成的团队，他们进行合作性、持续性的学习，并最终促进学生的学习。20 世纪 80 年代，基于 PLC 的教师专业发展模式在发达国家，尤其是在英美国家悄然兴起，各国的实践也表明，PLC 是一种促进教师专业发展和学校变革的有效模式。

一、PLC 背景下美国教师专业发展的历史探寻

教育是历史的产物，对教育问题的研究，离不开对其历史的追踪和探寻。唯有历史研究才能解释种种教育政策的差别。历史的影响常常具有决定性作用，即使现代史也不例外。通过对 PLC 背景下美国教师专业发展历史的探寻，我们可以更加全面地理解美国 PLC 是如何促进教师专业发展的。

（一）萌芽阶段：实验学校中的美国教师专业发展

自 19 世纪末始，美国大学和公立中小学曾经进行过多次合作，其主要目的是改革公立学校教育。以哈佛大学校长埃利奥特为首的“十人委员会”召集了大学和中学的教育者讨论改进教学的方式，他们主张大学应该更多地参与到中小学教育的改革中。这是美国大学和中小学首次取得直接联系，由此拉开了美国大学和中小学合作的序幕。在公立学校教育改革势在必行的背景下，美国进步主义教育先驱者们积极探索新的教育模式，于是实验学校应运而生。谢尔顿（S. A. Sheldon）于 1861 年率先在奥斯威尔歌初级师范学校设立了一所示范学校。随后，1887 年哥伦比亚大学师范学院创办霍拉斯·曼实验学校。杜威将他于 1896 年在芝加哥大学创建实验学校的经验进行总结，之后撰写了《学校与社会》一书。这本书的广泛传播，使得芝加哥实验学校成为当时美国最引人注目的实验学校。美国哲学家和教育家胡克（S. Hook）曾这样指出，杜威的芝加哥大学初等学校的实验是美国

整个教育史上最重要的、最大胆的实验。受芝加哥实验学校的影响，美国兴起了实验学校运动，许多实验学校相继建立。实验学校的出现使得美国大学和公立学校的联系进一步制度化。

芝加哥实验学校既不是一所实习学校，也不是一所示范学校，而是一个对新的教育理论进行有效实验的实验室（就像物理和化学实验室一样），是一个用来培养新教师的场所。芝加哥实验学校遵循四个基本原则。第一，注重教育的社会性。芝加哥实验学校的指导思想是要把学校教育和社会生活有机地联系起来。第二，注重活动。芝加哥实验学校的任务就是根据儿童的社会生活需要，创设一定环境，让儿童在参加各种有意义的活动的过程中成长。第三，注重社会性作业课程。芝加哥实验学校所选择的社会性作业，能够充分代表儿童活动的形式，并且注重每个时期的社会生活，它可以分为数学与自然科学、交际与表现技巧和社会学科三个小组。第四，注重应用科学方法。芝加哥实验学校的全部活动都渗透着科学方法。它不仅仅是向儿童灌输科学知识，而且运用科学方法把所有的学生都培养成具有科学思维的人。

芝加哥实验学校把教育学引入大学的机构，使大学有更多的机会参与到教育教学的研究和实验当中。它关注教师问题，致力于培养新教师，从而使综合大学发展成为促进教师专业发展的地方。芝加哥实验学校的师资队伍相当强大，不仅包括教育系的大部分师生、大学的许多研究员，还包括许多著名的教育家和心理学家。这些知名教授、教师和研究员、大学生共同针对学校改革、教师教学的技能技巧、教师所教的课程和师生关系等问题进行深入的研究。他们的研究不仅推动了教育学理论的发展，还督促教师不断学习教育学和心理学的知识，进而促使教师获得专业发展。不仅如此，大学教授和专职教师也共同合作研究和讨论教育教学与学校发展等问题，他们共同指导师范生学习理论知识，进行教学实践。在这个合作的过程中，不仅师范生的知识有所增加，教学技能得到提高，专职教师也获得了专业发展机会。

在芝加哥实验学校里，儿童所学的课程与其在校外的活动非常相似，儿童需要完成多种形式的主动学习，包括缝纫、手工训练、织布、纺纱、木工、烹饪等。这同时也需要教师扮演多样化的角色。比如，教师作为学生作业的组织者，要认真组织生动有趣的活动以满足儿童的需求；教师作为儿童社会生活的观察者和研究者，要认真观察儿童的特点，深入了解儿童的真正需求，并运用所学到的教育学和心理学知识解决儿童在活动中遇到的实际问题，教师不仅需要和儿童多沟通，也要与同事多交流；教师作为学校决策的参与者，校长杜威亲自到实验学校作调查研究，与教师一起讨论教育的成功和失败，总结经验教训，校长不再是学校权威的中心，校长和教师之间架起了沟通的桥梁，校长鼓励教师参与学校决策，共同建设学校，推动学校向前发展。总之，芝加哥实验学校的教师扮演了多种角色，这在一定程度上推动了教师自我意识的觉醒。多种教师角色的形成使芝加哥实验学校的教师更加了解自己的职责，他们会为了学校教育发展而持续不断地努力学习，并逐步向更加专业的教育教学者的方向发展。

实验学校为美国 19 世纪末的教师专业发展带来了新的机遇并开辟了新的道路。但是，美国实验学校在 20 世纪 60 年代末开始走向衰落。究其原因，主要有资金缺乏（20 世纪 40 年代后，由于种种原因，主办实验学校的大学提供的实验和研究经费骤减，导致其相应功能逐渐减弱）、教学资源供不应求（教师需求量增长，实验学校所提供的供教师培训的教学设施满足不了需要，其培训的功能慢慢丧失）以及目标不明确、学校工作人员流动性大、学生来源单一等。

（二）形成阶段：入门学校中的美国教师专业发展

实验学校的衰落并没有降低人们主张通过大学和公立学校合作来提高中小学教育质量的热情。为了弥补实验学校的不足，20 世纪 60 年代末，作为大学与公立中小学合作的另一种形式——入门学校应运而生。入门学校以普通公立学校为基地，用于实验新课程和新教学方法，成为新课程和新教学方法试验与推广的入门处①。与设在大学里的实验学校不同，入门学校设在普通公立中小学里。入门学校的倡导者希望可以通过大学和公立中小学教育者的合作，加强师范生与真实世界的联系，他们认为最重要、最有价值的教育研究应该在普通公立中小学里进行。

入门学校的最初构想是既要充分发挥师范生和在职教师的职能，又要使入门学校成为大学教师的研究基地，并创设现实的教育教学场景，以此来评估新课程的实施效果和实施新课程的实践活动。虽然入门学校在不同的特定背景下有不同的特征，但是所有的入门学校都有相同的支持性条件，这也是入门学校得以顺利运行的保证。第一，顾问委员会作为组织保证。顾问委员会是由不同群体的代表组成的，这些代表来自教师、工会、行政部门、高校实习师范生、社区和大学。第二，坚强的后盾。入门学校会得到大学和公立中小学高层管理者的大力支持。第三，制度上的保证。大学和公立中小学教育者会就入门学校的目标、计划和管理等方面达成正规的协议。第四，时间保证。大学和中小学教育者会合理地规划双方合作的时间。

下面将结合美国怀俄明大学（University of Wyoming）与几所中小学合作创办入门学校的实例来分析入门学校中的教师专业发展。

1970 年，怀俄明大学与几所中小学合作创建了入门学校。该入门学校计划在怀

① Stallings J A，Kowalski T. Research on professional development schools[C]// Houston W R. Handbook of Research on Teacher Education. New York：Macmillan，1990：255.

俄明大学和学区的合作中完成。大学负责提供所需的资源、建立入门学校和培训入门学校管理者以及给予其必要的支持。学区则负责提供领导和资金支持，组织研讨会和评估入门学校的发展。

怀俄明大学入门学校主要利用教师研讨会来完成科学课程改革。大学教师、师范生、中小学在职教师、学区协调员等参加研讨会。研讨会的主要内容是开发新的科学课程、实施新的科学课程和推广新的科学课程。研讨会的参与者会共同讨论正在实施的科学课程的优点和缺点，充分考虑学生的学习需要和学习能力，并合作开发新的科学课程。每当开发出一种新的科学课程时，他们都会把新科学课程的优缺点和正在实施的科学课程进行对比。与会者最终会确定某一具体新科学课程方案，中小学在职教师将会具体实施该新科学课程，并将课程实施情况汇报给其他成员，以供其讨论和交流。研讨会的成员会针对新科学课程实施中出现的问题，及时调整新科学课程，并将其加以推广。在参与研讨会的过程中，教师通常会以小组的形式（小组成员一般为 2～5 人）来学习新科学课程的相关知识。在职教师参与新科学课程的研究和设计，也会作为一名研究者来审视自己在实施新科学课程过程中所遇到的实际问题，并与大学教师等共同研究解决问题的方法；大学教师和在职教师的交流，也使得大学教师更容易捕捉到教学实践中的问题，因而使其所作的研究更加具有可操作性和实际意义。师范生在入门学校中在在职教师和大学教师的指导下，进行教育实习，学习新科学课程的知识和教学方法等。美国入门学校的诞生进一步强调了大学与中小学合作的价值，在一定程度上促进了教师专业发展。但是由于入门学校不够重视研究和评价，改革者起初所宣扬的入门学校表现出的一些效果也不太明显，加上资金问题，入门学校也日趋衰落，到 20 世纪 80 年代，入门学校纷纷解体。

（三）发展阶段：专业发展学校中的美国教师专业发展

进入 20 世纪 80 年代以来，美国国家竞争力日益下降，来自欧洲和亚洲的威胁日益严重，之前的教育改革所取得的成效并不尽如人意，公立学校学生考试成绩下降、辍学率上升，这些引发了公众的强烈不满，他们呼吁改革学校，提高教育质量。1980 年，文章《危急！教师不会教》的发表成了美国新一轮教育改革的导火线。1983 年发表的著名报告《国家在危机中：教育改革势在必行》则引起了美国教育界的高度重视。随后，一系列教育改革报告纷纷发表。据美国著名科学教育专家赫德教授的估计，20 世纪 80～90 年代，美国出现了大约 400 份倡导教育改革的报告[①]。因此，专业发展学校成为大家关注的焦点。与以往的实验学校和

① Hurd P D. New minds for a modern age：Prologue to modernizing the science curriculum[J]. Science Education，1994，78（1）：103-116.

入门学校孤立地进行改革不同，专业发展学校的理念里有一个系统的教育观，即更加强调大学和中小学之间的平等的伙伴关系或共生关系。专业发展学校有六个指导原则。第一，为了理解的教和学。这要求教师必须精通本专业的知识，因此在培养新教师时，就要加强学科知识的传授，并且要提高教师资格考试的要求。第二，创建一个学习的团体。要把学校创建成一个学习的团体，首先要求教师应该是一个学习者，并且能够充分理解学生的多样性和激发不同文化背景下的学生进行对话。第三，为每个儿童提供平等的教育。每个儿童都是平等的，都有接受教育的权利，这就要求教师要公平地对待每一个学生，避免种族歧视和性别歧视。第四，学校中的所有人都是学习者。大学教师和中小学教师应该相互学习、相互合作，实现教育理论和实践的结合，培养更多合格的教师。第五，教师应该进行教育科研，成为研究型教师。教师是在实际教学情境中发现问题、寻找解决问题的方法，并在实践中检验方法的研究者。第六，开发一个新的机构。专业发展学校要形成自己独立的组织结构，大学和中小学双方要在职位的分配和时间的安排等方面作出相应的调整。

专业发展学校的实践模式可以归纳为：专业发展学校是一所以中小学为基地，通过大学和中小学合作建设，大学教师和中小学教师共同研究、解决教育教学问题，并一起从事教师教育，进而促进教师专业发展的真正学校。建设专业发展学校的大学和中小学等有关机构共同协商并签订合作协议，明确双方的职责和义务。大学的主要职责是向中小学派遣指导教师和师范生，并提供必要的教育资源。中小学主要负责向师范生提供教育实习和实践机会。教师教育认可委员会于 2001 颁布的《专业发展学校标准》规定，“专业发展学校的任务是培养专业候选人，促进教师专业发展，直接探索改善教学实践和学生学习的方法”。美国教育部于 1998 年颁布的《充满希望的实践：改善教师素养的新途径》报告中指出，专业发展学校是新教师入职培训计划的途径，是教师专业发展的主要途径。实践证明，专业发展学校的确促进了美国教师的专业发展，主要表现在以下几个方面。

第一，专业发展学校促进了实习教师的专业发展。专业发展学校为实习教师提供了真实的教学情境。在专业发展学校里，实习教师的实习时间为一年，他们的实习任务也不是单纯地进行观摩和辅助指导教师教学，而是和正式教师一样参加学校的全部活动。比如，单独负责班级的教学和管理工作、参加各种教师教研会议、进行教学实验或参与学校改革等。实习教师所做的每件事情都是和教师的真实生活紧密相连的，它为实习教师提供了宝贵的实际课堂教学经验。另外，专业发展学校的指导教师也为实习教师提供了更加有效的指导。大学教师、中小学指导教师组成教师合作小组共同负责培养实习教师，教师合作小组会开展各种活动或者通过各种集会和交流来共同分享经验和探讨问题。针对实习过程中出现的各种问题和缺陷，中小学教师会走上讲台执教，给予实习教师及时的理论指导；大学教师也会有针对性地开展相关讲座或者讲授教学法等。实习教师和指导教师也建立了平等的伙伴关系，他们一起工作，一起研究教学中出现的问题。

第二，专业发展学校促进了中小学在职教师的专业发展。在专业发展学校中，中小学在职教师在大学教师的指导下参与研究，他们开始以研究者的视角来审视教学，认真思考教和学的价值，并对经常产生的一些问题进行研究和探索。这种问题意识和积极探索的精神会促使中小学在职教师及时接受新的教学思想，并深入理解新的教学理念。与大学工作者一起工作机会越多的人对理论有更贴切的理解①。中小学在职教师在指导实习教师的过程中，自身的教育理念和教学习惯不断地受到挑战和冲击，因而他们会更加积极主动地进行自我批评和自我反思，寻求解决教学问题的方法。中小学在职教师也会到大学中选修课程，不断丰富自己的专业知识。专业发展学校也为中小学在职教师提供了形式多样的校本进修，如建立教师在职进修小组、大学和中小学校合作为教师开设学习课程、建立导师制度等。另外，中小学在职教师也可以和同事或其他学校的教师在各种集会或学术性会议中相互交流教育教学经验，讨论大家共同关心的话题。中小学在职教师还可以和大学教师、实习教师等成员一起访问和考察其他学校，即原野旅行，中小学在职教师通过观察所访问学校的环境、拜访教师、观摩课堂教学、查阅文件记录等方式学习其他学校的先进经验。

第三，专业发展学校促进了大学教师的专业发展。通过在专业发展学校的工作，大学教师也从与中小学的相互合作过程中获得了知识。大学教师把在专业发展学校深入探索中小学教育教学中出现的问题反馈到大学中，并进行深入研究，这一做法不仅有利于他们对中小学的教学实践进行指导并解决现实学校情境中的问题，而且充分证明了他们自身的价值，从而改变了他们为学术竞争的需要而开展的远离现实学校情境需要的研究。大学教师走出象牙塔，走进中小学真正的教师世界，他们从中小学教师身上获益很多，并越来越意识到自己身上所肩负的发展普通中小学教育的责任，也越来越感觉到科学研究的意义。同时，大学教师所取得的有实际价值的研究成果也越来越多，他们在整个合作过程中也获得了专业发展。

美国专业发展学校在对实习教师培养和中小学在职教师专业发展等方面取得了不小的成效，但也存在一些不容忽视的问题，如合作危机（缺乏正规管理和良好的交流沟通等）、文化冲突（来自大学和中小学之间的、大学内部的）、中小学教师任务繁重、时间和资金不足等。通过这次学校改革，美国中小学教育质量并没有切实提高，教学和学生学习依然落后，主要是因为学校实践者较少关注直接关系教育质量高低的教学和学习问题，而对一些相关的边缘性问题

① Hensen K T. Teachers as researchers[C]// John S，Thomas J B，Edith G，et al. E. Handbook of Research on Teacher Education（2nd ed.）. New York：Macmillan，1996：53-64.

（校址选择、学生纪律、家长参与和教学设施、学校条件等）投入精力过多。

二、PLC 视域下的美国教师专业发展的现实运作

美国通过 PLC 有效地促进了教师专业发展。下文将具体阐述 PLC 是如何促进美国教师的专业发展的，并对其作进一步的分析和探讨。

（一）PLC 促进美国教师专业发展的方式

1. 课堂观摩

课堂观摩是一位教师进入另一位教师的课堂，观察和聆听课堂互动的行为。在美国传统的“蛋箱式学校”里，往往存在这样一个普遍的现象：教师分别在自己的教室里，独立开展教学，从来不与同事探讨和交流教学上的困难和问题，也不愿意主动地帮助同事改进教学。教师除了孤立地进行教学之外，也消极地对待课堂观摩。人们普遍认为教学活动是教师个人的单独行为，教师认为课堂观摩妨碍教学活动的改善，况且面对频繁来课堂观摩的人，教师会感到不自在。比如，当发现有人来听课时，教师会变得很有防御心理，主要表现在当教师同伴来听课时，教师会担心把自己探索和积累的教学经验分享给别人，害怕同事超过自己；当督学来观摩课堂时，教师会认为督学在课堂上会评估他们的教学，而不是给自己的教学提供支持和帮助。

随着 PLC 的逐渐发展，目前，美国学校中的大部分教师已经改变了上述观点，不少教师对 PLC 表示认同，他们认为，教师和督学定期地进行课堂观摩是很有必要的。教师应该彼此听课，彼此学习并互相分享信息和经验，形成一种合作文化，从而改善教学，最终促进学生更好地学习。教学督导在进行课堂观摩时，应该作为一个教学促进者，而不是一个教学的仲裁者。课堂观摩的最根本的目的就是通过课堂观察，收集一些关于学生学习表现和教师教学的信息，对这些客观信息的分析可以促使教师反思、交流和讨论，进而改善教师的教学行为。

在美国 PLC 中，教师具有专业发展的共同愿景，在这个共同愿景的指引下，教师的教学摆脱了孤立的状态，教师会乐意彼此分享教学实践，并自发地进行相互学习。另外，美国 PLC 也建立了开放教室，教师可以自由地出入每个教室并观摩教师的教学。观摩教师与被观摩教师之间相互平等，他们会主动地进行合作并获得共同发展。

美国学者罗伯茨（P. Z. Roberts）等在其《学习型学校的专业发展》一书中提到，在美国的 PLC 中，教师创建并实施“基于标准的课堂观摩”，它主要是以学校和社区参与制定的教学内容作为课堂观摩的标准。学者科根（M. L.Cogan）将“基于标准的课堂观摩”描述为：用来提高教师课堂绩效的基本原理和实践，主要资料来源

于课堂中所发生的事件，对于这些资料以及教师与督学关系的分析，形成了这个程序、项目和战略的基础，从而改善教师课堂行为[①]。

美国 PLC 中所实施的课堂观摩是一种有计划、有程序的观摩活动。教学督导与课程开发协会将整个课堂观摩分为三个步骤：观摩前会议、教室观摩、观摩后会议[②]。下面将以“基于标准的课堂观摩”为例来说明美国 PLC 所开展的课堂观摩活动的具体操作流程。

（1）观摩前会议。美国教学督导需要明确观摩课程的重点，重申观摩的时间和地点、资料收集程序和反馈会议。督学也要和美国 PLC 中的教师商定观摩课上教师教学教案的设计，督学会认真倾听教师的汇报。教师参观者要与教师协商在听课过程中采用何种方式收集信息，并最终达成一致意见。教师参观者被告知在观摩过程中，他们不用对观摩结果作出任何评价，只需要将所观察到的观摩课所达到的水平和有效的教育实践表达出来即可。

（2）教室观摩。教学督导和教师参观者到课堂进行参观，收集资料，在参观表格上作好记录。他们查看任课教师留在教室里的能反映班级活动的指导资料，包括学生的作业、学生成绩、文件夹、学习中心、书籍和其他阅读资料、教师的教案等，而这些资料也能为教师参观者的课堂教学提供帮助。在整个观察的过程中，教师参观者要寻求一些促进学生发展的教学活动技巧，此外教师参观者也要对课堂设计、信息板呈现的内容、课堂其他陈设作记录。在这一观摩和收集资料的过程中，运用定性的或者定量的观察工具非常重要，因为它能帮助教师参观者完整地、准确地记录课堂教学事件。

（3）观摩后会议。课堂观摩之后，教师参会者会分析在观摩课上所收集的资料，他们通常只是简单地描述在观摩过程中所记录下的信息，不会有任何价值评判掺杂其中。在分析资料并发现资料的含义的基础上，参会者会进行反思和学习，并提出一些改进教学的好的建议，并在解释、分析和讨论所观察到的信息之后，需要回答观摩图上的问题。同时，参会者还要提交一份课堂观摩报告，汇报他们在本次观摩过程中的心得体会，比如，通过记录信息，了解了哪些关于年级教学标准的知识；在此次观摩活动中收获了什么；以后如何改进教学活动；等等。最后，校长会汇总教师参会者的观摩报告，并形成一份总结报告，总结教师在这次观摩活动中所学到的内容，并分发给大家，供全校教职工相互学习。

下面是美国 PLC 中督学观摩教师课堂的一个场景[③]：

在一次策划会上，美国 Menlo 学校社区一号小学部的约翰表示，他非常关心教师给学生的指示是否明确。有些学生总是不能理解约翰给他们的指令，他认为，他

① Cogan M L. Clinical Supervision[M]. Boston：Houghton Mifflin，1973：9.

② 张德锐. 师资培训与教育革新研究[M]. 台北：五南图书出版社公司，1998：107.

③ 罗伯茨，普鲁伊特. 学习型学校的专业发展：合作活动和策略[M]. 赵丽，刘冷馨，朱晓文译. 北京：中国轻工业出版社，2004：134.

在课堂上向他们解释指令花费了很多宝贵的时间。刚开始，他以为学生没有注意听他的指令，现在他开始意识到可能是他自己的问题。在与他的督学玛丽探讨几次之后，他们初步达成一致意见，玛丽在去听课的时候会收集相应资料。第一次听课时，玛丽很安静地进入了教室，并把约翰所说的指令全部记录下来，玛丽也记录了一些学生就指令所问的一些问题，用录音机进行录音作为她记录的补充，这也是经过教师同意的。下课后，她安静地离开了教室。

2. 课例研究

课例研究指的是一群教师通过共同观察、讨论和反馈等环节而进行的改进教学实践的研究活动。课例研究起源于日本，这种活动在日本被称为“授业研究”，被美国移用后，被翻译为“课例研究”（lesson study）。美国加利福尼亚大学米尔斯学院的莱维斯（C. Lewis）博士是美国课例研究的倡导者。莱维斯在 1996～2000 年，通过对日本不同地区的 40 多所学校的课例活动进行研究，提出课例研究是一种改进教学的有效策略，是一种成功的教师专业发展模式。1999 年，美国学者斯迪格勒（J. W. Stigler）和黑巴特（J. Hiebart）合著的《教学的差距：为了改进课堂教学来自世界教师的精彩观点》一书出版，立刻引起美国公众对课例研究的关注。课例研究推崇的是在一个相互尊重的环境中进行有效的教学，它在美国颇为流行。2000～2001 年，美国几次州级、全美和国际大会都把课例研究作为大会的主题。

在美国接连不断的教育改革浪潮中，几十年来一些支配着学校文化的问题一直被忽略，即在解决课堂实际教学和学习问题上，教育者需要做些什么？需要谁来开发课程（为什么）和谁使用课程（用途是什么）？历次改革的失败，使得这些问题日益凸显出来。美国 PLC 所开展的课例研究活动，就很好地解决了这些问题，并弥补了以往改革中存在的许多明显的缺点。美国 PLC 鼓励课程参与者创造和建立学校内外的联系，它通过教师自己的教学活动把学校内外有机地联系在一起，降低了学校之间以及学校与高等教育机构之间的沟通成本。同时，美国 PLC 也通过实施课例研究，鼓励教师和校外课程开发者对课堂教学进行合作研究，从而创造了一个良好的合作学习环境，激励教师积极主动地寻求专业发展。

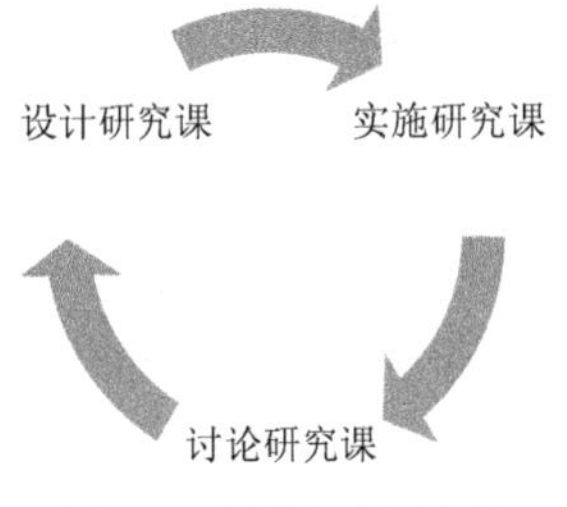

图 9-1　课例研究过程

美国 PLC 在开展课例研究的过程中，组织教师小组定期开会，会议间隔时间从几个月到一年不等。简单地说，课例研究是教师合作设计研究课、实施研究课和讨论研究课的不断循环的过程（图 9-1）。具体地讲，其实施的程序包括以下步骤。①选定研究课目标。美国 PLC 中的教师在充分了解学生的优势和劣势的基础上形成研究课目标。课例研究一般需要同时关注四个水平的目标：一节课的目标、一个单元的具体目标、广泛的学科目标和学生发展的长期目标。课例研究目标的形成要经历四步：确定具体目标—确定具体内容目标—

关联基本目标和具体内容目标—关注具体的学科内容领域。②合作设计研究课。美国 PLC 中的教师会进行合作备课，他们相互交流各自以往的教学经验、对学生的观察所获得的信息、使用的教材等内容，通过集体讨论，最终设计出一份每位上课教师都能使用的、带有浓厚的研究意味的研究课教案。这份研究课教案主要由三部分构成，即前言（包括上课的内容、时间、地点、学生的背景材料）、教学单元背景介绍（重点是本节课的教学单元内容和教学计划）和课堂教学步骤安排。③实施研究课。听课教师考察教学过程，观察学生的学习动机、学习行为、思维状态和水平等，并作听课笔记。整个教学过程也会被录像以供教师分析和讨论。④讨论研究课。根据所收集到的反映课例的实际实施教学效果的信息，美国 PLC 中的教师一起讨论，并针对课堂教学中出现的问题提出新的课例的教学方法，相互交流各自的听课体会，进行集体反思，最后提出切实可行的改进建议。⑤重新设计研究课。在讨论完此次研究课之后，教师会根据教学效果来决定是否继续进行下一轮的课题研究。有必要的话，会吸取上次研究课的经验和教训，并重新修改和设计研究课教案。⑥执教经过重新设计的课。美国 PLC 课例研究小组的一位教师用新的研究课教案进行授课，其他教师再次听课。⑦反思交流后重新设计的课。美国 PLC 的课例研究小组的教师经过重新授课，会再次互相交流第二次研究课的体会，针对此次课堂教学的观察结果、评价和建议等进行讨论。整个过程会不断反复进行，直到该研究课达到理想的效果。

在美国加利福尼亚州中学教育委员会、美国教育部推行的教师素质提高计划中，有一项计划对美国加利福尼亚州立大学萨克拉门托教师和几所小学教师合作进行的课例研究进行了为期三年的调查研究[①]。研究结果表明，课例研究增加了大家对很多方面的了解，包括学生的需求，教学的方式、标准、内容和持续的课程改革。根据报道，教师教学的热情增加，这都归因于课例研究的优势，即和同伴合作，观察其他教师教学和从其他教师那里获得反馈。主要表现在如下几个方面。①教师最大的体验：和同伴合作，与大学辅导员一起工作和集中规划时间。②课例研究的主要优点：采用新的教学方法，使教师能更好地理解科学内容，有机会与其他教师一起工作。③在 6 个月内，教师教授科学的自信心从 57%上升到 81%[①]。④引起这个变化的最主要的原因是来自多方面的合作（反馈、回报、观察别人教学，交换意见和相互支持）。⑤来自大学辅导员和课程专家的合作和支持也非常重要。⑥课例研究对科学学科影响最大的因素：科学学科的教学方法、内容知识和所使用的资源三个方面。⑦课例研究对教学实践的影响主要表现：更多、更实际的学习和探索，较少的直接教学，更多的反思和洞察实践，带领更多的学生进行讨论，更加方便和主动地寻找同伴。

① Jelinek D，Porter J. The Impact of Lesson Study on Practice and Renewal Efforts in a PDS Partnership. [EB/OL]. http://www. csus. edu/indiv/j/jelinekd/Publications/LessonStudyImpact. doc，2006.

3. 读书俱乐部

读书俱乐部是指按照一个定期的计划，一群教师聚集在一起共同讨论和分析一系列对他们专业或者生活有指导意义的书。从本质上讲，一个读书俱乐部就是一群由具有相似兴趣、课程领域和教学水平的教师组成的学习者共同体。读书俱乐部的目的是让教师共同读书，在集体讨论的过程中，让教师获得新的认识，并寻求行为的改变。教师可以把在读书俱乐部中所获得的成果应用到教师日常工作中。读者俱乐部在形成合作氛围、鼓励教师个人发展方面成效显著。

读书俱乐部广泛存在于美国的 PLC 中。在形成一个读书俱乐部时，他们往往注重考虑五个方面的问题。①吸收读书俱乐部的参与者。一个读书俱乐部比较理想的成员是具有相似兴趣、课程领域或教学水平的教师，如同一年级的教师、同一学科的教师等。②确定读书俱乐部的规模。理想的读书俱乐部应该有 10～20 名参与者，这样的规模可以使所有的成员都充分参加到集体的讨论中。③选择读书俱乐部的领导者。确定读书俱乐部的领导对读书俱乐部的顺利开展十分有必要。美国 PLC 的一个特征就是支持和共享领导，也就是在整个 PLC 中教师参与决策，领导者和教师共同分享领导权。同样的，在读书俱乐部中成员之间也是共享领导权的。每个成员可以轮流担任领导，这样可以锻炼每个人的领导能力。④确定读书俱乐部的基本安排和程序。明确进程安排和讨论议题，并提前告知每个成员，同时确定开会的时间和地点。⑤保证书籍的按时供应。

一般来讲，美国 PLC 创建读书俱乐部的程序分为三个步骤。①准备备忘录。为了争取更多感兴趣的教师加盟读书俱乐部，需要准备一个备忘录发给成员，在备忘录上写清策划读书俱乐部的具体目的和活动安排，并邀请对此感兴趣的教师来参加。②组织策划会。确定了愿意加入读书俱乐部的教师之后，邀请他们参加一个策划会。在策划会上，先由一名教师自愿主持并鼓励其他教师与大家分享他们加入读书俱乐部的原因，随后进行开放式的讨论。在讨论过程中，大家需要确定读书俱乐部的领导，共同商量要学习的书目和读书俱乐部开会的时间和地点。读书俱乐部的领导可以轮流担任，每人领导读完一本书。读书俱乐部领导的角色确立是为了保证参与者可以对问题展开讨论，不仅仅是为了提出新的问题和想法，更是为了引导和刺激谈话。读书俱乐部领导要在开讨论会之前明确在讨论会上要讨论的主要问题，并收集该书作者的背景资料和相关评论。读书俱乐部成员要学习的书目应集中在教育学领域，书目要与教师日常教学所面临的问题密切相关。③召开讨论会。读书俱乐部成员针对自己的读书情况，进行反思和展开讨论。

下面是美国 PLC 中教师参加读书讨论会的实例[①]：

① 罗伯茨，普鲁伊特. 学习型学校的专业发展：合作活动和策略[M]. 赵丽，刘冷馨，朱晓文译. 北京：中国轻工业出版社，2004：116-117.

在一所 K-2 学期儿童学校中，一群教师自发地定期组织读书和讨论著作的会议。这里面有 6 名幼儿园教师、3 位教育助教和 1 名教师培训者，参与者全凭自愿。校长拨款并购买了足够的所选书籍，以表示对该团体的大力支持。而且，校长也经常阅读他们的书籍并偶尔到会参加讨论。

这个团体现在正在阅读由费舍尔（1998 年）所写的《幼儿园的愉快学习》。教师团体领导已经将要讨论的问题在会前发放给大家。在会议的开始，她介绍了关于作者的一些背景资料，并鼓励大家就讨论的问题展开对话。教师培训者有时就书中相关的观点进行个别的指导，并根据学习团体参与者的兴趣推荐另外一些阅读书目。有些成员在阅读时始终保持反思的状态。

会议集中就《幼儿园的愉快学习》中的一章进行讨论。讨论的问题激起了超出本章观点的讨论。一名参与者将自己班级的经历与分享的文章联系，在成员中引起了共鸣。每个人，包括教育助教（educational assistant），都参与进来。一位教师就讨论的问题进行回答，分享了自己的反思，这使他成了一个真正的反思实践者。教师培训者在讨论会议中提到了这样的问题："在什么样的领域让你感觉到分享阅读很奏效？为什么会奏效呢？"

教师培训者在整个会议中自始至终都为教师提供各种资源。在这一点上，她运用了引导大家分享阅读的技巧，并为参与者提供了充实他们专业阅读知识的资源。她提出了关于分享阅读的多种技巧以便可以引导他们阅读。还有一些分享阅读的讨论是一些参与者第二天要参加的，而其他的参与者已经参加了相似的座谈并分享了他们所学到的。

对于团体一个很大的挑战就是他们要在工作时找到可以共同开会的时间，这个问题在每半个月一次的教师计划周里得到了解决。刚开始，工会认为会议的时间对团体来说是一个潜在的障碍。尽管教师愿意根据自己的时间开会，但工会认为在教师计划周中策划会议是不在他们的合同之中的。有些按时开会的教师退出了团体，因为他们不想与工会作对，而核心的团体继续参加，因为他们对学习中的课题很感兴趣。

尽管开端有时会有点挫折，但团体在三次会议中基本完成了一个较为深入的著作学习。讨论和反思是有回报的，教师和校长非常喜欢在教学过程中有一个反思教学的时间。教育助教把他在会议中所学到的带回了课堂，校长也注意到了部分参会教师的微小改变。由于这次项目的成功，学校计划在下一年再选一些书目，并在另外一个年级开展类似的学习团体。

4. 合作批改学生作业

在传统的美国学校中，教师义不容辞地批改学生作业，而且往往是教师独自批改任课班级学生的作业。随着学者对教师合作批改学生作业兴趣的逐渐增加，人们逐渐发现教师合作批改学生作业可以让教师把注意力放在学生的学习上。在美国

PLC 中，教师合作批改学生作业，并将之作为教师专业发展的有效方式。合作批改作业的目的是通过教师共同批改学生作业，促进教师专业发展，确定教师实施课堂教学和课程的效果，设定标准，最终提高学生的学习成绩。有美国学者认为，教师合作批改学生作业有三大优点：①可以让教师把精力集中在教学的效果上；②可以为教师共享实践经验提供实质的教学交流媒质；③可以促进教师之间的合作和专业发展[①]。

美国安纳伯格学校改革学院（Annenberg Institute for School Reform）研究者强调，合作批改学生作业应遵循七条原则。①学生往往都是认真完成作业的，学生作业就像成人有目的地在各个领域或学科工作一样，它表明学生努力地去理解和掌握一些知识的本质属性、可能性和特殊规律以及学生对一些重要思想和观点的理解。②批改学生作业时，关键是“立场”问题，也就是说，要发现学生能够学习到什么，而不是试图弄明白学生知道些什么。学生作业是衡量学校生活的一个关键指标。③教师在学校中的工作应该公布于众。但学校教师的工作往往是孤立的。合作批改作业可以消除教师间的孤立，改变其在学校常常存在的“过于隐私”的现象。④教师和同事合作批改学生作业，要进行关于作业、学生、教和学的反思性对话，这一点也非常重要。⑤在合作批改学生作业时，教师要把观察目的、作业的形式和目的以及所使用的指导文件三者紧密地结合起来。⑥批改和讨论学生作业要充分考虑到学校、地区和州的标准。⑦批改学生作业可以帮助教师监控学生学习表现和教育策略或者课程变化之间的关系。

美国 PLC 在开展教师合作批改学生作业活动时，通常会用到学生作业指导文件。学生作业指导文件是一份由教师们事先商定好的合作批改学生作业的谈话指南，它也为教师合作提供了必需的技巧和文化氛围。学生作业指导文件产生于美国哈佛零点项目小组（Harvard Project Zero Team）开发的“证据项目”（evidence project）的工作中。证据项目小组的成员认为学生作业指导文件能够安排时间和场所，促使教师将个人探究和同事之间进行教和学的交流谈话有机地结合起来[②]。美国学者艾伦（D. Allen）等认为，学生作业指导文件能够让教育者和其他相关人员聚在一起，仔细地检查学生的作业，以便从中学习[③]。学生作业指导文件为教师提供了讨论学生作业的方针和框架，并且督促大家有效地利用时间。不同的目的将会有不同的学生作业指导文件，比如，有检查和提高教育效果的模式，还有给教师反馈信息的评估模式等。

① 罗伯茨，普鲁伊特. 学习型学校的专业发展：合作活动和策略[M]. 赵丽，刘冷馨，朱晓文译. 北京：中国轻工业出版社，2004：141.

② Little J W，Gearhart M，Curry M，et al. Looking at student work for teacher learning，teacher community，and school reform[J]. Phi Delta Kappan，2003，85（3）：184-192.

③ Allen D，Blythe T. The Facilitator's Book of Questions：Tools for Looking at Student and Teacher Work[M]. New York：Teachers College Press，2004：11.

当然，推行教师合作批改学生作业并不意味着完全代替教师独自批改学生作业，它们虽然在目标和步骤上有所差异，但是教师可以根据自身实际情况，把这两种评价学生作业的方式统一起来，发挥每种方式的优势，最大限度地获得对教和学的有效反馈信息进而改进教学。表 9-1 是对两种方式不同点的简单比较。

表 9-1　教师个人评价学生作业和教师合作评价学生作业比较

名称	个人方式	合作方式
评价主体	教师个人	教师小组
评价内容	学生的每一项作业	学生作业的一些样本
评价目的	主要为了学生的个人发展	目的较多，如确定课堂教学和课程标准，促进教师专业发展等
评价时间	取决于教师个人	小组提前确定时间，确保充足的时间来检查、反馈和讨论

美国 PLC 鼓励教师合作批改学生作业，并不是简单地把几个教师集中在一起，给他们一堆学生作业，让他们对这些作业批批点点。为了保证教师合作批改学生作业能够高效率地进行，一些必要的支持性条件是不可缺少的。第一，要创造一种开放的校园文化。在这种开放的校园文化情境中，教师可以比较轻松地谈论学生的学习表现，不会因为公开地谈论学生成绩而感到压力。第二，为教师合作批改作业提供所需的技巧和工具并安排活动时间。第三，让教师自愿参加该活动，并让活动小组成员轮流担任领导人，保证每个参与者都有机会负责整个活动过程。第四，邀请校外专家等一起合作批改学生作业。校外专家可以提供其他资源，并在需要的时候对教师的讨论进行指导，比如，双语和特殊教育教师可以为该活动小组提供不同的观点和看法。第五，采用系统化的方式组织教师合作批改学生作业。充分利用指导文件可以推动该合作活动的发展，并提高效率。

美国 PLC 实施教师合作批改学生作业活动的基本流程包括以下几个步骤。①制定指导文件。教师小组需要花费充足的时间进行集体讨论，确定应该采用哪种合作方法或者程序来评估学生的作业，也就是要制定合适的指导文件。指导文件所提供的指南能够提高教师合作批改学生作业的效率。②确定与标准一致的观察目标。根据学校、学区和州所指定的标准来确定观察目标，也就是所要观察的某个特定领域的学生学业表现要与标准一致，而且对于搜集到的学生作业类型也要说明其与标准的相关性。③确定学生作业类型。根据教师布置学生作业目的的不同，学生作业可以采用很多形式，它也许是纸笔作业，也许是艺术品，还可能是音乐、戏剧作品等。④搜集学生作业样本。要在更广泛的范围内搜集学生作业样本。学生的作业样本反映了学生学习的不同水平，它可以激发教师进行更多有意义的讨论。⑤设定讨论会的中心议题。讨论会的中心议题是讨论会的重点，它可以使讨论会从一开始就按计划顺利进行。例如，从学生作业中可以看出学生学到了哪些知识？学生作业能够从多大程度上表明学生对知识的理解？学生作业样本反映出学生学习的哪些劣势？⑥展开讨论并反思。教师针对所提交的学生作业进行深入的对话、交流。随后，教师会思考在这次共同批改学生作业的讨论会上得到哪些启示，如何将它们应用到自己的教学实践当中。另外，教师也会反思此次教师合作批改学生作业活动所选择的方法或制定的指导文件是否有效。

美国学者罗伯茨和普鲁伊特讲述了他们参与一群幼儿园教师合作批改学生作业的经历：

我们试图把我们的教育和地区目标联系起来，并且努力为孩子设计适合的发展评估指标。根据这次讨论，我们选择了一项数学教学目标，每个教师拟定三种水平的作业。教学目标相同，样本作业用到的例子却大相径庭，包括传递活动以及纸笔游戏等。这场讨论非常热烈，教师就他们的教学能够体现多少孩子的想法进行争论，相互质疑他们为学生准备的教育活动和作业是否合适。这是这个办公室第一次一起批改学生作业，他们对这些活动很有热情。更难忘的是随后几个星期，我们观察发现，教师在一些评价活动中的合作会愈加促进他们班级的发展。这也证明了让成员继续学习是 PLC 的一个重要特征。它表明，合作批改学生作业，即使在最初级的水平上也可以改善教育效果，还有利于建立学习共同体[①]。

5. 教师专业档案

教师专业档案又称教师教学档案，指的是教师在教学过程中为达到改善教学的目的，把收集起来的相关资料有序地呈现出来，通过这些资料和材料，可以展示教师的教学进展和教学成果。教师专业档案是一种细致的文件，它不仅说明了一个教师的教学方式，还是教师在过去一段时间内教学活动的概括和反思。教师专业档案所选择的文件不仅能够反映出一位教师的教育哲学和专业成长的核心部分，也能够证明教师对其教育理念和自身教学工作的反思。

教师专业档案有文本式教师专业档案和电子教师专业档案两种形式。根据教师专业档案的使用目的、提交对象等的不同，人们对专业档案有不同的分类。美国教师评价专家布洛克（A. A. Bullock）等将教师专业档案分为过程型、作品型和展示型。[②]过程型教师专业档案可以表现一位教师在一段时间内的绩效，它主要用来评价一位教师在一段时间内，在一个或者几个领域内的进步情况。作品型教师专业档案是在一段时间内，为满足外界某种需求而开发的特定信息资料的汇集。展示型教师专业档案是教师最佳作品的汇集。

① 罗伯茨，普鲁伊特. 学习型学校的专业发展：合作活动和策略[M]. 赵丽，刘冷馨，未晓文译. 北京：中国轻工业出版社，2004：141-142.

② Bullock A A，Hawk P P. Developing a Teaching Portfolio：A Guide for Preservice and Practicing Teachers[M]. Upper Saddle River：Prentice Hall，2011：14.

教师专业档案主要包括资料和反思两个部分（表 9-2）。教师专业档案袋的资料应该包括以下几个部分：①教师个人的教育哲学，如教师对教学理念的阐释、教师对教学内容和教学方式的理解、教师采用的课堂教学策略、教师改进教学活动的步骤、教师阅读的专业书籍和期刊文章或者从事的教育研究对自己教学活动的影响、鉴别学生的优势和满足学生需求的方法等；②教师个人的成果，主要包括学生个人或者小组作业的样本、反映学生成绩的文件、教师撰写的文章或者其他专业出版物、教师进行的课堂研究成果等；③教师个人参加的专业发展活动，如教师参加的会议、在职业协会的工作、阅读的书籍和期刊、合作研究、加入学习团队等。在反思部分应该详细说明资料的作用、教师个人对资料的评价和对自己专业发展的影响。教师对资料的评价部分应该主要写出自己为什么要选择这些材料，以及从这些材料中学到了什么。

表 9-2 教师专业档案的构成

组成部分	主要内容
资料	教师个人的教育哲学
	教师个人的成果
	教师个人参加的专业发展活动
反思	资料的作用
	教师个人对资料的评价
	对自己专业发展的影响

在美国 PLC 中，教师可以单独制作专业档案，也可以和同事一起通过互相交流和讨论来制作档案。教师合作制作专业档案的效果往往更好。教师在和同事一起制作档案的过程中，会产生一种更加强烈的集体感和归属感。教师与同事在这样一个相互信任的氛围中，可以充分分享彼此专业档案的内容，交流各自对教和学的看法，共同分享个人教学的实践经验。教师创建专业档案有四个步骤。①明确目的。教师需要通过反思个人的实际情况来明确自己创建专业档案的目标，即创建专业档案是为了外界的考核还是为了提高自身教学技能等。明确了创建档案的目的后就可以选择相应的档案类型和确定档案的形式。②收集材料。教师要思考应该收集哪些材料和实物，以及如何得到这些东西，收集到材料要注明日期并作出标记。教师也要思考如何筛选出一些高品质的、易于理解的文件或者实物，以便能够更好地反映创建档案袋的目的。③组织材料。教师需要对材料进行分析整理并按照一定的结构来组织材料。这个组织材料的过程是一个持续反思的过程，也是一个完善和修正的过程。组织材料的方式也是由创建档案袋的目的而定的。材料的架构主要依据教学技能、评价标准和专

业发展目标。④反思总结。教师通过对个人教学实践的体验反思，把自己的体验或经历以语言的形式展示出来。教师也可以写出和同事分享个人反思后的结果，表达自己对讨论结果的想法。

美国 PLC 通常以小组合作的方式评估教师专业档案。因为，小组评估教师专业档案可以继续教师之间关于教和学的对话，分享各自的观点。评估教师专业档案的标准是依据教师制作专业档案的目的而定的。比如，如果教师专业档案是按照美国标准委员会的标准制定的，那么在评估专业档案时则要查看它是否符合国家的标准；如果教师专业档案是按照学校或者学区的标准制定的，那么在评估专业档案时要看它是否和学校或学区标准一致。美国 PLC 在进行小组评估教师专业档案的过程中，评估小组的成员和教师本人借助一些基本问题来考察教师专业档案。这些基本问题包括：教师专业档案里的资料与教师制作档案的目的有关吗？教师在专业档案里所提供的证据能支持教师的观点吗？从哪些地方可以看出教师是通过认真反思、自我评估和质疑而得出新观点的？教师专业档案中有没有资料反映出学生的成绩是否有变化以及学生的表现如何？教师专业档案的编排合理吗？介绍得清晰吗？教师专业档案能不能让读者容易接受和理解呢？教师专业档案中所提供的材料是不是关于教师专业成长和继续学习的？

（二）PLC 对美国教师专业发展的促进作用

美国 PLC 对教师专业发展的促进作用主要体现在以下六个方面。

1. 发展教师的专业知识

1958 年，波兰尼在《人的研究》一书中指出，人类有两种知识，通常所说的知识是用书面文字或地图、数学公式来表述的，这只是知识的一种形式，还有一种知识是不能系统表述的，如有关自己行为原因的某种知识。如果我们将前一种知识称为显性知识的话，同样我们就可以将后一种知识称为隐性知识。同样，教师的专业知识也可以分为显性知识和隐性知识。教师的显性知识是一些可以言明的、明确的理论性知识，教师的隐性知识是教师在长期的教育实践过程中所内化的难以言传的实践性知识。

无疑，PLC 既能够有效地促进教师显性知识的获得，又能够有效地促进教师隐性知识的发展。

第一，丰富教师的显性知识。美国斯坦福大学教育学院格罗斯曼（P. L. Grossman）教授认为，教师的显性知识应该包括学科内容知识、一般教学法知识、课程知识以及学习者和学习的知识等[①]。在美国 PLC 中，教师共同读书并交

① Grossman P L. Teacher's knowledge[C]// Husen T，Postlethwaite T N. The International Encyclopedia of Education. London：Pergamon. 1994：117-122.

流读后感，以加深对书的内容的理解，拓展知识面；通过教师合作批改学生作业，教师可以获得更多关于学生学习的知识等。美国 PLC 为教师丰富自身的显性知识提供了一个良好的学习环境，教师可以在相互信任和平等的基础上进行合作和对话交流，教师不仅可以从教师同伴或专家那里学习自己教和学所需要的知识，还能梳理、整合不同科目的知识，教师在合作的过程中学到了更多的知识。

第二，发展教师的隐性知识。教师的隐性知识是在个人经验的基础上建构起来的，是一种不能明确表达的内隐性知识，包括教师个人的教育信念、教师对自我的了解和调节意识、教师对学生的感知和沟通能力、教师应对多变的教育情境的教学智慧、教师在教学活动中对理论性知识的理解和把握、教师在日常行动中表现出的批评反思精神等[①]。由此可见，教师的隐性知识是教师专业发展的重要知识基础。在美国 PLC 中，教师为了特定目的而观摩其他教师的课堂，捕捉其他教师在实际教学过程中的教学技巧、教学智慧等，并通过讨论会与教师进行及时沟通和交流，充分挖掘教师的实践性知识。教师在创建教师专业档案时，会将自己对教学实践的经验、体会和反思等隐性知识展示出来和其他教师分享。美国 PLC 通过营造一种合作文化氛围，使美国教师处于一种积极、愉悦的情境之中，教师之间进行平等对话，互帮互助，共同分享个人的教学实践经验，共同学习，共同成长，进而使得教师的隐性知识能够得到感知、交流、内化和传承。

2. 提高教师的专业能力

教师专业发展比较突出的外在表现就是教师的能力专业化。教师除了要具备传统的设计教学的能力、教学实施的能力、教学管理的能力、学业检查评价的能力之外，也要发展许多新的能力。美国 PLC 就为美国教师的专业能力发展提供了广阔的空间。

第一，提高教师的合作交流能力。合作对于个人的学习来说非常重要。如果我们不与人交往，我们能学到多少东西是有局限的。对教师而言，合作无论对于教师个人进步，还是对学生发展和学校发展来说，都具有重要的促进作用。美国 PLC 非常重视教师间的合作和交流，其所开展的教师专业发展活动都是以小组合作的形式开展的，并鼓励教师自愿参与合作，如教师结成小组互相观摩彼此的课堂，教师小组进行课例研究，教师一起读书，教师共同制作和评估教师专业档案，教师合作批改学生作业等。美国 PLC 中的教师在小组活动中，相互交流，相互启发，相互借鉴，教师的合作和沟通技能得到快速提高。

第二，提高教师的反思能力。教师独自进行反思可能会出现缺乏反思动机、

① 陈向明. 实践性知识：教师专业发展的知识基础[J]. 北京大学教育评论，2003，（1）：104-112.

找不到反思点、反思无法深入、无法解决问题等情况，从而影响教师更好地进行反思，而美国 PLC 采取了教师小组合作反思的形式，弥补了教师个体反思的局限。在美国 PLC 中，教师相互听课后会召开反馈会议，教师在讨论会上共同检查间接反映教师教学效果的学生作业，在这个讨论和交流的过程中，教师可以倾听来自其他教师或专家的不同声音，学习各种先进的教育观念和教学经验；教师也可以在其他教师的启发下，找出自己的差距，从而进行更深入的反思。另外，经过小组讨论，教师会获得各种解决问题的方案，教师可以结合自身情况选择适合的解决方式。因此，从这一方面来看，美国教师 PLC 有助于提高教师的反思能力。

第三，提高教师准确评价学生的能力。1983 年，美国哈佛大学教育研究生院教授霍华德·加德纳在他的《智能的结构》一书中首次提出了智能多元结构思想。他提出了八种主要的智能，即语言智能、数学逻辑智能、空间智能、音乐智能、身体运动智能、人际智能、自我认识智能和自然智能。对于学生而言，每个学生都有自己的优势，都有自己最擅长的方面。在传统的学校里，教师通常独自开展自己的教学工作，很难真正地了解每个学生的各个方面，很难全面准确地评价每一位学生。而在美国 PLC 中，教师在进行课堂观察的时候也会观察每位学生的学习表现，给授课教师提供反馈信息。另外，教师通过合作批改学生作业，也可以更加全面地了解学生。当同一学生的不同侧面的信息都展现出来时，教师就能够从多个维度来评价学生，更加准确地了解到每个学生的优缺点。

第四，提高教师的科研能力。科研能力是现代教师必须具备的一种业务能力。随着教育改革的持续进行和教育科研的发展，人们对教师科研能力的要求也日益提高。在美国 PLC 中，教师自发进行课例研究，合作开发校本课程，共同解决教学实践中的具体问题并进行理论研究。另外，中小学教师也与大学教师或其他专家进行合作交流，进而从大学教师或专家那里获得科研的理论知识和科学的研究方法，以此提高自身的科研能力。

3. 改善教师的专业心境

专业心境是教师专业化过程中很重要的一个指标，表现为教师对教育教学、对学生的基本态度和对自我发展的认同程度，它能带动教师整体品质的提高[①]。教师的专业心境是影响教师专业发展的一个非常重要的因素，良好的专业心境可以增强教师对自身的认同感，进而增加他们专业发展的自信心，使他们努力朝着自己的目标前行。心理健康的实质就是维持和发展合作关系的能力。合作性与心理健康的诸指标，如情感成熟、对社会关系的正确判断及个人的意识与应对逆境的能力、社会

① 傅蝶. 培育教师合作文化——当前建设和谐校园的重要任务[J]. 成都大学学报（教育科学版），2007，（8）：77-79.

能力、信任感、乐观主义态度、自我判断能力的发展，都存在着高度正相关[①]。由此可见，合作和心理健康之间的关系非常密切。在美国PLC中，教师之间的合作不仅仅是思想和观念的交流过程，也是情绪和情感的交流过程。所以，美国PLC有助于教师的心理健康，有助于改善教师专业心境。

第一，激发和强化教师的适度焦虑。焦虑通常是指个人不能确定自己是否能够满足外来的要求或者是对能否完成一项任务所需要的精确条件感觉模糊，它同时也反映了个人感觉到自己缺乏必要的能力来进行有效的活动。富兰认为："生命力就是在不断建立冲突和对抗之中成长和壮大的。富有生命力的系统也包含焦虑，只是这种互相的关系是积极的。"[②]对教师的专业发展而言，焦虑是一把双刃剑，它并不一定会引起不良后果，适度的焦虑可以激励教师积极主动地学习，进而提高自身素质。在美国PLC中，教师参加小组活动时，可以畅所欲言地表达自己的观点和看法，在这个交流的过程中经常会产生很多不同的观点，而这些不同观点的相互碰撞不可避免地会给教师带来各种冲突和问题，因而会给教师带来某种程度上的适度焦虑。正是这些冲突、问题和焦虑使教师看到了自身和其他教师之间的差距，因而产生了"最近发展区"。

第二，控制教师的过度焦虑。随着社会和教育的快速变革，教师所面临的压力日益增大。当这些压力不能合理地释放时，教师就会产生越来越严重的焦虑情绪，这种过度的焦虑情绪必然会导致教师产生职业倦怠的心理，而这种心境是教师专业发展过程中出现危机的一种表现。美国学者克拉克（P. Klarke）指出，同事之间的互动与合作活动能给教师提供一个社会认可和支持的基础，是深受教师欢迎的一个压力的释放途径，有了这个途径就可以减轻学校带给教师的紧张和焦虑[③]。在美国PLC中，教师之间相互信任，相互尊重，相互支持，形成了一种和谐的人际关系。教师进行互动和合作，彼此交流思想、观念、情感和情绪，并在同事需要的时候给予强有力的支持，在一定程度上可以减轻教师的压力和倦怠。

4. 激发教师的专业精神

教师的专业精神是指在教师这一专业长期发展的过程中，在无数教师对教育教学规律不断地探索和深入研究的过程中，逐渐孕育并发展起来的推动教育事业不断进步的价值观念和心理取向[④]。教师的专业精神可以促进教师不断进行自我完善和专业发展；教师的专业精神在一定程度上可以弥补教师在专业知识和能力上的一些

---

① 唐宗清. 论合作型学校的理论基础[J]. 教育评论，2003，（1）：100-103.

② 迈克·富兰. 变革的力量：透视教育改革[M]. 中央教育科学研究所，加拿大多伦多国际学院译. 北京：教育科学出版社，2000：228.

③ 克拉克. 学习型学校与学习型系统[M]. 铁俊，等译. 北京：中国轻工业出版社，2004：96.

④ 耿文侠，苏国安. 教师的专业素质[M]. 石家庄：河北人民出版社，2006：33.

不足，促使教师发挥其应有的价值和功能；教师的专业精神也是教师树立良好形象并提高自身社会地位的重要手段。

美国 PLC 有助于激发教师的专业精神，其作用主要表现为三个方面。

第一，激发教师的合作精神。联合国教科文组织在其《教育——财富蕴藏其中》一书中提出了未来教育的四大支柱，即学会认知、学会做事、学会共同生活、学会生存。学会共同生活就是指要学会与其他人一起活动，并在这些活动中进行合作和交流。教师同样也需要与他人进行合作。从美国 PLC 所采取的促进教师专业发展的实施途径中可以看出，教师小组之间的合作是一种比较重要的教师专业发展活动。教师协同上课、教师集体读书、教师共同制定并评估教师专业档案袋、教师合作批改学生作业等都体现了美国 PLC 中教师的专业发展活动以小组合作的形式展开的特点，这在一定程度上激发了教师的合作精神。

第二，激发教师的创新精神。美国 PLC 营造了一个相互信任、相互支持的合作氛围，给教师提供了一个安全、自由的发展空间。在其中，教师相互分享个人教学实践，并从其他教师或专家的反馈建议中找出自己存在的不足，不断创新，改进教学。

第三，激发教师的勤学乐思精神。美国 PLC 充分调动了教师的学习热情和学习积极性，教师都是自愿而非被强迫去参加这些专业发展活动的。通过教师小组间的相互交流，相互启发，教师不仅会思考自己的教学，而且会思考其他教师的教学，教师从中会获得很多有价值的观点。

5. 稳固教师的专业信念

教师的专业信念是教师自己选择、认可的教育观念或教育理念。它既是教师对教育教学工作的情感体验，又是支撑教师教育教学工作的动力系统[①]。教师专业信念为教师提供了奋斗目标，是推动教师专业发展的强大动力。具有专业信念的教师将会对教育教学工作产生强烈的专业认同感和投入感，他们抱有强烈的专业承诺并致力于提高专业才能和专业服务水准等。美国 PLC 全体成员具有共同的专业信念，它成为推动教师积极进行专业发展的行为动力。美国 PLC 稳固教师的专业信念表现为两个方面。

第一，调整原有的教师专业信念。美国教师 PLC 实际上是一个对话共同体，它鼓励教师通过参加合作活动而进行批判性对话，教师之间可以自由地交流各自的任何想法和观点，每位教师都会参照其他教师的观点并检视自己的观点，不断地反思、澄清和修正个人的观点和信念。教师在这个对话的过程中，可以除去陈旧的专业信念，保留合理的专业信念。

第二，形成新的教师专业信念。格里菲思（M. Griffiths）等曾指出，教师经过长期的教学实践会形成一些自认为比较合理的个人知识，也就是隐性知识，这些知

① 辉进宇. 教师的专业化发展：价值、内容与途径[J]. 大理学院学报，2007，（3）：89-92.

识如果没有经过与同事的对话而公开的话，就有可能会因为缺少严格的检视而成为"愚昧的理论"①。美国 PLC 中的教师进行沟通和对话，自由地表达自己的观点，由于教师的看法不同，多种观点的碰撞可以激发出新的观点和思想，教师可以不断更新既有的教学信念和价值观。

6. 增加教师的专业自主权

教师的专业自主权是指教师在某专业的规范内，依其专业职能，对其教学、学校或组织的决策与任务，享有专业判断及自由执行、不受他人或非教师人员干预的基本权利②。教师是专业人员，就应该享有专业自主权。没有专业自主权，就没有教师的专业发展。

在美国传统的实行科层制管理模式的学校中，教师虽然享有专业自主权，但实际上，大多数教师并不能参与学校重大事情的决策，而且整个教育活动受到不少外部因素的干扰。教师位于行政命令的最底端，教师的决定权饱受争议、引起怀疑，教师权威也受到挑战。美国教育部的一项调查结果表明，美国只有 1/3 的教师认为他们在制定各学科政策和教学计划时能施加相当的影响，但是大多数教师认为，他们对自己的进修计划无权干预。只有 27%的教师认为他们在学生如何分组的问题上有着相当大的影响力③。美国教师长期承受着科层制管理模式所带来的压力，专业自主权缺失。美国 PLC 增加教师的专业自主权主要体现在两个方面。

第一，增加教师的参与决策权。教师参与决策权是指教师有权参与学校重大问题的决策的权利，主要指教师享有参与学校整体规划和参与学校专业人员的评定等方面事务的权利。在美国的 PLC 中，管理者和教师分享权力，管理者在教师中培养领导力，鼓励教师担任领导，教师有的是学术领域的领导，有的是课程领导，有的是社会和情感活动的领导，还有的是行政领导。在进行合作活动时，教师成为领导，负责整个活动的顺利开展。例如，每位参加读书讨论会的教师都会领导大家读一本书；教师在进行合作批改学生作业时，都会让教师轮流担任领导，设定讨论会的议题并主持讨论会。美国 PLC 实行参与式民主管理，鼓励教师参与包括教学课程、教材、教学设备、学生管理与辅导、法规、预算和奖惩制度的制定等方面的决策和管理。

第二，增加教师的专业发展权。教师的专业发展权是指教师享有参加可以促进教师专业发展的各种活动的权利。教师可以根据自己的实际情况自主决定参加何种活动。比如，在教师专业发展日，教师可以选择到大学去进修，或者是合作批改学生作业，或者是进行读书讨论等。

---

① Griffiths M，Tann S. Using reflective practice to link personal and public theories[J]. Journal of Educational for Teaching，1992，18（1）：69-84.

② 张作岭，纪国和，孙德芳. 关于教师专业自主权的认识和思考[J]. 教育探索，2005，（7）：116-117.

③ 波伊尔. 基础学校：一个学习化的社区大家庭[M]. 王晓平，等译. 北京：人民教育出版社，1998：37.

（三）美国教师专业发展的成功案例

1. 案例呈现

1）案例Ⅰ

在美国，专业发展学校是一种典型的PLC，并且在促进教师专业发展方面取得了不少成效。下面将展示一所较为成功的专业发展学校①。

韦尔斯中学专业发展学校是美国南缅因州立大学和韦尔斯学区合作的典型，这所专业发展学校的建立实现了古德莱德所提到的“提高学校的教育质量，同时改善教师教育的现状”的双重作用。南缅因州立大学和韦尔斯学区的合作有着特定的历史背景，双方都有合作的倾向和传统。

韦尔斯学区位于南缅因州一个沿海社区里，该学区总共有1550名学生，他们分散在一所高中、一所初中和两所小学里。韦尔斯中学大约有310名学生，他们分散在六、七、八年级。早在韦尔斯中学成为专业发展学校之前，学校中的教师就已经对自身的专业发展进行着反思和重新规划。早在1979年初，这所学校就参与了学区范围内的教师发展试验。1986年，韦尔斯中学参与了全国教育学会“掌握学习计划”。在“掌握学习计划”中，韦尔斯中学的经验十分成功。在参与此计划期间，教师形成了共同参与式的决策方法，学校也从一所传统式初中开始向一所新型学校转变，这所新型学校致力于适应10～14岁年龄段学生的发展性需求，并创造一种有利于学生和成人发展的学习气氛。

南缅因州立大学最初是南缅因师范学校，它现有1万多名学生，学生群体呈现多样化。与曾有过师范学校发展历史的很多大学一样，南缅因州立大学花费了较多的时间和精力拓宽自身发展的基础。随着人文科学、自然科学、医学和商业专业的发展，大学在维持教师教育质量方面的作用被忽视掉了。1989年，为了解决全国范围内关于师资培养不足的问题，南缅因州立大学教育学院成立了计划委员会，计划委员会吸收了教师持续发展的思想，认为应该以本科阶段的课程为起点，通过职前、职中和继续教育来实现教师专业发展，因此设计了一种“教师教育扩展课程”。计划委员会把教师教育扩展课程看成由三个互不相同但又相互关联的部分组成，即文理本科专业同时兼修教育研究、为期一年的研究生层次的专业培养、教师资格硕士学位。计划委员会随后决定招收有志于获得中小学教师资格的学生并引入中等水平课程。教师教育扩展课程，即最早的专业发展学校的计划和行动就这样开始了。

对四所备选学校进行考察后，南缅因州立大学教育学院决定把试验课程的实施地点选在韦尔斯中学。1990年初，教师教育扩展课程计划开始实施，这种教师教育新方法是由一个计划工作组具体负责的。这一计划工作组共有7名成员，包括2名大学教师、1名中学校长、2名中学教师、1名指导顾问和1名学区认证官。他们两

① 琳达·哈蒙. 美国教师专业发展学校[M]. 王晓华，等译. 北京：中国轻工业出版社，2006：27-39.

周召开一次会议，工作组负责设计课程，规划试验课程，评价教师，完善学生的招收、申请和选拔过程。工作组所有的工作都是在韦尔斯中学里完成的，而不是在大学校园内。所实施的新课程主要侧重于在韦尔斯中学的集中实习，在那里，教师有一学年的时间把课程与工作实际紧密结合起来。这种新课程借鉴了以往的大学研究生课程和本科实习课程两方面的内容。新的韦尔斯实验基地的不同之处是中学与大学之间合作的本质发生了变化，这也正是专业发展学校模式所要实现的目标。另外，教育学院也申请联盟补助金来推动课程计划的实施。

在韦尔斯学区实施的教师教育扩展课程中的职业教育课程包括 30 学时的研究生课。该研究生课程在韦尔斯中学 1 年的实习期中进行。第一年，15 位教师在韦尔斯中学实习。而在第二年，有 26 位教师参与到该学区当时所有的 4 所专业发展学校中。大约半数实习者是在韦尔斯中学完成其实习任务的。专业发展学校课程有别于以前大学中的教师职前课程，它的建构是围绕着一系列核心原则和具体实践进行的。这些核心原则中最重要的是合作协调、创新性的合作化招生程序、实习人员的团队组织、遵守中学日程安排、团队组织、理论和实践的结合、对教师观点的评价、实践课程教学、对实践的严格监督、反思性实践等。

当韦尔斯中学成为教师教育的基地时，韦尔斯中学的教师专业发展迎来了一个新的春天——职前教师教育，同时也增强了学校建立在反思性实践基础上所开展的改革。有三项专业发展活动体现了教师教育已融入学校的日常生活中。第一，对合作教师的训练。韦尔斯中学教师每月参加一次研讨会，教师们集中学习如何完善指导方法并讨论与实习相关的问题，研讨内容的合集作为新闻刊物定期发行。参与合作教师培训活动的教师往往会获得学分来更新他们的资格证，同时他们也可以通过在学年内与实习生的合作而获得学分。为了获得学分，教师需要提交书面的教学反思。反思的目的是更好地促进教师的专业发展，而不是给教师增加额外的负担。第二，录制观察过程。职前监督者和合作教师观察与讨论合作教师和实习生之间的指导会议的录像带，这样合作教师就有机会评价自己对实习生的指导情况，同时他们可以观察自己在研讨会上所学到的东西有多少被理解和运用上了。与监督者讨论的过程也是教师对自己的教与学互动活动的一个反思过程。第三，实习生的出现。韦尔斯中学教师把实习生看作初级合作者，他们通过对这些新手的观察以及和他们的密切交往增强了对自身教学的理解和认识。实习生也带来了很多好的想法，他们把在大学里所学的教育方面的前沿知识带到了教学一线。实习生打破了大多数教师以往经验的孤立性，他们促使中学教师去完善自己的工作并提升自己的实践能力。实习生和职前课程创造了一种氛围，使得教师不断反思自己的教学、完善教学并提高自身实践能力。

2）案例Ⅱ

美国得克萨斯州棉花溪小学（Cottonwood Creek School）于 1923 年建立，虽然经历了漫长的现代化过程，但它仍然保存着原有的风格与魅力。棉花溪小学有一个幼儿园和 5 个年级，在校生将近 500 名，有 51 名教职工（包括 1 名校长、1 名校长助理、1 名督导、12 位教辅人员和 36 名教师）。1987 年，棉花溪小学与希尔拓普大学（Hilltop University）合作建立了优秀教师发展项目，两所学校的合作关系增加了该小学教师的效能感，也奠定了在该小学实行新课程的基础。棉花溪小学也被选为美国 80 所优质教育重点投资学校之一。

棉花溪小学通过与希尔拓普大学的合作，给教师赋权，给教师提供机会发展其领导和决策能力。教师定期参与大学的会议，并制订教师教育计划，决策会影响到学校和学生的未来发展。每个年级的教师代表也参加大学的论坛，他们充当小学和大学之间沟通的媒介，并代表小学的所有教师进行决策。新校长开创了学校民主管理的先河，培养教师的领导能力，共同进行决策和管理。校长通过“校长热线”和“交流空间”与教职工充分交流，彼此共享信息，建立了平等和信任的良好关系。

棉花溪小学与希尔拓普大学合作后，开始实行新课程。学校制订计划并为发展成员的共同愿景而努力。学校的愿景来源于教职工的价值观，也用来作为约束教职工行动的规范，愿景也是学校进行教学决策的指南。每天早上，校长都会宣读愿景，学校中的每个人都耳熟能详并能背诵出来。全校教职工都相信只要大家共同努力，关注学生学习并促使学生成功，美好愿景就一定能够实现。提高学生学习成绩也成为全校教职工共同的理想和行为准则。慢慢地，对教职工不再需要特定的练习或活动来强化学校的共同愿景，同时，教职工之间形成了最广泛的合作，大家的学习愿望最大限度地被激发出来。

棉花溪小学的教师自从决定实施新课程以来，教职工之间的合作也相应地增加了很多。新课程要求教师建立以网络为基础的教学单元和活动，将自己的教学与其他年级教师的教学联系起来。教师感觉到如果全校教职工不进行密切合作就无法使用新课程，大家需要相互协作和相互学习，来适应新的教学和工作任务。在学校秋季开学之前，全体教职工会召开为期一个星期的会议，随后，各个年级根据具体情况不定期地举行会议，进行集体学习。教师为了可以更好地整体把握教学情况，制订出整个学年的教学计划，并标注出已经学习过的部分，使大家可以更好地理解如何将新知识和旧知识联系起来。另外，大学也派出教学专家来指导教师们学习新课程的知识和教材内容。棉花溪小学教室的门总是开着的，教师可以随时正式地或者非正式地互相观摩彼此的课堂，并进行反馈，提出一些建议，来指导实践。另外，各种研讨会、论坛、决策组、学习小组等也纷纷出现。

棉花溪小学尽可能地提供时间、场所、制度、资源等物质结构方面的支持，也努力构建教职工之间的和谐的人际关系，这些支持性条件为教职工之间的共同学习和工作提供了良好的保证，确保了新课程的有效实施。

2. 案例分析

从案例Ⅰ和案例Ⅱ中可以看出，韦尔斯中学专业发展学校和棉花溪小学已经具备 PLC 的几个要素或特征。①共享的领导。在棉花溪小学，校长培养的教师领导力，鼓励教师担任领导角色，教师是领导者，校长则是领导的领导。该学校实行参与式民主管理，教师和校长等管理者一起制定决策并参与整个实施过程，充分实现了权力共享。在韦尔斯中学专业发展学校里，教师和校长等享有平等的权利，教师参与设计课程。②共同的愿景和目标。共同愿景可以清晰地表达组织未来的生动图景，激励全体成员为了愿景的实现而共同工作，把未来的图景变为现实。棉花溪小学的教师认同学校的做法，并就学校的使命和愿景达成了共识，同时遵守由共同愿景而形成的一系列行为规范。韦尔斯中学专业发展学校的大学教师、实习生、中学教师等都为了实现共同的专业发展目标而努力。③集体学习和学习的应用。棉花溪小学的全体教师相互分享信息，不断地寻找新知识、技能和策略，并通过合作共同制订计划、解决问题和增加学习机会。韦尔斯中学专业发展学校的指导教师和实习生等也在共同学习、共同发展。④共享的个人实践。棉花溪小学每位教师的课堂都是开放的，教师观摩彼此的课堂并相互激励，给出反馈建议来改进教学实践。韦尔斯中学专业发展学校的教师也经常观摩其他学校的教学情况。⑤支持性条件。棉花溪小学教师之间相互支持，相互信任，关系非常融洽，学校也提供了充足的物质条件以保证教师的教学和合作活动的顺利开展。韦尔斯中学专业发展学校能够顺利实施新的试验课程，离不开南缅因州立大学的各种支持。

三、PLC 视域下的美国教师专业发展的思考和借鉴

（一）PLC 促进美国教师专业发展的优势

1. 合作性质的自然性

（1）教师文化的分类。教师文化的分类包括以下几个方面。

第一，个人主义教师文化。个人主义教师文化是指教师信奉不干涉主义和独立主义，教师之间相互隔离，教师的主要精力是用来处理自己的课堂事务。个人主义教师文化，从表面上看不会损害他人利益，但是却严重阻碍了教师需要通过与其他教师合作才能实现的专业发展。

第二，派别主义教师文化。派别主义教师文化又称为小团体教师文化，在这种文化里，教师分属于不同的派别或团体，各个团体之间相互分立，互不交流，漠不关心，相互竞争，每位教师忠诚于自己的团体。在团体内部，教师联系紧密，互相交流，追求利益一致化。派别主义文化虽然能加强团体内部教师之间的合作和共同发展，但是使不同教师团体之间的观点和利益日益分化，不利于教师在更广泛的范围内进行合作交流和发展。

第三，人为合作的教师文化。人为合作的教师文化是指教师被要求按照行政人员的意图和兴趣进行合作，教师的合作是一种被动的、受到外在的行政控制的合作。这种在行政人员指令下进行的教师合作，虽然在一定程度上取得了一些效果，但是也存在很多缺陷。比如，整个合作过程提前进行了周密的计划和安排，教师不能进行灵活的变通；强迫教师进行合作，没有顾及教师的兴趣、感受，削弱了教师参与合作的积极性；等等。哈格里夫斯对这种机械性的人为合作的教师文化持批判态度，他认为人为合作的教师文化必须要向自然合作的教师文化过渡。

第四，自然合作的教师文化。自然合作的教师文化指的是教师积极主动地寻求与他人的交流和合作，教师之间的合作是自发的、自愿的和主动的。这种自发的教师合作使教师不断分享资源、知识和技能，进行交流、对话和反思，使得教师共同获得专业发展。但是，这种教师自发性合作也受到很多条件的限制，比如，缺乏强有力的行政支持、教师的合作时间缺乏保证等。哈格里夫斯认为，自然合作的教师文化是促使教师进行专业发展的最理想的途径①。

（2）美国 PLC 中的教师自然合作文化。哈格里夫斯认为，自然合作的教师文化具有自发性、自愿性、发展取向性、超越时空和不可预测等特征②。在美国 PLC 中，自然合作的教师文化的几个特征均得到了不同程度的体现，具体表现如下。

第一，组织形式上的自发。在美国 PLC 中，教师开展了各种各样的合作活动，如课堂观摩、课例研究和合作批改学生作业等。这些合作活动的开展都是源于教师本身的需要，正是这些共同的需求激发了教师学习和寻求合作的意愿，教师会自发组织这些合作活动。这些工作的顺利开展也需要校方的配合，学校领导大力支持教师的自发性合作，并可以提供一些支持性措施，如根据课程计划的具体时间，提供场所和经费等。

第二，教师主观上的自愿。美国 PLC 全体成员具有共同的价值观和共同愿景，这些共同的价值观和愿景是由教师的个人需求、个性倾向、自我经验和相互之间文化背景的融合而形成的，并且会内化为教师的行为规范。教师会为了共同的目标而努力进取，也会自愿参加各种形式的合作活动，不需要外在行政力量的限制和强迫。

第三，发展取向上的自主。在美国 PLC 中，教师可以根据自己在特定时期的不同需要而进行学习，教师可以选择适合自己的学习方式并不断调整学习目标。教师在与其他教师合作交流的过程中，也会不断地进行自我反思。他们会自主从事各种革新，积极主动地与其他教师合作，而不是被动地接受变革和他人设定的目标。在必须应对外界的改革时，他们往往会凭借自己的专业自信和审慎的判断作出有利于自我发展的明智选择。

---

① Hargreaves A. Changing Teachers，Changing Times：Teachers' Work and Culture in the Postmodern Age[M]. London：Cassell，1994：192.

② 冯生尧，李子建. 教师文化的表现、成因与意义[J]. 教育导刊，2004，（4）：32-34.

第四，发展空间上的超越。美国 PLC 中教师自发组织的合作活动形式多种多样，既有正式的合作活动，也有非正式的合作活动，而且活动的空间和时间也有多种选择，不会局限于某一确定的时间和地点。

第五，不可预测的发展结果。在美国 PLC 中，教师一般都是自发组织活动，自愿参加，教师自主决定合作的目的、内容和过程等。但是受到一些客观条件的影响和限制，一切都是处在不断变化的状态中，需要随时进行调整。

2. 合作过程的深入性

合作是教师为了改善学校教育实践，以自愿、平等的方式，围绕着共同感兴趣的问题探讨解决的办法从而形成的一种批判性互动关系。教师合作的过程至少应该包含三个阶段：展示活动或陈述自己的观点—经受他人评议和质疑他人观点—反思并改进。第一阶段的合作活动比较浅显，往往会流于表面的形式，可以称之为“浅显的合作”；第二阶段和第三阶段的合作则比较深入，效果也往往更好，可以称之为“深层的合作”。不同阶段的教师合作具有不同的意义。浅层的教师合作会促进教师之间知识、教学技能和资源的分享，而深层的教师合作不仅会促使教师相互分享，而且会推动教师间进行批判性的专业对话，促使教师积极反思，不断改进教和学，还有可能会改变其信念和价值观。

在美国，一般而言，PLC 中教师之间相互信任，平等协商，每位教师都享有平等的话语权和决策权。在这样一个和谐的氛围中，教师之间的对话和交流、相互质疑和探究得以顺利实现。同时，PLC 中的各种教师合作活动也比较重视教师之间的批判性互动。比如，教师所进行的课例研究活动，在合作备课前，教师会各自根据自己的教学体会以及对学生的了解等先制订出一份自己比较认可的教案，然后相互交流自己对教案的想法，并经受其他教师的批评指正，经过讨论，教师小组最终形成一份适合大家的、每位上课教师都能使用的研究课教案。在研究课结束后的讨论会上，小组内其他教师分别呈现自己在听课过程中所收集到的关于授课教师教学和学生学习表现的信息，由于每位教师观察的侧重点不同，可能会对授课教师的教学产生不同的看法，授课教师会一一回答这些问题，听课老师会提出自己的意见。教师小组内不同的观点和想法不断地进行碰撞，往往会激发教师新的灵感。因此，授课教师通常会提出新的方法来解决此次教学过程中出现的问题。当然，听课教师也会综合、全面地分析这次研究课所产生的效果，并集体讨论其是否达到了预期的目标，进而决定有没有必要进行第二次研究课。同样，教师参加合作批改作业、合作建立专业档案袋和小组评价档案袋等活动时，教师都会组织讨论会，讨论会为教师交流各自的体会和小组对话、交流、探究和反思提供了一个平台。

美国 PLC 全体成员具有共同的愿景，他们一般都会努力思考如下问题：①我们所做的一切其根本目标是什么？②我们希望能够成功地实现什么？③如果想要做得更好，我们采取的策略是什么？④评价我们不断进步的标准是什么？在思考这些问题的过程中，教师往往会萌生明确的发展目标及前进的方向。正是由于美国 PLC 中的教师具有不断发展的愿望，因此教师合作活动一般都不会仅仅停留在讨论和交流阶段，而往往会比较深入的探讨。比如，教师在参加完课堂观摩讨论会后，需要完成一份记述个人参加本次观摩活动心得体会的课堂观摩报告，这些心得体会将包括教师通过观摩收获了哪些有意义的信息、对自己有什么启发、如何将这些信息运用到自己的教学中和改进自己的教学活动、对自己的教学理念有哪些影响、下一个阶段有哪些计划等。教师在参加完其他合作活动之后，也会自觉地进行反思。美国教师 PCL 中的教师彼此对话，有助于帮助教师通过反思，不断澄清和修正个人的观点、信念和假设，有助于帮助教师克服思维中的盲点，不断更新其既有的教学信念和价值观。

3. 合作形式的多样性

从前文关于 PLC 的概念界定中可以看出，PLC 是一个由管理者和教师组成的团队。从字面意思上看，PLC 的成员是管理者和教师。但在美国的具体实践活动中，PLC 成员的范围扩大了，主要包括管理者、教师、顾问、媒体专家等对学生的有效学习负有明确责任和义务的学校或者学区层面的专业人士，另外也包括学校董事会、家长、市民、教育部官员、教育协调人员等。但是，对学生的学习没有直接责任的秘书和档案保管人员则不包括在内。美国 PLC 开展的合作活动形式有中小学校内部和校际合作、中小学和高等教育机构及其他机构之间的合作等。

在美国，一些形成 PLC 的中小学校所开展的合作活动种类也比较多。在同一所中小学内，也出现了同一学科、同一年级的教师之间的合作，同一学科、不同年级的教师之间的合作，不同学科、不同年级教师之间的合作，学校全体成员之间的合作等多种形式。比如，任教科目相同的同一年级的教师之间相互观摩课堂以改进教学；合作开发校本课程并选择某一研究课进行课例研究；合作批改学生作业以便了解某个年龄阶段学生的学习表现；根据学科的特点和学生年龄的特点选择相关的书目共同阅读和交流读后感；等等。再如，不同学校的任教科目相同的同一年级的教师之间也可以相互走进彼此的课堂；对学区所规定的共同科目进行课例研究和共同检查每个学校学生的作业；等等。

在美国，通常来说，一些中小学校也和高等教育机构及其他组织机构建立了广泛的合作关系。比如，大学教师或者专家出现在中小学教师的课堂中观察教师的教和学生的学；大学教师或专家被邀请去参加中小学教师开展的读书讨论会并给予指导；开发课程专家深入到中小学内部和中小学教师共同实施课例研究；教育专家也会加入小组合作检查学生作业的队伍当中；教育专家会指导中小学教师如何开发教师专业档案；中小学教师到大学去进修或者担任大学的一些课程；中小学教师对大学的师范生在中小学内进行的教学实习进行指导；等等。另外，学区或州的一些组织机构所指派的督学或者协调员等，也不再扮演传统的评价者的角色，而是和中小学教师保持平等和友好的合作关系。教学督学将会作为一个教学促进者来观摩教师的课堂并致力于改进中小学教师的教和学。

4. 合作内容的丰富性

美国学者利特尔从美国的现实情况出发，指出教师自然合作文化主要从以下四个场合体现出来：教师之间进行的关于教学的日常交谈，教师共同进行教学设计、开发教材和探讨教育方法，教师观摩其他同事的教学，教师之间相互交流新的想法。由此，我们可以看出教师合作的主要内容包括：与同事共同讨论教育教学实践中遇到的问题，和同事共同设计教育教学活动，与同事交流新的观点和想法，和同事共同讨论学生的学习表现，与同事分享自己在教育教学实践中的体验。

在美国 PLC 中，教师合作的内容相对来说比较丰富。比如，课前的合作备课、合作教好一节课、课堂观摩、课后的教师合作批改学生作业、日常生活中的共同阅读书籍，以及通过制定和评价教师专业档案进行经验交流等。当教师进行课例研究时，他们通常会进行合作备课。比如，教师往往会根据学生的实际情况来确定研究课的目标；教师会一起思考一些关于学生的问题，包括学生现在具有哪些素质，教师期望学生在未来五年里能够具备哪些素质，教师最想着手消除理想和现实之间的哪些差距。在形成研究课目标后，教师会根据实际情况设计教案，并经过一致讨论形成一份每位上课教师都能使用的教案，由不同教师重复上这节研究课，直到取得良好的效果。同时，美国 PLC 成员也会互相观摩彼此的课堂，共同讨论解决教学实践中遇到的问题，如前边案例中所示，督学玛丽观摩约翰教师的课堂，并帮助约翰解决他所担心的他给学生的课堂指示是否明确的问题。另外，教师小组在合作批改学生作业时，教师通常会从不同角度观察学生的作业，教师会相互质疑彼此的教学活动和学生的作业是否合适，教师会从学生的作业中了解学生掌握知识的多少、对知识的理解程度以及每个学生的学习优势等。当然，美国 PLC 中的教师也通过共同阅读一些与教学活动相关的书，相互交流各自的观点和新的想法并拓展知识面。他们也会通过独自或者合作建立教师专业档案，将各自在教育教学活动过程中的经验与同事进行分享。

5. 合作目标的全面性

教师合作既是一种工作方式又是一种成长方式。作为一种工作方式，教师合作的目的是提高教育教学的质量；作为一种成长方式，教师合作的目的是促进教师的专业发展。芬拉森（B. Felason）等指出，工作场合可以提供两种支持①：一是工具性支持，即提供完成某项任务必需的物质上的援助、建议或知识；二是情感支持，以关心行为和同情性倾听为特征。由此可以看出，教师同事之间

① Hargreaves A. The emotional geographies of teachers' relations with colleagues[J]. International Journal of Educational Research，2001，35（5）：503-527.

合作的价值取向具有多向度性和全面性。

在美国 PLC 中，教师合作的目标相对来说比较全面，主要有教师的专业知识的增加、专业技能的提高、专业精神的养成以及专业自主权的增加等。美国 PLC 开展的教师合作活动，可以发展教师的专业知识，如教师通过交流读后感、合作检查学生作业等途径可以丰富教师个体的显性知识；通过观摩其他教师的课堂和创建教师专业档案等活动，可以发展教师的隐性知识。美国 PLC 所采取的一系列措施也有利于提高教师的专业能力，如提高教师的合作交流能力、反思能力、准确评价学生的能力和科研能力等。美国 PLC 激发和强化教师的适度焦虑，控制教师的过度焦虑等有利于促进教师和同事之间进行积极的情感交流，也有利于改善教师的心境。美国 PLC 也比较注重激发教师的专业精神，如激发教师的合作精神、创新精神和勤学乐思精神等。美国 PLC 通过教师之间的合作和交流，稳固了教师的专业信念，即调整教师原有的教师专业信念，并形成新的教师专业信念。美国教师 PLC 也较为关注教师自主权的获得和应用，并采取一系列措施致力于增加教师的专业自主权，主要表现为增加教师的参与决策权和专业发展权。

（二）PLC 促进美国教师专业发展面临的困惑

很显然，美国 PLC 对于促进教师专业发展表现出了很多独特的价值和魅力，然而，理性地看待其现状会发现，其中也存在一些问题和不足之处。

1. 合作缺乏持久性

美国 PLC 中的教师合作活动都是由教师自发组织起来的。这种自发性的、自愿性的教师合作会受到很多条件的限制而不能长久继续下去。比如，在教师专业发展过程中，教师以往会参加一些读书会等活动，但是由于临时需要，教师可能需要去大学听课、接受培训等。教师会因为时间的冲突而不得不选择参加某一项活动，于是不得不中断往日与其他教师的合作。另外，在美国 PLC 中，虽然教师具有共同的奋斗目标，但是每位教师也会根据自己的实际情况制定短期和长期的发展目标。在某一段时期，教师会积极参加某些特定的专业发展活动来完成这一时期的具体目标，而在下一个阶段，教师会转向参加其他合作活动。

2. 物质条件不充足

美国 PLC 通常需要一些物质条件来保证教师合作活动的顺利开展，包括合作所需要的时间、经费、场所等。比如，教师在参观其他教师的课堂时，一般都是在正常的工作时间内进行的，若与被观摩教师的上课时间冲突，教师则需要与其他教师调课，而这往往需要与多个教师进行协调，实施起来会存在一些困难。同一学科或者同一年级的教师，由于人数较少、聚集所需场地不大和时间相对集中等，往往会比全部教师更容易聚集在一起进行合作。另外，教师在进行课堂观摩时，往往会用到一些观察工具，如录音机等；教师共同阅读时也需要书籍能得到及时供应；教师创建专业档案袋时需要用到教学录像、照片以及需要进行一些技术培训等，这些都要求有足够的经费给予支持。

3. 行政支持力度不够

美国的 PLC 虽然为教师的合作提供了一些物质条件保障，但是却较少有相关政策出台或者制定相应的一些规章制度，使得教师之间的合作遇到的外界阻力比较大。另外，美国 PLC 倡导教师自发、自愿和平等地进行合作，因此也没有具体周密地计划和安排教师合作的程序、内容、方式和评价等，这在一定程度上也容易导致教师合作活动的夭折。

（三）PLC 促进美国教师专业发展对我国的借鉴意义

我国中小学有优良的合作传统和合作基础。早在 1952 年，教育部就颁发了《中学暂行规程（草案）》[①]，并明确规定：中学各学科设教学研究组。由各科教员分别组织之，以研究改进教学工作为目的。同年，教育部在《小学暂行规程（草案）》[②]中指出，小学教导会议由全体教师依照学科性质，根据本校具体情况，分别组织研究组，各组设组长一人，主持本组教导研究会议，研究改进教导内容和教导方法，并交流、总结经验。1957 年，教育部颁发《中学教研组工作条例（草案）》[③]，规定教研组工作的内容包括：学习有关中学教育的方针、政策和指示，研究教学大纲、教材和教学方法，结合教学工作钻研教育理论和专业科学知识，总结、交流教学和指导课外活动的经验。20 世纪 80 年代以来，随着学校办学规模的逐渐扩大，为了便于学校教学管理，年级组应运而生。目前，我国各省（自治区、直辖市）及其下辖区县也都建立了教研室，每所中小学也都设有教研组和年级组，这些合作组织虽然没有美国 PLC 发展得完备和成熟，但都可以看作是 PLC 的雏形。我国 PLC 虽然也采取诸多措施，如开展集体备课、相互听课、合作科研等合作活动，致力于促进教师专业发展，但是实际取得的效果和理想的差距还比较大，而且在实践中也存在很多问题。美国 PLC 促进教师专业发展的实践经验对我国有不少值得借鉴的地方，因此，笔者提出以下几点建议以供思考。

1. 建立合作型教师文化

哈格里夫斯对教师文化进行了深入的研究并得出结论：自然合作的教师文化是最理想的促进教师专业发展的途径。从某种意义上来说，美国 PLC 形成了这种自然合作的教师文化。其在以下几个方面有所体现，即教师自发组织合作活动，并根据自己的需要自愿参加活动，教师自主从事各种革新等。我国的 PLC 也组织了一

---

① 《中国教育年鉴》编辑部. 中国教育年鉴（1949—1981）[M]. 北京：中国大百科全书出版社，1984：731.

② 《中国教育年鉴》编辑部. 中国教育年鉴（1949—1981）[M]. 北京：中国大百科全书出版社，1984：728.

③ 中华人民共和国教育部. 中学教学研究组工作条例（草案）[C]//何东昌. 中华人民共和国重要教育文献（1945—1975）. 海口：海南出版社，2003：720.

些教师合作活动来促进教师专业发展，如集体备课、相互听课、评课、说课、公开课、教案评比和专业课题研究小组等，虽然取得了一些成效，但在实际实施中仍然存在不少问题。例如，教师在进行集体备课时，形式主义比较严重，教师只是追求如何尽快完成任务，而不会主动地与同事交流教育教学思想、教学经验和心得体会等；集体备课主要是让教师合作研究教材内容和讨论如何教学，而忽视了对学生的研究和讨论；教师在听课和评课时，教师同事之间为了相互“照顾”和“给面子”，并没有做到真正的相互批判；在公开课评课时，往往是领导、专家居高临下评说得多，与上课教师之间的平等交流得较少，而普通教师参与评课和交流得则更少；教案评比也往往是比较注重教案的格式、数量，较少关注内容，而且评定人员主要是教学管理人员，忽视了教师之间的相互评价和交流。由此可以看出，我国 PLC 中教师之间的合作处于初级阶段，主要以人为的合作为主，这与美国 PLC 中教师之间的自然合作相比还有很大的距离。因此，我国 PLC 不能一味地去效仿美国教师的自然合作，我们应该根据我国的国情，在人为合作和自然合作之间寻求一种平衡。为此，我国 PLC 应该合理地吸纳人为合作文化和自然合作文化的优势，努力构建一种合作型教师文化。这种合作型教师文化具有很强的包容性，它既能体现自然合作文化中的教师自发、自愿和自主等特点，又能合理利用人为合作文化中的组织管理和调控。在这种合作型教师文化氛围中，教师按照某种合作方式，在互动过程中相互开放、信赖、协作、支持以达到一定的目标，从而促进教师共同发展。

2. 注重教师间的批判性对话和反思

教师的改变是有一定层次的，最上边的是教师表层的改变，是指教师使用新的材料或者在教学活动时间等方面发生了变化，这是一种最浅层次的改变。中间的是教师行为的改变，这对教师专业发展有一定的积极意义，但是没有触及教师的内心和灵魂。最下边的是教师包括价值观、信念、情感和伦理在内的意识形态和教学思想的改变，这才是教师真正的改变。信念反映教师的期望以及他们的价值取向，作为一种系统，它们构成教师的意图、观念、对某一特定的课堂情境的解释，以及教师对该情境所采取的系列行为的基石①。教师的信念改变是一种深层次的改变，它对教学行为等其他层面的改变具有重要影响，决定教师改变的关键因素不是外界的行政指令，而是组织文化的优劣。在形成自然合作文化的组织中，教师自发地、自愿地参加活动，在一个相互平等的氛围中，教师相互质疑、相互批判，不断反思和改进，有助于教师实现价值观、信念等深层次的改变。在美国 PLC 中，教师开展的合作活动都特别重视教师之间的批判性对话和反思，如课堂观察后有反馈会议，教师合作批改作业有讨论会等。美国 PLC 正是通过教师之间平等的、丰富的批判性对话，使教师有机会反思和不断修正自己的教育理念，从而实现深层次的改变。

① 谢翌. 教师信念：学校教育中的“幽灵”——一所普通中学的个案研究[D]. 长春：东北师范大学，2006.

在我国的 PLC 中，教师之间的合作多是浅层次的合作，往往容易流于形式，如教师在集体办公室里经常会相互交流一些身边发生的问题，但都停留在探讨问题的表面特征，没有深入到问题的本质；在一些教研活动中，也往往是对问题点到为止，不对其他教师和自己的观念进行深入分析。“把教师们召集在一起，让他们谈论自己的所做的事情，并不能必然地促进批判反思。”[①]教师之间即使有对话，也经常是一些礼貌性的对话，而礼貌是所有好的合作的“毒药”。教师在进行所谓的交流对话之后，也较少进行反思。因此，我们应该加强教师之间的深层次合作，注重教师之间的批判性对话和反思。

3. 拓展教师合作内容和形式

不同的教师具有不同的个性特点、教学风格，而且处于不同的教学水平和不同的教学环境之中，教师在寻求专业发展方面也有不同的需求和选择。教师个体的自我发展需求存在差异，每位教师所处的专业发展阶段也是不同的。“每一个人的存在都有人的类本质不能包容的东西，因为每一个人都可以按自己的选择的、类本质所不能规定的独特方式生活。”[②]因此，只有当教师的需要和兴趣被尊重和满足时，教师学习和发展的动机才能被充分地激发，教师个体才会积极主动地参与活动并获得专业发展。美国 PLC 中的教师可以在课前与同事合作备课，共同教学，相互观摩彼此课堂，在课后合作批改学生作业，参加读书讨论会，合作建立和交流、评价专业档案等。正因为美国 PLC 的活动都是由教师自发组织起来的，所以教师的需求在最大程度上得到了满足。在我国的 PLC 中，教师之间的合作内容比较单一，这些行政指令下的合作活动较多地指向教学等显在的活动。比如，集体备课、传帮带、听课、公开课等，其他方面的合作活动则相对较少。教师之间的合作形式也比较单一，校内同学科教师的合作明显多于其他形式的合作，表现为中小学一线教师与专家之间的合作、中小学校际教师的合作和同一所学校中不同学科教师之间的合作不足等。

4. 关注教师多方面共同发展

由前文关于教师专业发展的定义可知，教师专业发展的过程就是教师专业不断成熟的过程，其中既包括教师专业知识的丰富和专业能力的提高，也包括专业心境的改善和专业自主权的增加。教师良好的专业心境有助于增强教师对自身的认同感，增加教师不断寻求专业发展的自信心。教师的专业自主是教师达到完全专业地位的关键环节之一，也是教师不断寻求专业发展的关键环节之一。教师的专业自主权问题是一个较为复杂的问题，从理论上讲，教师享有的专业权利比较广泛。1966 年，联合国教科文组织在《关于教师地位的建议》中对教师的职业自由和权

① 布鲁克菲尔德. 批判反思型教师 ABC[M]. 张伟译. 北京：中国轻工业出版社，2002：173.

② 赵敦华. 现代西方哲学新编[M]. 北京：北京大学出版社，2001：322.

利也作出了明确的规定。但是，实际上，大多数教师并不能充分享有专业自主权。教育改革中人们一直不断地呼吁必须强化教师的专业地位：给予教师自身工作更多的自主权和控制权。

美国 PLC 不仅关注教师的知识增长和技能提高，也较为注重培养教师良好的专业心境和尊重教师的兴趣，并让教师获得更多的自主权。美国 PLC 的教师在合作过程中，教师通过批判性对话，在交换思想和观念的同时也进行着情感和情绪的沟通与交流，这种精神层面的交流有助于教师良好专业心境的形成。在美国 PLC 中，教师参与重大事务的决策和管理的同时，在各种教师合作活动中，每位教师都有机会担任领导，全面负责整个活动；教师也享有充分的自主权，自主决定参与某种活动项目以及制定自己的专业发展目标，自主进行各种革新。在我国的 PLC 中，教师从事合作活动，通常是为了达到一些外在的功利性目标。比如，增加教师的专业知识，提高教师的教育教学技能等，对教师专业发展所需要的情感、动机等因素则相对关注得较少，而赋予教师的专业自主权则更少。虽然我国在 1993 年和 1995 年分别颁布了《中华人民共和国教师法》和《中华人民共和国教育法》，规定了教师应该享有的权利，但是当前我国 PLC 中的教师在其实际的职业生涯中，教师的某些专业自主权仍受到限制，教师在从事教育教学活动中，很明显地缺乏主体自主意识，教师的权力名不副实。因此，我国 PLC 应该致力于关注教师多方面的共同发展，在致力于提高教师教学技能的同时，也应该多关注教师的精神需求和心理健康，并充分赋予教师专业自主权。

第十章

英国基于 PLC 的协作型教师专业发展

一、实然透析：英国协作型教师专业发展模式的基本定位

20 世纪 80 年代以来，经济全球化使各国竞争日益激烈，教师的工作状况与学生的学业成绩达不到人们的期望。在此背景下，英国同其他国家一样加强了对教育的重视，开始对教育进行改革，教师教育也迈开了改革的步伐。长期以来，英国的教师教育是“大学主导型”模式，实践教育处于边缘地带。英国开始对教师教育进行大刀阔斧的改革，试图改变传统的由大学控制教师教育的局面，建立一种新的更具实践特性的教师培养模式。政府决策者们纷纷强调充分发挥中小学在教师培养中的作用，并出台了一系列相关政策，建立以学校为基地的教师教育模式，即协作型教师专业发展模式，包括 1972 年《詹姆士报告》（*The James Report*）提出的“三阶段模式”、谢费尔德大学教育学院提出的“六阶段培养模式”、1992 年 5 月英国开始推行的新教师教育模式。这种新教师教育模式突出了中小学在教师教育中的地位，因此，它被称为以中小学为基地的教师教育模式。为了表征这一变化，英国赋予那些参与教师职前培养的示范性中小学以新的名称——伙伴学校。从此，围绕着“合作伙伴关系”这一基本思路，教师教育尤其是职前教师教育领域发生了翻天覆地的变化，最终确立了教师教育的伙伴学校模式。

英国教师教育的伙伴学校模式是英国协作型教师专业发展模式的典型模式，因此以此模式为例分析英国协作型教师专业发展的实然状况可以对英国教师专业共同体的运作模式有一个清晰的认知。

（一）多项支持政策

1972 年，《詹姆士报告》指出，地区师资培训组织中的大学像家长似的把师范课程引向“过于学术化”，给教师教育带来了危险，培训组织效率不高。因为教育

学院已经成熟，不需要家长似的大学的控制，可以接受英国全国学位授予委员会的课程审查和学位证书。因而要求政府正式废止地区师资培训组织。报告关于“三阶段模式”的论点主要包括以下内容。

第一阶段：个人教育阶段，也是普通高等教育阶段。学制2年。课程包括一般科目和专门科目两大类，可以在大学或者多个科学技术学院进行。学习结束后，获得高等教育文凭。

第二阶段：教育专业阶段，也是职前教育与引导阶段。学制2年。教育对象为具有第一阶段高等教育文凭的人。第一年学习教育专业课程，成绩合格者获得试用教师（licensed teacher）资格。第二年获得试用教师资格的人被分配到中小学校进行实习，实习期间由专业教师辅导，并分配到特定的专业中心，接受1/5工作时间的学习。第二阶段结束以后，享有大学毕业生地位，获得（教育）文学学士学位。

第三阶段：在职教育与训练阶段。报告要求，学校领导、部门领导和其他高级教师都应该特别关心自己学校和本部门教师的需要，重视本校教师的继续培养，充分利用资源安排讨论、学习，邀请访问教师举办讲座、设立辅导班等。同时积极鼓励教师到校外参加各种形式的在职进修。学校应该设立专业导师负责第二阶段和第三阶段的衔接以及第三阶段教师在职教育工作。①

然而，遗憾的是，《詹姆士报告》并没有被当时的政府以任何有意义的方式贯彻执行，它仅是一家之言。尽管在一些院校出现了与中小学建立伙伴关系的说法，但具体实践仍停滞不前，结果教师教育越来越呈现出散碎的样态。

1983年，英国教育与科学部以及威尔士教学事务部共同发表了题为《教学质量》的白皮书，表明了政府对教师问题的态度。同年，英国政府提出实施一种教师职前训练课程的新标准，具体包括三个要素：

第一，合格教师的高等教育和职前训练至少应有一年时间用于学习专业课程，未来中学教师要学习与小学课程有关的较为广泛的课程。

第二，职前训练还应充分重视教学方面的课程，使师范生知道怎样教好不同年龄阶段的、具有不同需要的、不同能力水平的学生。这类课程应当成为职前训练的重要组成部分。

第三，师范生的学习应该与中小学的实际经验紧密联系，中小学教师应该参与师范生的培养工作。②

1984年，为确保教师教育课程的专业水准，英国成立了教师教育认证委员会（Council for Accreditation of Teacher Education，CATE），负责对师范教育课

① Ross A. Teacher education and training：A report by a committee of inquiry appointed by the secretary of state for education and science，under the chairmanship of lord James of Rusholme[J]. Irish Journal of Education Iris Eireannach an Oideacharis，1972，6（1）：65-66.

② 裴娣娜，吴国珍. 国外中小学教育面面观[M]. 海口：海南出版社，2000：44.

程进行职业有效性的审定。这标志着英国首次具体干预教师教育的开始。英国政府颁布了《皇家通谕：初任教师的训练-课程的认可》，旨在增强大学与学校的合作，要求负责教师教育的大学讲师定期到学校接触教育实践，以对学校的实际教学有所了解；学校教师要参与师范生的面试工作。同时，该文件首次对师范生在学校的实习时间进行了规定。在1989年修改后的教师职前训练课程标准中，CATE把高校与中小学合作列为对师范课程进行职业有效性审定的重要内容之一。英国教师教育委员会还对原有教师教育标准进行了较大修改，要求大学与学校进行紧密合作，进一步延长师范生的教学实习时间，保证学校有经验的教师参与课程计划的制订和评估、师范生的选拔和实践工作的评价，此外，还对大学教师在学校的实践经验作了具体规定。在这两个文件精神的指引下，英国的教师教育领域发生了很大的变化，教师教育的实践趋向明显加强。

20世纪80年代末期，英国谢费尔德大学教育学院经过大量调查，提出以学校为基地并注重地方教育当局、大学等师资培训机构与学校的密切合作，并总结出了著名的师资培训“六阶段模式”。第一，确定需要。学校确定教师需要进行哪方面的培训，将教师需要学习的内容提供给大学或地方教育行政部门。第二，谈判。以地方教育当局为桥梁，向大学或者培训机构提出培训要求，并共同协商制定课程。第三，协议。双方确定协议，并将协议交于受训教师讨论、修改，受训教师同意后签订协议。第四，前期培训。时长约为2天。由大学教师在大学内授课，教学内容为新知识和新方法，以扩展教师的视野，使其了解学科发展动态。第五，正式培训。在中小学进行实质性的课程培训。大学与中小学教师一起研究教学，钻研教学难点，选取教学方法。第六，结束。按照协议，教师的难点得以解决、知识和技能得以提高，对培训进行总结和评价，此一轮培训宣告结束。

进入20世纪90年代，英国社会各界对传统教师教育的批评更为激烈，他们认为，无论是教师职前教育还是在职教育都忽视了培养教师从教所需的必备能力。这种过于重视理论的传统的教师培养方式也逐渐引起了教师和师范生的不满，教师教育者和师范生都要求培训机构中的理论教学与学校的实际相联系。加强师资培养机构与中小学合作的呼声越来越高。

1991年，英国全国课程委员会发表题为《国家课程、师范生、试用期教师和证书教师的职前培训》的调查报告。该报告认为，英国教师不适应新的国家课程和考试制度，刚从师范院校毕业的新教师就面临再提高的紧迫任务，因而提出必须改革教师职前培训模式，由大学内分科教学考试为主向以中小学为基地、以教育教学实践为主渠道、以师范院校理论课教学为辅的新模式过渡[①]。英国教育大臣克拉克（K. Clarke）在1991年9月的保守党会议上指出，现在是推动教师培训走上正途的时候

① 王长纯. 比较初等教育[M]. 北京：首都师范大学出版社，2004：186.

了。他遇到太多的不想做教师的年轻人，这些年轻人因为课程太长而不愿选择教师专业，或者接受了培训，但因为课程过于理论化但实践不足而放弃。他希望看到学生在接受培训时有更多的时间真正进入课堂。他希望他们能够在一位有经验的教师的帮助下通过真正的行动来学会怎样控制一个有 30 名学生的吵闹的课堂，并运用他们的培训课程解决问题。①

1992 年 5 月，英国教育和科学部发布了名为《教师职前培养改革》的报告，强调师范教育机构必须建立服务教师培训的中小学基地学校，两者应是合作的伙伴关系，以促进师范教育切合中小学实际。这种共同责任在整个报告的详细条款中都得到进一步的强调。例如，大部分中学教师培训项目中的学生在伙伴学校的时间应该为 66%，其余 34%才是在大学接受理论学习的时间，而且理论学习还应侧重同学校活动相联系的内容。比规定具体时间更为重要的是，双方在未来合作中各自的责任也得到了明确界定。学校“主要负责培训职前教师学会如何进行专业课的教学、评估学生和管理课堂以及指导和评估他们在这些方面的才能”。而高等院校只是负责确保培训课程符合学术审查的要求，提供资格认证需要的课程，向达到要求的学生颁发资格证书并安排学生在不只一所学校接受培训。另外，该报告还主张将来应从高等院校转移部分经费到中小学，以支付它们承担的额外任务，这意味着高等院校将失去近 25%的经费收入。改革从 1992 年 9 月的新学期开始实施，到 1994 年 9 月全部完成；为了完成这次教师教育改革，政府在 1992～1993 学年度拨出专款 600 万英镑。

1992 年可以被看作是英国教师教育史上里程碑式的一年。1992 年 5 月，英国开始推行新的教师教育模式。英国伙伴学校的实践活动有很多，如牛津大学教育研究系同牛津郡的中小学建立的“良师计划”，伦敦大学教育学院同学校所在社区的中小学合作培养职前教师的项目等。

2002 年，英国教育与技能部颁布了《有效教学：合格教师资格的专业标准和职前师资培训的要求》。该文件对院校间伙伴关系的建立作了明确规定②：

（1）大学院校与中小学校建立伙伴协作关系，共同承担教师培养培训的职责，二者地位平等，并应该共同协商制定准教师的教育实习目标，安排准教师的教育实习计划以及实习内容。

（2）与建立伙伴关系的中小学校签订合作契约，以书面形式划分各自的职责，分工明确，各司其职。

（3）确保伙伴关系的有效运行，对于教师的培养、师资培训必须体现科学性与合理性。

① John F，Len B，Sheila M，et al. Teacher Education in Transition：Reforming Professionalism [M]. London：Open University Press，2000：67.

② 转引自胡福贞. 当代英国高等院校学前教育专业实习的特点及其启示[J]. 学前教育研究，2009,（9）：44-50.

2007 年，英国政府对合格教师资格的专业标准进行详细修改，出台了新的《合格教师专业标准》。新的《合格教师专业标准》规定大学院校与中小学校的合作伙伴关系必须形成契约，在法律的制约下共同承担教师教育的责任。正是基于一系列完善的相关法律政策的制约，英国教师伙伴学校才能运行在合理的轨道上，教师专业发展的持续进行、学校质量的持续改善才能得以实现。

（二）多重的愿景和目标

1. 基本目标：提供理论与实践相结合的平台

专业实践是所有知识的终极目标。在英国协作型教师专业发展模式中，大学教师的科研和理论创新与教育实践紧密结合。例如，在英国教师伙伴学校中，职前教师理解并应用本体性知识和条件性知识，体验并掌握实践性知识，从而使之有可能在理论的概括性与实践的具体性之间架起一座桥梁以促进自身成长。在职的中小学教师与大学教师进行合作研究，在研究和解决现实问题的实践中获得有效的持续发展，逐渐成长为在研究中不断反思、在反思中不断发展的反思型实践者。大学教师走入真实的教育实践，在实践中研究教育问题，并且在这个过程中改进教学，检验、反思自己的研究结论，为教师专业发展提供了理论与实践相结合的平台。

2. 共同愿景：促进教师一体化专业发展

英国的协作型教师专业发展模式将大学与中小学连接在一起，并以学校为基地，这意味着中小学不再只是教师的“消费者”，也成了教师的“生产者”，其肩负着促进教师专业发展的重任，持续专业发展是每位教师的正当权利，英国协作型教师专业发展模式中，大学与中小学以及教育当局的共同愿景促进了教师的一体化专业发展。例如，英国教师伙伴学校除了重视职前教师的专业成长外，还注重新任教师的入职适应过程、校本指导教师的质量、高级指导教师的质量，同时还开展专家型教师培训课程，以满足不同阶段、不同层次教师专业发展的需要。英国教师伙伴学校在目标上定位于推动职前教师、中小学教师和大学人员的共同发展。大学与中小学的合作以职前教师的发展为中心，在指导和培养职前教师发展的过程中，大学教师和中小学教师同时获得发展，将职前教师和在职教师专业发展融为一体，并最终促进教师一体化专业发展。

3. 最终目标：促进学生发展、提高教育质量

英国协作型教师专业发展模式的终极目标和其他国家进行教育改革的目的一致，都是为了促进学生发展、提高教育的整体质量。教育是一个整体性的系统，其发展受内外部多种因素的影响，其中教师质量是关键因素之一。英国教师伙伴学校走的是大学与中小学合作共同促进教师专业发展的合作模式，它的目的在于促进教师理论知识和实践知识的共同发展，最终提高教师质量以促进中小学校发展，它有益于学生的发展和教育质量的整体提高。

（三）拓展的共同体结构

资源依赖理论主张，一个组织本身不可能产生足够的资源或功能。然而，不同组织之间展开友好的合作，优势互补、互通有无往往就会产生意想不到的效果。因此，大学与中小学这两个不同组织之间通过一定的协议合作形成的协作型发展模式有助于促进教师专业发展。

1. 拓展的组织结构

从组织结构上来看，英国教师伙伴学校包括大学和中小学以及地方行政部门，其中主要的组织是大学与中小学教育机构。大学与中小学校协作促进教师专业发展，从根本上说是大学与中小学校这两个不同组织之间的互动，更是一种跨组织的行为交往。过去英国的大学在促进职前教师专业成长的过程中虽然与中小学有一定的联系，但是中小学在职前教师培养中的作用很小。在职前教师培养伙伴合作模式下，大学与中小学以中小学教育的实际需要为出发点，发挥各自的资源优势，加强伙伴合作，通过签订伙伴合作模式协议，明确各自的职责及其所获得的利益。以课程内容中的教育与专业研究为例，大学指导教师针对相关教育问题组织研讨会引领职前教师的教育实践发展，职前教师通过在伙伴学校的实际教学实习，形成自己的教育实践能力，并回到大学中进一步检验与完善。大学指导教师和与中小学指导教师共同对课程进行设计、实施与评估。

大学在伙伴关系中的作用是吸纳学校加入教师伙伴学校，并与教师伙伴学校就职前教师的实习安置以及培训质量等问题进行联络协调；支持以学校为基地的指导教师接受相关培训；对职前教师的以学校为基地的实习情况进行考察；对职前教师的以学校为基地的学习的评价和调节过程进行管理；对教师伙伴学校所提供的培训部分的质量进行考核和评价，以达到教育标准局的考核要求以及培训机构自身的质量要求或者教育培训署的鉴定要求；以伙伴关系的名义与教育培训署和教育标准局这样的外部机构进行协调和联络。

任何一所中小学校都是具体的、独特的、不可替代的，其复杂性是其经验不能说明的，也是既定的理论不能充分验证、诠释的。它在伙伴学校中提供真实的教育场景，这样职前教师就能借助中小学这种得天独厚的“实战”条件，并且能够在实践中不断地丰富知识，提升能力。英国政府十分重视中小学在职前教师培养中的作用，强调职前教师的教育实践能力，以及加强教育理论与教育实践之间的联系。中小学的主要职责包括：为伙伴合作模式协议的制定和课程设置配备适合的大学指导教师和中小学指导教师；给职前教师提供实际教学的良好机会，为他们准备适当的培训资源和支持；对职前教师实践的全过程进行跟踪、评估，从质量上保证伙伴合作关系的良性发展①。

2.拓展的人员结构

在教师伙伴学校中，中小学校和大学必须有畅通的沟通渠道，组建由地区督导人员、学校校长、大学教育学院和教育系主任、文理各学科的主要领导构成的管理组，组建由大学教师和学区行政领导构成的协作团体，并竭力形成坦率、和谐的人际关系，促进大学教师之间、中小学教师之间，以及大学和中小学教师之间各层次的思想交流，最终在所有参与者中达成对学校革新、教与学的一种共识。在人员结构方面，英国的伙伴合作模式参与人员主要包括中小学的指导教师、大学指导教师和职前教师。在中小学，教师角色更加多样，一般分为专业指导教师和学科指导教师，前者负责职前教师教育实践的全部事务，一般是由特定的高级教师担任。

大学指导教师在英国教师伙伴学校模式中主要扮演联络者、组织者、管理者和协调者等角色。同时，大学指导教师又为职前教师的专业发展提供指导与咨询意见，评估他们的工作、学习、参与活动等情况，从而促进其教育实践能力的发展。其具体的主要职责包括：联络者选择合适的中小学建立伙伴合作关系；为中小学指导教师培训提供平台；为职前教师提供专业方面广泛而全面的课程知识经验，满足他们所期望的教师任职标准，为其实习的顺利开展作好准备；对实习学校的质量进行定期考察和评估，以满足教育培训署的鉴定程序要求，达到教育部门的标准要求②。

从中小学方面来说，中小学指导教师分为专业指导教师和学科指导教师。学科指导教师的角色是为职前教师的教育实践课程实施提供专业支持和指导。中小学专业指导教师，主要负责联系大学讲师和其他中小学的专业指导教师，对各学科指导教师进行协调，并且从总体上对职前教师在中小学的教育实践活动进行统筹计划与安排。在具体实施过程中，他们通常要管理与协调中小学的培训工作，从质量上保证培训工作的有效进行，对职前教师在学校的培养政策与实践不断精心探索、监督以及评价，并与大学讲师和课程管理者密切合作，监督指导教师的选拔、培养和协助工作，密切联系大学的指导教师和课程管理者，从而促进职前教师教育实践能力的切实提高。

（四）多元的协作类型

综合各学者的论述，可以把英国大学与中小学协作发展模式的类型分为四种，

① Thomas M，Jones S. The impact of group teaching on the acquisition of key skills to teach personal，social and health education[J]. Health Education，2005，105（3）：164-185.

② Hopper B. The role of the HEI tutor in initial teacher education school-based placements[J]. Mentoring & Tutoring：Partnership in Learning，2001，9（3）：211-222.

即大学主导式、补充式、合作式和融合式。这四种模式都有其自身的特点，其中合作式伙伴关系和融合式伙伴关系最为普遍，也更为突出伙伴关系中大学与中小学校的沟通与交流，是理想的协作模式。

1. 大学主导式伙伴关系

大学主导式伙伴关系是指大学在职前教师的专业发展方面占据主要地位，中小学校只是偶尔发挥作用，中小学教师扮演的只是顾问的角色。这种形式的合作只是为职前教师的专业发展提供场所。由于在这种合作形式中，大学为中小学校提供的资源很少，不能有效地促进中小学教师的专业发展，中小学校对职前教师的教育实践指导也十分有限，其主要关注的还是教学，因此这种合作类型并不具有普遍性。

2. 合作式伙伴关系

合作式伙伴关系是一种最普遍的伙伴关系模式。该模式旨在为职前教师提供一种全新的专业发展方式，在新的教师专业发展路径下，职前教师从大学与中小学校里汲取不同类型的知识。其中，大学与学校之间的关系是平等的，大学教师与中小学教师的关系也是平等的，且互相尊重，他们仅在自身具备的知识类型方面有所不同。在英国教师伙伴学校中，职前教师在两个不同的教育机构之间游走。职前教师利用在中小学校获取的实践经验对大学中学到的理论知识进行批判，通过这个辩证的过程来将理论和实践不断地进行融合并形成自己的知识。在此期间，需要大学教师与中小学校教师通过合作来共同指导职前教师的专业发展。这在客观上需要大学与中小学教师密切、持续对话，彼此合作，互相补充。

3. 补充式伙伴关系

补充式伙伴关系与合作式伙伴关系最大的差别在于伙伴关系双方之间的责任是独立的，或者存在一定的互补关系。大学与中小学校沟通、对话的机会很少。换言之，补充式伙伴关系具有伙伴关系的形式，但二者之间的协作却严重缺乏。这种模式有一定的局限性，并不是最理想的伙伴模式。在这一关系模式中，大学缺乏适时的监督与指导，对职前教师的评价也是单方面的，仅来自中小学校一方，指导比较单一，课程设计没有建立在理论知识与实践知识有效整合的基础上。

4. 融合式伙伴关系

融合式伙伴关系体现了大学院校与中小学校合作的进一步深化。基于对教师教育深刻的理解，融合式的伙伴关系进一步扩大了合作机构的外延，不仅仅将合作对象局限在大学院校与中小学校之间，而且将合作对象扩展为一些非教育机构，如地方当局、社区机构等。这种合作类型为伙伴关系的进一步发展提供了机会。这种合作类型考虑到了教师专业与其他专业结合的可能性，具有前瞻性。融合式的伙伴关系代表了一种具有前瞻性和发展性的伙伴理念。

从四种模式的比较中我们可以看出，合作式和融合式的伙伴关系模式是理想的教师伙伴协作模式，合作式伙伴关系模式将理论知识与实践知识进行融合，强调合作参与成员地位的平等性，注重职前教师、中小学教师以及大学教师的共同发展，是最符合 PLC 的合作模式。融合式伙伴关系模式提供了不同机构协同参与，共同提升教师教学质量的可能性，体现了伙伴合作关系开放性的特点。

（五）多方监督管理

英国政府为了提高教师质量，大力支持院校间建立伙伴关系，且与大学院系建立伙伴关系的中小学校数量较多，因此，为了确保项目的质量达到预期，英国政府对英国院校间的伙伴关系必须进行制度化管理。英国大学与中小学校的伙伴关系实行契约式合作。当基于伙伴关系的中小学校不能依据契约对准教师进行教育实习指导或是无法达到双方契约规定的教师教育培训标准时，大学可以向中小学校提出申诉并有权终止合作契约，中断与中小学实习学校的伙伴关系。同样，如果大学在对中小学教师进行培训时，未能达到双方协定的师资培训质量，中小学校也有权利申诉或是中断与大学的伙伴关系。总而言之，当伙伴关系中的一方出现问题时，合作的另一方可以根据双方合约要求对方进行整顿，情况严重时，可终止双方的伙伴合作关系。因此英国大学与中小学校都严格履行相关职责，密切合作以实现互惠共赢①。

英国政府十分重视大学与中小学校伙伴关系在促进教师专业发展过程中的作用。教师培训署颁布了《职前教师教育要求》，对选择伙伴关系学校的参与标准给予了规定。如果伙伴关系学校的培训质量在考察中被认为不符合培训要求，或者学校不按伙伴关系协议中的要求对职前教师进行有效的指导和培训，那么大学应该与其中断伙伴关系，责成其进行休整和改善。2002 年，英国教育与技能部与教师培训署联合颁布《任教资格：合格教师资格专业标准与职前教师教育要求》，其中有如下要求：

（1）大学与中小学校在平等的原则上建立伙伴关系，共同培养未来合格教师，并共同参与职前教师教育计划的制订与实施，根据合格教师资格标准评价职前教师的实习情况。

（2）与伙伴学校签订伙伴协议，确保大学与中小学校双方明确各自的责任分工，使伙伴双方明确资源的分配方式。

（3）确保伙伴关系的良性互动以及培训的合理性、一致性与连贯性。

2007 年，英国教育与技能部与教师发展署联合颁布新的《任教资格：合格教师资格专业标准与职前教师教育要求》，第一次将“伙伴关系的管理”单独作为文件的一部分。如今，英国已经形成了由行政系统与督导系统共同管理的教师教育事业

① 吴迪. 英国教育实习中院校“伙伴关系”研究[D]. 成都：四川师范大学，2015.

管理形式。英国的职前教师教育机构由政府内阁、教育与技能部、学校培训与发展署共同管理，各系统之间有明确的职责分工。政府内阁主要负责政策导向、财政支持和法律法规的制定；教育与技能部的职责在于落实教育大臣的具体要求和实施相关教育法；学校培训与发展署则负责教师培训署的师资供给、机构认可与资金资助、中小学教师的在职培训等。

二、结果审视：PLC 视域下英国协作型教师专业发展模式的成效及其局限性

（一）英国协作型教师专业发展模式的实施成效

1. 对大学方面的影响

（1）大学教师的影响。在英国协作型教师专业发展模式中，虽然传统上的大学的主导地位已不复存在，大学在教师教育中的地位和作用发生了一定的改变，并受到了很大的限制，但是大学教师对职前教师的培养的作用还是不容忽视的。例如，在教师伙伴学校合作模式中，大学教师要定期到中小学校主持教育研讨会，共同商讨教育问题，与中小学教师共同商议培训计划，参与学科教学活动等。在此过程中，对中小学的实际情况，包括遇到的需要、问题等有较清晰深刻的了解，能够得到最新的、可靠的教育信息。这样他们能从实际出发，安排职前教师的课程，使其理论学习能与教育实践活动密切联系，并指导教育实践，在理论知识与实践知识碰撞的过程中发现新的教育问题，促使大学教师的科学研究更具针对性、目的性和适切性。同时，这种模式还能为大学教师在未来教师的培养中积累更加丰富、更符合中小学教育教学实际的教学案例和实践经验。

（2）对职前教师的影响。对职前教师的影响主要包括以下几个方面。

第一，丰富了实践经验。英国协作型教师专业发展模式为其职前教师将来能够更好地适应中小学教育生活提供了一个锻炼的平台。首先，在英国的伙伴学校模式中，职前教师拥有了获得教学实践经验的环境，他们有充足的时间在中小学进行教育活动，通过参与备课、观摩教学、参加各种研讨会等工作了解中小学教学活动的基本运作方式，认识学校教学活动的基本情况，提升其必备的教学技能和处理日常教育问题的能力。其次，职前教师在中小学校有更多的观察、咨询、协商、研究、实践和反思的机会。他们在与其他教师的交流和亲身实践中，能够有机会与有经验的教师进行交流并得到他们的指导和帮助，获得一些基本的教学技能；提高自己处理一般性教育问题的能力，也在实践中检验自己的能力，知晓自己的不足，收获在大学里不能学到的而以后会终身受用的知识，积累丰富的课堂教学经验，较好地实现理论和实践的结合，使自己以后能较快地适应教职工作。最后，英国政府还努力

丰富职前教师的实践经验。英国教育部要求职前教师必须至少在两所学校中实习[①]，以体验不同学校的需要和管理方式，并从中抽象出普遍的概念。因此，即便是在同一的学校内，学生也应该教授尽可能不同的班级。近年来，随着职前教师教育规模的不断扩大，英国职前教师培养的质量也在不断提高。职前教师通过参与式学习，使自己的专业发展思想更加理性，学习态度、学习方式得到转变，并取得了较好的学习效果。

第二，锻炼了表达能力。在英国教师伙伴学校模式中，职前教师结识了更多的教师伙伴，得到了更多学习的机会。在实习过程中，宽松、民主的交流环境，任务聚焦、主题明确的组织方式，给了每一个职前教师平等的表达机会，也使他们更加愿意和敢于表达，从而产生多元、高质量的对话交流。在语言表达方面，通过伙伴间的交流，职前教师能把部分内隐的、缄默的知识说出来。在文字表达能力方面，伙伴之间互相鼓励，针对具体的情况和任务及时记录下自己的所看、所思、所想，通过撰写观察日记、教师随笔等把显性的教育现象与隐性的教育思维等记录下来。在行为表达能力方面，英国教师伙伴学校模式不仅打开了职前教师尘封的心扉，使他们接受他人走进自己的课堂，更重要的是使他们能自由地通过教学行为表达自己的专业思想，实现专业能力的转变以及隐性知识的增长。

第三，激发了自主、反思能力。通过伙伴合作，职前教师逐渐意识到合作学习方式的常态性、重要性，理解了个体缄默知识的性质及其与公共知识的差异，许多职前教师开始在工作中自主、自觉地选择合作伙伴，并进行日常化伙伴合作交流[②]。职前教师置身于真实教学情境里，因此，职前教师的自我观察、自我学习能力就有的放矢，而自我学习能力是一种有力的工具，它将成为职前教师通往合格教师路上的助推器。指导教师的指导可以促进职前教师进行教学反思，使其不断进行实践—反思—再实践，反思性实践其实是从一个问题中不断进行自我评估和对解决问题方法的思考的过程[③]。同时，职前教师深入真实的教学实践，与中小学骨干教师共同参与课堂教学，包括与有经验的指导教师共同制订教学计划、教学设计等，这些都对职前教师教学工作能力的提高起着至关重要的作用。

第四，提高了问题解决能力。在伙伴合作模式中，职前教师能在预设的领域里，通过课堂观察、课例分析、问题研讨、文献整理、教学实践等方式分析问题由来、探寻问题表征、假设问题解决方法。在一次又一次的思维碰撞与实践行为中，职前

① Wright N，Moore J. Students’ perceptions of consistency and coherence[C]// Reidlvan I，et al. Teacher Education Reform：Current Research. London：Paul Chapman publishing Ltd，1994：53-60.

② Dinkelman T. Self-study in teacher education：A means and ends tool for promoting reflective teaching.[J]. Journal of Teacher Education，2003，54（1）：6-18.

③ Margaret P，Maggie S. Developing reflective practice in student teachers：Collaboration and critical partnerships[J]. Teachers and Teaching，2005，11（1）：95-116.

教师解决了若干教学问题，从而使自己的问题意识、问题解决能力得到很好的锻炼。他们不仅能借助他人的教学实际、教学案例深化对一些问题的认识，还能将自我的思想和行为作为研究对象，进行独立的分析并加以解决，从整体上提高了自身教育实践的能力。

第五，巩固了专业思想。实践是人们认识客观世界的源泉。教育实践提高了教师对教育工作的认识水平。职前教师在中小学校参加教学实践，和学生们保持了密切的联系，丰富了职前教师对学生的感性认识，增强了他们对教育工作的体验，这不仅为其掌握专业理论知识打下了坚实的基础，同时也有利于他们提高对教育的认识水平，增强了他们的责任感。

职前教师在实际教学工作中，会遇到各类问题，这客观上激发了职前教师不断地自我审视与对实践的思考。除此之外，职前教师还可以在对学生的指导与评定、课堂用语的运用、板书设计等方面得到很快的提高和进步。

2. 对中小学方面的影响

（1）对中小学校的影响。教师伙伴关系模式使师范生和大学教师进入学校内参与教育实践活动，给学校教育教学注入了新的生机。虽然中小学校在教师伙伴关系中的管理、领导、课程设计等方面的权力并不大，但是随着伙伴合作模式的发展，英国政府对中小学的重视加强，中小学教师也广泛地参与到了课程设计与职前教师的选拔工作中，自身素质得到了提高，促进了学校教学质量与教学水平的提高等。

（2）对学校教师的影响。第一，更新教育理念。中小学教师通过与职前教师分享教学经验以及指导职前教师备课、上课、共同参与研讨等形式参与伙伴关系活动。在这个过程中，为了更好地教学与指导职前教师发展，他们自己要不断学习新的教育教学理论知识并不断提高自己的实践水平，提高自己的综合能力，最终提升自身的专业素养。除此之外，他们在与大学教师的接触中也获得了大量新的、先进的教育理念。大学对指导教师的培训成为中小学校教师专业发展的有力工具。第二，提供深造机会。英国教师伙伴学校清晰的计划、明确的目标、新颖的观点、全新视角的融入对中小学教师提高教和学的能力产生了积极的影响。许多教师抓住与大学合作的机会，与大学保持紧密的联系，得到了更深入的培训——针对课堂观察和教学反思的培训，这对他们的专业发展很有帮助[①]。同时，大学与中小学校的合作伙伴关系可以为教师的专业发展提供更多的机会。中小学教师在合作关系中获准到大学中选修课程，从而使自己处于持续不断的专业发展过程中。有的中小学教师还被聘为大学的兼职教师甚至兼职

① Willett J. Primary teachers' perceptions of the impact of initial teacher training upon primary schools[J]. Journal of In-Service Education，2006，32（1）：33-45.

教授。他们将生动的教学实践经验带入到大学的课堂，为大学教师教育的课程与教学注入了新鲜血液①。第三，推动教师反思。中小学教师与职前教师一同工作，与职前教师不断进行思想的碰撞并通过观察职前教师课堂教学进行反思。在这一过程中，中小学教师获得了重新审视和分析自身教学实践的机会。合作教学强调参与课堂教学的机会，二者共同制订教学方案，制订合作计划和实施课程的过程促进了教师的观察和反思。对课堂的观察和评估在很大程度上促进了教师的反思，激发了中小学教师完善教学实践的热情。英国大学与中小学合作的教师培养模式还推动了中小学反思文化（reflective culture）的发展。中小学校教师在指导职前教师的过程中能更深入、更客观地思考他们自己的教学，从而挑战自己的教学假设，纠正和改变自身的缺限。英国伙伴学校的教师一致承认，指导职前教师带来的最大益处是它推动了个人的反思。第四，适时释放压力。参与职前教师教育的中小学校教师会承担更多的责任与任务，这消耗了他们的精力，使中小学教师备感压力。在实习课程结束后，中小学校教师可以适当将工作交给职前教师去做。这样，职前教师分担了中小学教师的工作量，使中小学教师获得了进行其他方面管理工作或是参加其他形式活动的时间。

（二）英国协作型教师专业发展模式的局限性

1. 合作的“功利性”

在英国，协作型教师专业发展模式要求大学和中小学在合作的基础上，实现充分对话，建立自然的合作关系。然而，实际上一些学校常常从功利的角度出发来对待合作关系。它们认为，中小学参与教师职前教育能够得到不少好处。例如，在教师伙伴学校模式中，中小学校教师认为职前教师可作为分担教学的“额外助手”，能够得到政府的拨款，可利用职前教师和大学教师进行便利的教师在职教育，能够免费使用大学的实验室等。这些中小学的真正兴趣在于如何谋取利益，对于如何指导职前教师的问题却并不关心。大学和中小学目标难以统一，两者之间的对话合作出现困难。

2. 中小学职能盲目扩大

英国协作型教师专业发展模式在形成伊始其目的就是突出实践的重要性。政府赋予学校主导地位。然而，在教师伙伴学校中，英国政府规定职前教师必须在中小学度过2/3的时间，学校的职能超出了它预定范围。首先，学校的首要任务还是教学工作。职前教师在学校的学习时间过长，干扰了学校的正常秩序。其次，对于职前教师来说，他们在中小学度过这么长的时间必然会提高他们的教学能力吗？答案未必是肯定的。指导教师会在指导职前教师的过程中遇到很

① 刘捷. 专业化：挑战21世纪的教师[M]. 北京：教育科学出版社，2002：157-158.

多问题，且不易得到其他教师的理解和支持。指导教师拥有丰富的教学经验，但是他们本身缺少反思教学的能力，如何能帮助职前教师在反思教学能力方面有所长进呢？最后，职前教师在学校教学的压力以及大学实习任务的压力下，他们一般以应付的态度去适应学校的教育生活，一味跟随学校指导教师，唯命是从，对指导教师的教学技能和教学技巧进行单纯的模仿、复制，难以达到提高教学技能的真正目标，也不能更好地发挥自己的潜能。这使职前教师丢失了个人的教学风格，在未来，职前教师更无法面对真实的教育教学环境，难以成为一名真正合格的专业教师。

3. 大学的独特贡献被忽视

英国过去的职前教育重视理论，忽视教育实践，难以达到英国职前教师专业发展的预期要求。在经历了教育改革之后，英国将教师实践知识的获得放到了突出位置。然而这极有可能矫枉过正，忽视了大学的独特贡献。大学能够为职前教师提供更好的专业知识；大学指导教师设计优质的教学实践，指引职前教师思考知识的本质、教与学等复杂问题；大学还能对职前教师的发展进行质量监控。

现如今，过多地强调教育实践可能使职前教师忽视对教育理论的学习与积累。虽然职前教师在中小学校进行教学实践时并没有完全与教育理论脱离，但中小学校并不具备大学的理论研究氛围，不能给职前教师提供系统学习教育理论知识的机会，因此，职前教师可能难以形成系统的教育专业理论知识框架，这可能对其未来的专业成长带来严重影响。同时，如果没有扎实的教育专业理论作为基础，职前教师对于在教育实践中存在的教学原理、教学规律不能很好地掌握和理解，无法真正消化专业理论，只能囫囵吞枣，从而使职前教师难以形成专业理论体系，也无法真正理解教学的深刻内涵。

4. 合作关系的不平等

英国协作型教师专业发展模式要求大学与中小学教师形成合作关系，共同促进职前教师、在职教师的专业发展。长期以来，大学教师被看作“权威”“专家”“学者”“指导者”等，中小学教师则被认为是低一级的，他们的关系时常是“上”与“下”的“指导”和“被指导”关系，而不是伙伴学校倡导的平等合作者关系。这种观念给伙伴合作带来了一些消极影响，使双方难以形成良好的合作关系，大部分中小学教师感到自己没有决策权，感觉自己只是“执行者”而不是“参与者”。如有的教师认为，与大学进行合作没有给他们一种作为教师教育贡献者的情感体验，他们一般是在大学指导教师的培训和指导下对职前教师进行指导和评价的，而大学教师则会偶尔对学校在职教师的教学实践活动进行一定的观察和评估，并提出自己的反馈意见。所以在这种情况下，中小学校教师认为大学教师是带有“胁迫性”的和“盛气凌人”的①。

5. 支持性条件不到位

（1）资金分配不合理。英国实施教师伙伴学校这一模式后，政府极其重视对中小学校的投资，将拨款的重心转移到了中小学校，这可能使大学的资金运转困难。有些大学为了解决这个问题，对大学教师数量进行削减。但是职前教师人数在不断增多，这就导致了师生比例逐渐失衡。为了改善这一局面，大学采用了签订合同聘用临时教师的办法来弥补。有的大学通过与全职教师签订临时性的工作协议使其工作变得临时化，这使大学教师对所从事的教师教育职位以及这个职业的将来缺乏安全感。通过这种方式进入大学的教师，从综合素质和教育情感上来说，已经无法保障职前教师专业发展的质量。额外的压力、大规模的班级、紧缩的财政以及工资的降低已经严重地影响到大学教师的士气。

（2）时间不充足。中小学校教师对职前教师进行指导应该建立在对职前教师有一定了解的基础之上，包括对职前教师专业背景、学科课程、专业发展过程以及性格的了解。这就需要指导教师与职前教师以及相应大学指导教师进行充分的沟通和交流。而英国教师伙伴学校这一模式需要中小学、大学教员投入大量时间，学校常常指派级别较高、经验丰富的教师（通常是副校长和学科教学组长）指导职前教师，但是学校的高级教员除了要进行教学、给职前教师提供指导和从事研究、监督学生学习外，还要管理学校的日常事务，繁忙的工作使他们无暇真正去关心职前教师的教育实践活动。即使对于一些责任心很强的教师而言，繁重的任务也使他们没有过多的精力去顾及职前教师的发展。相关研究表明，大学和中小学校之间、学校教师和职前教师之间都缺乏足够的有效沟通②。有的教师甚至不能保证对职前教师的正常指导，更不必说双方的沟通和交流，这无疑影响了教师专业发展的质量。

（3）有效管理欠缺。在中小学校内部管理上还存在许多问题。例如，学校在对拨款资助的使用分配上缺乏透明度，通常政府对资金的走向没有明确的立法规定，使伙伴合作的资金很难到位，切实用于职前教师专业发展的资金并不多，大多被用在对职前教师专业发展影响不大的书本或设备上；在职前教师发展质量方面，伙伴合作学校缺乏正规的监督体制，尽管部分中小学有指导教师培训的反馈与评价体系，但在整体上不能有效地对专业发展质量进行监督。另外，伙伴学校内部协调有待进一步完善，专业指导教师和学科指导教师不仅要对大学负责，还要对伙伴合作学校负责。

① Robert V，Bullough J，Don K. Partnerships between higher education and secondary schools：Some problems[J]. Journal of Education for Teaching，1997，23（3）：215-234.

② Peter D J. Winning and losing：A case study of university tutor-student teacher interaction during a school-based practicum[J]. Mentoring and Tutoring，2001，9（2）：153-168.

三、反思借鉴：英国协作型教师专业模式对中国构建协作型 PLC 的启示

（一）我国协作型教师专业发展存在的问题

我国协作型教师专业发展模式主要是指教师发展学校。我国教师发展学校是以中小学为基地，由大学或教育科研机构和中小学合作建立的旨在促进教师专业发展的教学研究共同体。它一边连接着大学或教育科研机构，充分利用教育科研人员的理论知识，另一边连接着中小学，深深地扎根于实践的土壤，是一种理论与实践相融合的教师专业发展方式。

但由于教师专业发展学校是舶来品，其本土化理论研究和相关运行机制尚未成熟，总体而言，教师发展学校在我国尚处于探索尝试阶段，还存在着一系列突出的问题，很多细节亟待完善。

1. 重视程度低

教育变革需要我国广大教育工作者转变思想观念，但是由于我国传统的教育观念根深蒂固，因此教师专业发展学校的有效运行还有一段艰难的路要走。

首先，由于我国教师专业性程度相对较低，教育行政部门对于教师专业发展学校没有深刻的认识，重视不够，因此无法提供政策和资金方面的支持。其次，由于大学教师存在着学术性倾向，教师专业发展学校得不到大学教师的普遍重视，仅仅是少数教师或者研究人员的实验基地。最后，对于中小学校教师而言，教学是他们的主要任务，很多教师已经习惯了自己的工作状态，不希望外界的打扰和由此引起的变革打破原来稳定的生活，教师专业发展意识淡薄、安于现状。虽然中小学校教师也希望教师专业发展学校能够促进自身的成长，但是由于见效迟缓，不可能立竿见影，因此在合作中，中小学教师更多的是持一种观望的态度[①]。整体而言，参加教师专业发展学校更多的是部分教师个体的需求，而非学校乃至教育系统的整体需求。

2. 支持性条件匮乏

教师专业发展学校虽然是在中小学与大学自愿合作的基础上构建的，但是学校的良性运作需要一定的条件作为支撑。从目前情况来看，我国教师专业发展学校的支持性条件相对匮乏，集中表现在资金和相关的激励制度上。

（1）资金匮乏。资金短缺问题是我国教师专业发展学校普遍存在的一个问题。截至目前，我国教师专业发展学校的经费来源主要有地方教育财政经费和大学与中小学的科研经费。一方面，由于政府对教师发展学校并不是高度重视，地方教

① 易森林. 教师专业发展学校对我国教师教育的启示[J]. 教育探索，2010，（1）：109-111.

育行政部门能够给予的支持经费是极少的；另一方面，大学的科研重点也不全用在教师专业发展方面，只有师范院校、师范专业以及部分大学的教育学院才重视对教师专业发展方面的研究，但是相关经费并不充裕，依靠没有独立经济来源的中小学解决经济问题更是不可能，因此教师专业发展学校的运行经费十分紧张。如果不改善这一状况，就会影响参与人员的积极性，难以促进教师专业发展学校的有效运行。

（2）激励机制缺席。缺乏应有的激励机制是教师专业发展学校存在的另一个突出问题。教师专业发展学校需要大学教师和中小学教师投入大量的时间和精力，除了依靠教师自身的信念外，也需要适当的外部激励措施。但是，目前大学的评价体系要求大学教师在科学研究、理论创新、成果出版方面作出贡献，这显然不利于那些参加教师专业发展学校的教师群体的生存，更无法激励他们投入更多的精力去开展活动。对于中小学教师而言，他们既要承担沉重的教学任务，还要接受所在学校的考评，承受升学率的压力。倘若没有适当的激励机制，很难调动教师去参与教师专业发展学校的活动，教师即使迫于压力参与其中，也多是持应付的态度。

3. 平等共赢基础缺位

一方面是大学教师与中小学教师地位不平等。由于我国教师发展学校的倡导者一直是大学的教师，大学一直居于主导者的地位。同时，在传统意识上，大学教师常常被看作是专家、学者，其与中小学教师之间的关系也常常被认为是上与下、指导与被指导的关系。在这样一种氛围下，大学教师也习惯于以专家自居，对一些教师的意见采取批判的态度，忽视甚至贬斥一线教师的实践经验，双方难以建立完全平等的关系。

另一方面是本位论认识，未达成统一共识。大学希望中小学为其解决职前教师发展中的实践教学问题；中小学校教师希望大学为其解决基础教育活动中遇到的具体的教学问题，双方本位主义视域下的目标迥异。除此之外，大学与中小学教师本位主义工作价值的认识方式使双方缺乏建构平等共赢的价值认识基础。大学教师大多注重理论研究，不太重视实践教学的重要意义，认为中小学是低于大学一级的教育机构；中小学教师则认为大学教师形而上学的、近乎玄学的理论研究是花架子，缺乏生活实践的民间气息。

4. 资源共享性差

在教师专业发展学校，教师群体不能很好地调动大学相关资源为教师专业发展学校服务。而在中小学校内部，鄙视教育理论的教师与认为理论有助于实践的教师之间尚存在冲突。参与教师专业发展学校的中小学教师仅仅是一部分认可教师专业发展理念的人，甚至不包括他们所在学校的校长。在这种情况下，教师很难调动学校的资源，工作量得不到减免，不少教师甚至保证不了充裕的参与时间。从目前来看，教师专业发展学校双方的合作只是小范围、局部的，合作资源共享性差。两类机构的教师在新教师的培养上可能部分地实现了时间、资金、人力、空间等资源的共享，但很难在关键性知识上实现共享。

（二）对于构建中国特色的协作型PLC的建议

20世纪80年代后，大学与中小学伙伴关系进入了互惠阶段，专业发展学校、专业研究共同体均是此阶段的产物。在专业发展学校中，大学和中小学校的教师共享教学，协作解决实践问题，从事的活动是互惠的；在专业研究共同体中，伙伴成员间进行积极的双向交流并有明确的职责，研究关系的建立往往要经历互助、互惠和利益联盟的过程①。凡此种种表明，理想的大学与中小学协作型教师专业发展模式是建立大学和中小学校之间的PLC，突出大学和中小学校之间的双向重构，提升教师专业发展的实效性。因此，如何构建理想的协作型教师专业模式即PLC，成为一个需要思考的问题。在本书中，笔者试图提出几点拙见，期望能够有益于我国教师PLC的构建。

1. 确立共同愿景、促进共同发展

共同愿景是共同的理想、目标和核心价值，在协作型教师PLC中，共同愿景就是所有参与教师有共同的理想和相似的教育理念。共同愿景是所有成员的奋斗目标和最高理想的集中体现，是所有参与教师相互交流和协作发展的前提。共同愿景的确立可以从两个方面进行：一是创设良好的合作氛围；二是制定以专业发展为核心的共同目标。

（1）创设良好的合作氛围。创设良好的合作氛围需要教师专业共同体成员具有强烈的合作意识，即所有成员在工作中对任务和规则有充分的认知，这是进行合作的基础和前提条件。专业共同体成员的合作意识是在教育教学实践中，通过参与教学问题、教学活动的商讨并共同努力解决教育问题、完成教学任务的经历慢慢培养起来的。创设良好的合作氛围和培养合作意识是相互依赖、相互作用的。良好的合作氛围有利于合作意识的培养，合作意识的提升反过来又对PLC的有效运转起到促进作用，进而有助于创造更好的合作气氛。在这样一个螺旋上升的趋势中，所有成员可以进行有效的合作学习，共同提升专业素养，共同促进专业发展。

（2）制定以专业发展为核心的共同目标。教研是教研员工作的核心，一个教研室或者教研机构只有具备了合理的、以教研为核心的共同目标，才能更出色地完成本职工作，教研员在此过程中才能不断成长。要制定以教研为核心的共同目标，可以先对教研室或者教研机构的教研工作作一次诊断性的调查，了解该教研

① Moira H，Vivienne B，Fran P. Building capacity through teacher enquiry：The scottish schools of ambition[J]. Journal of Education for Teaching，2009，35（4）：409-424.

室或者教研机构的教研状况，针对存在的问题，反复倾听教研员的意见，提出近期和远期的教研目标，把最受成员支持的目标确定为该教研室或者教研机构 PLC 的共同目标，并促使全体成员一起参与讨论作出进一步的修正。有了目标就有了方向，就有了为之奋斗的不竭动力，共同目标的制定能够汇聚 PLC 中成员的个体力量，从而形成巨大的团队凝聚力，推动共同体的有效运转。

2. 通过教育立法，加强政策支撑

以立法的形式保证教师协作型专业发展，不仅能为教师更好地进行一体化、接受终身教育提供法律保障和操作指南，而且保障了教师专业发展的权利，因此，通过教育立法完善教师发展制度是很多国家促进教师专业发展的共同做法。英国是一个依法治教的国家。它以立法的形式保证协作型教师专业发展模式——教师伙伴学校的运行，为其具体操作提供了指导。英国伙伴学校的顺利运行，在很大程度上是因为政府加强了对它的政策与制度支持。英国在教育立法的监督下对教师参与教师伙伴学校的时间、方式、权利、义务以及经费划拨和运行机制等进行了详细的规定。20 世纪以后，我国也对教师的专业发展给予了高度重视，如《中华人民共和国教育法》《中华人民共和国教师法》《中小学教师继续教育规定》等法律法规相继出台。1999 年的《中小学教师继续教育规定》是专业针对教师在职教育的文件。该规定提出：“为新任教师在试用期内适应教育教学工作需要而设置的培训，培训时间应不少于 120 学时；为教师适应岗位要求而设置的培训，培训时间每五年积累不少于 240 学时。”[①]该规定虽然对“新任教师”和“岗位教师培训”均提出了要求，但是文件不足 2000 字，内容不够详细，法律条文只有要求，没有明确的配套措施和责任规定，容易导致操作迷茫和保障不足。由此可见，我国协作型教师专业发展中，加强适合教师专业发展的 PLC 的制度化、法制化建设，尤其是协作型教师发展模式的配套法规和实施细则还有待于进一步健全和完善。

3. 呼吁协作学习，兼重理论实践

（1）协作学习过程。协作学习是指大学教师、中小学校教师、职前教师共同学习与创造专业知识，建构学习者之间、学习者与学习团队之间关系的互惠性专业学习模式[②]。每个参与者就同一学习主题通过自主学习、理论学习和实践学习建构自己对学习主题的全新理解并积极影响学习活动。协作学习的过程可以参考罗斯（R. Ross）、史密斯（D. E. Smith）和罗伯特（C. Robert）的“团体学习循环”（team learning wheel）。他们把协作学习、集体探究的过程称为“团体学习循环”，并提出了探究

① 杜静. 历史与现实的追问：英国教师在职教育的发展与动因研究[M]. 北京：中国社会科学出版社，2010：207.

② Mcclure M F. Research in the classroom：Collaborative learning：Teacher’s game or students’ game？[J]. The English Journal，1990，79（2）：66-68.

过程的几个步骤[①]。第一步，集体进行头脑风暴，提出、商讨他们提出的假设或解决问题的方案，相互之间进行友好而充分地质疑。第二步，确定目标，即所有参与者通过反复商讨，最终达成一致的意见、形成共同的信念。对大学与中小学双方的专业学习者来说，虽然他们在各自持有的专业理论上存在着差异，但这并不应成为开展协作学习的障碍，反而应是协作学习的资源。这就要求学习团队通过协商和对话，实现视域融合，建立双方认同的学习目标。第三步，制订合作计划，即参与者协商制订方案。第四步，开始协作行动，亦即参与者密切合作，实施其共同制订的计划方案，可以是集体行动，也可以是单独完成。

（2）协作学习要求。在进行协作学习的过程中需要注意五个问题。第一，大学教师、中小学校教师、职前教师需要对所有新的学习理念和思维方式保持开放的态度，使其真正与自己的学习兴趣相联系。对每一个学习者而言，理论总是“专属”的，学习者必须在对话中相互借鉴，不断提高自己把实践提升为理论的能力，建立互惠性学习关系。第二，通过弱结构性课程的开发，大学教师、中小学校教师、职前教师把自己定位为以协作学习为核心的知识的“共同创造者”和学习的“共同促进者”，以摒弃把大学教师当作知识的创造者，把其他学习者当作知识的消费者的落后的角色观念[②]。第三，通过积极融入协作学习中的每一个事件、倾听每一句言语、亲历每一次维护协作关系的行动，让大学教师、中小学校教师、职前教师成为创建、维护、促进专业学习的行动者。第四，协作学习需要大量时间和资源的投入，学习者必须改变学习时间的使用方式，把学习与学校教学生活统一，避免专业学习成为学习者的额外负担[③]。第五，必须把提升学生学习作为协作学习的核心，保证 PLC 的“发展”本然性，避免偏重于教师专业发展而损害学生学习。

4. 实行多元评价，完善评价机制

影响教师专业发展的因素有很多，有效的、多元的、激励性的评价机制是完善协作型教师专业发展模式的重要因素。客观的评价结果、多元化的评价方式、激励性的措施是各项实践工作顺利进行和有效推动教师专业化发展的保证。在教师专业发展方面，激励对于教师来说非常重要，实现教师专业化发展最基本的条件就是教师专业发展的激励机制。激励措施一般为物质激励和精神激励，我们建议在实施过程中主要以物质激励为主，因为教师们面临着生活和工作的矛盾，所

① Ross R，Smith B，Roberts C. The team learning wheel[C]//Senger P，et al. The Fifth Discipline Field Book：Strategies and Tools for Building a Learning Organization. New York：Doubleday，1994：59-64.

② Peters J M. Collaborative Action Research in Three Settings：Community College，University and Secondary Education[M]. New York：Action Research，2002：50.

③ Erickson G，Brandes G M，Mitchell I，et al. Collaborative teacher learning：Findings from two professional development projects[J]. Teaching and Teacher Education，2005，21（7）：787-798.

以物质的激励远远比精神激励要有效得多，如划拨教科研专项资助经费等。当然精神激励也是非常重要的，对作出一定贡献的教师给予表扬，并给予一定的荣誉称号，如给予“协作之星”“优秀班主任”等称号，以此鼓励教师继续努力。在评价过程中，应根据不同层次教师的特点制定不同的评价标准。对大学教师与中小学教师的评价要分开，因为大学教师与中小学教师关注的重点不同，参与研究的时间也不同。大学与中小学教师内部的评价标准也不同，对经验不丰富的教师要以鼓励为主，以提高他们的积极性。在合作的过程中，要以发展性评价来对教师的各方面进行评价，要对教师进行动态评价，如实行电子档案袋评价，在教师整个专业发展的过程中，建立教师专业发展档案袋，实行互评、自评和他评相结合的评价方式共同评价教师专业发展，及时发现运行中存在的问题，扬长避短，更好地、更早地弥补不足之处。

5. 搭建虚拟平台，实现资源共享

21 世纪，随着科技迅速发展，人与人之间的交往互动可以是面对面地进行，也可以在虚拟的、非面对面的场合下发生。在现代社会中，信息网络资源对于大学与中小学校之间的沟通与协作、教师之间的互通教学、资源共享十分重要。基于虚拟网络平台的由在线学习的教师、咨询专家、教育专家、教育行政管理人员和网站管理者共同构成的虚拟学习共同体最大限度地解决了现实教师合作中存在的时间冲突、资源共享途径差、组织边界和地域不明确等问题。

教师通过虚拟网络平台可以进行自主学习，将来源于教育实践的感想、理念以及经验以随笔的形式与其他人进行交流、分享，也可以就教育教学中遇到的问题向教育专家咨询，共同探索解决问题的途径。这种分享形式不仅可以为大家提供交流的机会，也可以触及人们的心灵深处，提升自己的情感认知。除此之外，建立网络虚拟教师学习共同体还能提高教师的计算机使用能力，使他们更好地适应信息时代。虚拟教师网络学习共同体的建立为有效构建大学与中小学合作的教师 PLC 提供了更大的可能性，让教师可以更有效地开展协作性学习，更有助于其专业素质的提高与专业水平的发展。

第五部分

改革与重塑：中国特色PLC的建构

现实是此岸，理想是彼岸。中间隔着湍急的河流，行动则是架在川上的桥梁。

——克雷洛夫（И. А. Крылов）

PLC 的构建是基于合作的，但同时又是超越合作的。基于合作，是指 PLC 构建的核心在于教师之间的合作；超越合作，是指其与合作又有着一定的差别，不仅仅强调合作。在此语境下，PLC 所强调的教师合作形态不断拓展，同时结合我国国情与文化背景，教师专业发展的基模得以重新建构。

第十一章

我国 PLC 重构的原则

教师 PLC 是促进教师专业发展、深化教师教育改革的重要途径，当下我国教师 PLC 的发展面临着一定的问题，对 PLC 改革和重塑的需求变得越来越迫切。若想构建起具有中国特色的教师 PLC，必须从我国教师教育现状出发，分析我国教师 PLC 变革存在的问题，以期促进教师的全面发展。教师 PLC 的变革必须以专业共同体为载体，以实践问题为基础，促进经验的整合与重构；以教师专业发展为导向，强调资源的互惠，融合冲突与竞争；以共同愿景为纽带，采用共享性的领导；注重团队协作，关注实践性反思。

一、以实践问题为基础，促进经验的整合与重构

（一）实践问题——PLC 的构建基础

虽然教师专业发展具有一定的理论基础，但是每位教师面临的问题都具有实践性与独特性，因此需要从实践问题出发，经过团队学习小组的对话与反思，达成对问题解决方式的共识，并将其应用到实践当中。在实践过程中，教师专业发展又会产生新的实践问题，从而成为下一轮学习的开端。在这样不断循环往复的过程中，学习目标得以达成，学习者的能力也会得到有效的提升。实践问题是专业发展的开端，好的实践问题会对教师专业发展有促进作用。实践问题必须具有可行性与意义性。可行性代表着问题是源于实践并能应用于实践的，并非是传统学习中的空谈理论。教师经过一定的讨论和反思，能够对实践问题产生许多思考和想法，并且提出解决问题的多种途径。问题的意义性在于它可以激发教师思考的积极性。通过为教师提供有价值的学习机会，其自身成长和专业发展将会得到有效提高。

实践性知识属于一种隐性的知识，隐藏于教师专业发展的过程中，隐含于结构化知识的运用过程中，隐含于创造性地解决实践性问题的过程中。问题解决策略虽然是学习小组共同努力的结果，但是解决问题的实际行动却是个体实

践的结果。因此，实践问题更多地与个体的反思和实践保持着一种共生关系。实践性经验难以通过他人的讲授而获得，只能在具体的专业发展实践过程中得以完善和发展。实践性经验的获得，在很大程度上是一种隐性知识的获得，可以通过在教师专业发展中的创造、共享和转换来实现。经过内化所获得的实践性经验，是通过学习小组的反思与讨论总结出来的，它会在新的专业发展阶段中，作为一种结构化知识，成为新问题解决策略的参照。这种实践性经验以学习小组的共享思维模式为基础，教师专业发展的过程是以教师为基础的实践知识不断创造、不断获得的过程。

一般而言，教师面临的问题可以分为两种：一种是教师对于专业学习的要求，即想通过专业学习弥补目前自身与专业标准的差距；另一种是教师在教学实践过程中的困惑。就其专业领域中最需要解决的问题进行收集和整理，来确定行动学习的基本范围。在此基础上，学习小组通过进一步的讨论与分析，确定具体的实践问题作为学习讨论的主题。如果不能发掘行动学习的基本范围，就不能确定行动学习的具体问题，那么问题的真实性和学习的有效性就会遭到质疑。教师的专业发展，是“问题—反思—实践”不断循环往复的过程，应以现实的问题为载体，在团队学习的帮助与支持下，获得教师必备的知识与技能，解决教师面临的各种情境问题。教师 PLC 凸显了教师的主体特性，关注教师的切身需要，重视共同体中的教师反思与合作的有效学习方式，也对教师的知识体系与认知模式产生潜移默化的影响。

PLC 给我们的启示是，教师实践活动的逻辑起点是教学真实过程中实际问题的解决。教师专业发展的本质也是教学实践问题的处理和解决。教师不能再单纯地作为知识的被动接受者，而是要深入到真实的问题情境中，充分了解自己所面临的问题及环境，在当前条件下假设、反思、讨论，以实现对问题的解决。因此，在教师的专业发展过程中，应当充分认识到教师这一职业群体的特殊性，结构化知识对教师专业发展是必要的，但教师所获得的知识并不是由结构化的书面知识决定的，而是教师这一主体与环境交互作用的产物，是一种带有问题解决性的实践知识。

教师专业成长所获取的知识具有动态性和主观性。动态性强调的知识并非是固定不变的，而是随着问题情境的改变而改变的，它既非标准答案，也非最终答案。主观性强调知识是个体主动构建的结果，是在解决实践问题过程中不断产生的。教师的专业知识在这样的模式下建立起来后，会使其对教育教学有更加全面而深刻的理解与把握，以更好地打破传统教育观念与学习理念的藩篱，突破固有的思维模式，在特定的情境中去重新认识世界和理解世界。教师 PLC 更注重在实际教学活动中经验的积累，相比于结构化的知识，教师在共同体中获得的情境性经验更具有灵活性和可变性。

实践性经验作为一种隐性知识，能够综合多门学科对情境性问题的认识加以解决，并且镶嵌于教师的知识结构之中。PLC 模式强调学习是一个在实践中充实和改造自身经验的过程，它给教师带来的巨大促进作用在于，从知识获得的路径来看，教师能够在实践问题中发挥主观能动性，通过对具体事件的反思与行动，主动地去解决问题。教师所获得的经验并不单纯是其他个体经验的复制品，也并非先前结构化知识的简单转变，而是个体与环境积极交互作用的结果。

PLC 对教师经验的转变有着巨大的促进作用，由于教师直接面对实践性问题，参与实践性问题的解决，因此他们往往不会按照固有的知识经验去处理该问题，这就促成了个体实践性经验的获得。另外，PLC 也能够促进教师情感、态度与价值观的转变，整个教师专业发展过程是教师的反思与行动不断参与的过程，同时也是教师情感、态度参与的过程，是一个教师观念转变的过程。以上教师的各种转变过程都是潜移默化的，是对教师的重新塑造。实践性经验是教师与问题情境之间的一种交互作用，在这种交互作用下，教师产生反省思维，经验通过个体的改造产生出新的知识结构，个体也借由经验的改组得以更好发展。

实践是学习共同体能否有效进行的关键。个体的经验来源于实践，对教师自身成长而言，实践为经验的外化提供了相应的载体，通过实践，个体和群体的经验都能够以外显的形式被察觉和知晓。PLC 的目的不仅仅是具体实践问题的解决，个体经验的成长才是专业发展的最终目的。对问题解决的实践过程构成了专业成长的基本过程，学习就在实践过程当中发生了。在专业成长的实践环节，需要花一定的时间对碎片化的实践性知识进行加工整合，对群体的经验进行内化，并将这些实践性经验组合成为新的专业知识，作为新的专业成长的基础。在很多时候，我们在实践过程中都需要一些特殊的技巧方法，或者在一定程度上寻求他人的帮助，以使我们在实践中能够更好地学习。因此，学习小组在整个过程中也扮演着极为重要的角色。

（二）经验的整合与重构——PLC 的内在要求

PLC 中的教师合作一定是基于教师之间平等的沟通，是在有效协作基础之上的专业共同体。同时由于大量的实践性知识和经验，教师的专业成长必须依托于经验的整合与重构，只有这样才能使知识有效地运用到实践当中。因此，建立教师 PLC，需要建立有效协作机制，以促进教师经验的整合与重构。

经验学习与理论学习相对，指个体利用自己的实际经验与环境进行积极的交互以获得新的知识，并对自身原有的经验体系不断重组、不断改造的过程。经验学习理论起源于杜威，后经过勒温（K. Lewin）等的发展，最终由库伯（D. Kolb）总结并完整论述。1984 年，库伯在他的著作《经验学习：经验——学习发展的源泉》（*Experiential Learning: Experiential as the Source of Learning and*

Development）中提出了经验学习的循环模式，即具体经验—反思观察—抽象概念—行动实践—具体经验[①]。如此循环往复，形成一个贯穿于整个学习过程的经验学习圈（图11-1）。

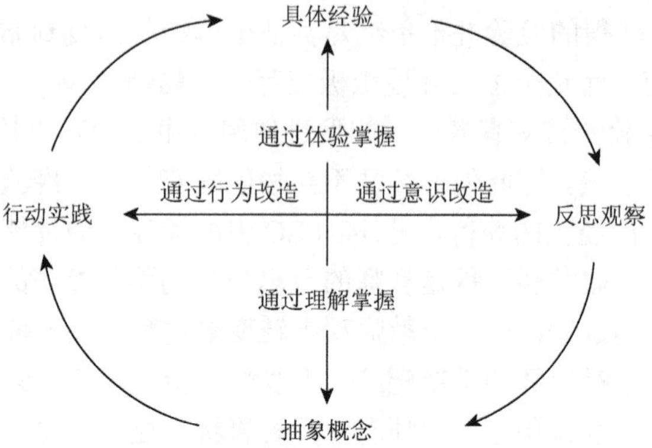

图11-1　库伯的经验学习模式图

在具体经验阶段，学习者需以一种开放的态度接纳环境中的新经验；在反思观察阶段，学习者需要具备相应的技巧，以便在面对新经验时能够从中提取适合自己需要的知识或技能；在抽象概念阶段，学习者需要具备一种分析综合的能力，通过表面的现象抽离出事物的本质；在行动实践阶段，学习者需具备分析问题、解决问题的能力，以便在真实的情境中能够运用新的知识经验。

经验学习是学习者主动建构自身经验的过程。杜威就十分重视经验学习的主动性，他认为教育是个体在经验之中、由着经验、为着经验的一种发展性过程。如果忽略了教师经验学习的主动性，那么这样的学习也只是形式上的学习、虚假的学习。对于共同体中的教师而言，个体能够主动地运用自身的实践经验，接纳并吸收新的知识和技能。杜威认为经验学习有两个基本的特质，即经验的连续性（experiential continuum）和经验的交互作用（experiential interaction）[②]。新经验的获得会促使学习者产生一定的偏好，从而影响其对未来经验的选择，这样的偏好和选择都是一种主动性的倾向。

个体所获得的知识和经验，往往会通过语言符号来表达自身的含义，在表达的过程中，个体便赋予了知识和经验以独特的意义。当教师在一起工作或学习时，会将自身的态度与情感融入知识中，从而影响个体对知识的理解和把握。对于共同体中的教师而言，由于每位教师实践经验的差异，除了学习者本人，他人是无

① Kolb D A. Experiential Learning：Experiential as the Source of Learning and Development[M]. New Jersey：Prentice Hall，Inc，1984：1-37.

② John D. Experience and Education [M]. New York：Collier，1963：19-54.

法感知知识和经验的独特意义的。因此，教师对个体经验的主动建构就显得尤为重要。

个体的经验是与所处环境积极交互作用的结果，经验的产生往往伴随一定的情境，有效的经验学习离不开情境因素的支持。情境性的经验属于一种隐性的知识，隐藏于经验学习过程中，隐含于结构化知识的运用过程中。情境性的经验很难通过理论的推导而获得，只能在具体的问题情境中得以完善和发展，只能通过经验学习中的沟通、交流和转换来实现。因此，个体经验更多地与情境保持着一种共生关系，经验学习更多地需要关注当下学习者所处的情境。经验学习的过程是以学习者为基础的情境性经验不断创造、不断获得的过程。

教师在经验学习的过程中所获得的知识并不是培训者理论知识的复制品，而是教师个体对情境性经验重组和改造的结果。波德（D. Boud）、科恩（R. Cohen）和沃克（D. Walker）指出，学习不仅是与外在知识经验的积极互动，还包括很多实践性、情境性的问题[①]。从经验获得的路径来看，学习者能够在情境中发挥主动性，积极地建构自身的知识体系。教师虽然有着一定的理论知识基础，但是在教育教学的过程中，会遇到各种各样的棘手问题，而这样的问题往往还伴随独特的情境，不是单靠理论知识就能解决的。相比于固定化、结构化的知识，教师在经验学习中获得的情境性知识具有更多的灵活性和可变性。

共同体中的教师之间通过交流与分享，将其他学习者的经验观点有效地消解、转化为自己的知识经验，是一种对已有知识经验的重组改造过程。首先，共同体中的教师经历了经验体系的再次架构，是在基于对过去经验的理解和现在情境的投入的基础之上对知识经验的再次转换。其次，共同体中的教师以整合的视角进行实践，即综合其他教师的观点以及自身的看法形成新的认知，并在实际行动中检验所得知识的正确性。最后，经验学习的合作交流要求共同体中的教师善于理解、善于倾听，以便与具有不同经验背景的教师进行有效的合作交流。

在经验学习的合作交流过程中，教师之间可以进入一种个体无法进入的、具有共同意义的空间。合作交流的目的在于发现教师之间经验与思维的差异，促使教师暂时离开自己坚持的立场和观点，以开放的态度对待问题解决的所有可能。因而，经验学习的合作交流有助于教师从个别的、封闭的环境中走出来，进而迈向集体的、开放的学习环境中去。共同体中的教师之间的合作交流有助于学习者之间有效的沟通，关注教师的切身需要，对共同体中的教师的交往能力和学习能力都会产生意义深远的影响。

---

① Boud D，Cohen R，Walker D. Introduction: Understanding learning from experience[C]//Boud D，Cohen R，Walker D. Using Experience for Learning. Buckingham：SRHE & Open University Press，1993：2-9.

二、强调资源的互惠，融合冲突与竞争

（一）资源互惠——PLC的发展手段

社会交换关系是建立在自愿互惠基础上的，人与人的交往行为可以看作是互动中彼此报酬（或回报）的交换。这种交换行为通常发生在两个或两个以上的人物之间，交换的形式可以是有形的，也可以是无形的。交换的东西除了金钱外，还可以是知识、情感、尊重、社会认同以及其他物质性不强的东西[①]。结合社会交换的含义和条件能够看出，合作也可以称为一种以资源交换为基础的互动行为。在学校场域中，教师合作作为教师之间共同的活动，是一种特殊的社会关系和社会行为，是一种教师们为了追求专业发展，提高教学水平以各自独特的身份进行交流的活动。那么教师在合作时，必然会遵循资源互惠的原则。

西方社会互动理论强调社会中人与人之间相互依赖、平等的关系。增进人际关系，促进人际互动和工作互动的条件有：尊重其他人的意愿和平等的地位、维持平等的社会规范。在学校里，教师合作的发起要基于教师的自愿和主动性。自愿和主动性是指教师们自觉主动地发起互动行为，而不是受到外界的控制或受制于强制性的行政规定。平等性是指教师在合作互动中地位和权利是平等的，他们之间是一种互相理解、互相尊重、互相信任的平等关系。首先，在合作互动中，无论参与合作的教师的教龄长短、学历高低，无论是教育专家还是普通教师，每位个体都有发表自己的看法、评价他人的权利。其次，教师还有对合作过程和方法提出建议、保障自身主观能动性充分发挥的义务。要想促进教师间形成发展性的合作关系，就要在教师自愿进行合作互动的基础之上为教师们提供平等合作的机会，使每位教师能够积极主动地畅所欲言，客观地评价他人，从而进一步加强教师群体间的向心力和凝聚力，形成人格上平等、心灵上相通的互动关系。

所谓公平，是指人与人在交换时从中获取的回报和付出比例是相等的，交换中遵循公正原理，交换中人们相互的付出和收益是公正的。人们认为一种行为是公平合理的时候，就会获得自身的心理满足和平衡，这种行为就会被期待继续进行。但是如果在交换关系中存在不公平时，那么处于不公平地位的人可能会为了建立公平关系、得到公平待遇而终止互动的行为，并要求变更相关的回报和收益，甚至更换新的交换对象。教师在合作中，也会存在类似的心理，要想使合作发生，就得保证教师得到公正平等的待遇。教师合作就是通过相互的合作交换，使合作中的教师获得一定的回报（回报可以是经验、知识和技能）。教师是一个独立的个

---

① Turner J H. 社会学理论的结构・上册[M]. 邱泽奇，等译. 北京：华夏出版社，2001：271.

体，每个人都具有不同的特点、专长和能力，在合作中，通过每个人分享自己的教学思想、观点，可以做到资源整合。在公平的互动合作中，每一位教师的人格以及追求真理、追求创新的理想都能得到尊重，只有这样，和谐的教师合作关系才能得以建立。

交换原理将个人主义、功利主义放入分析社会关系的范式之中，此理论还认为人类的需求只有在互动中才能被发现并获得。教师合作也一样，教师合作互动可以是教师个体之间的互动，也可以是教师个体与教师群体间的互动，还可以是教师群体之间的互动，他们之间的互动可以视为一种物质与非物质的交换。这些交换可以使教师之间激发并生成更多的资源和信息。教师通过动态的符号信息交流实现相互沟通、相互影响、相互补充，从而达成共识、共享，形成真正的学习共同体。首先，教师需求的满足和目标的实现依赖于相互之间的联系，并在双方的互动中实现。其次，双方在交换过程中都倾向于尽可能地满足彼此的需求，并且最大限度地相互满足对方的期望，教师在互动中交换自己的资源，同时获得收益。这种收益不是金钱上的收益，更多的是教师之间情感上、关系上的满足。在教师专业成长的过程中，教师需要得到自己所不擅长或不具有的经验、知识和技能才能达到成长的目的。从功利主义的方面来看，教师们为了获得利益的最大化，发现通过合作能够满足自身发展的需要，他们都会接受并执行这项活动。另外，教师互动中的情感交换对教师实现合作目的、完成合作任务、增进教师人际关系起着重要的作用，对创造和谐轻松的合作文化也有一定的促进作用。

西方社会互动理论强调人在交往中的平等互惠，资源的交换要遵循公正原则，交换中人们相互的付出和收益是公正的。在教师的互动合作中，尊重每一位教师的人格、尊重教师个体的认识和想法、尊重教师追求创新的理想、尊重教师在合作过程中的角色是实现教师有效合作的前提。合作的失败往往是由于在合作中不重视个体的经验和个体的表达与话语权。每位参与合作的教师在合作当中不论年龄大小、经验多少，不论是普通教师还是教师专家或学校领导，都是平等的，都有发表自己意见看法、提出改进措施的权利。在教师合作活动中，教师之间应该互相尊重，真诚地对待彼此，将自己的角色定位为不仅是活动的参与者，还是合作群体的互动者、奉献者。在合作中，教师不仅在情感上得到了满足，还获得了教学知识、经验和技能。

（二）融合冲突与竞争——PLC 的有效推动力

合作与竞争都是社会互动的基本类型。合作是社会互动中个体与个体以及群体与群体之间为达到对互动双方都有某种益处的共同目标而彼此相互配合的一种联合活动。竞争则是指社会中人与人、群体与群体之间对一个共同目标的争夺[①]。人与人、群体与群体互动过程中，竞争和合作是同时存在的。由此可见，在促进教师互动合作时，不可避免地要面对教师之间合作与竞争的关系以及合作与竞争的环境。

“百年大计，教育为本，教育大计，教师为本。”为了学生的发展，教育的连续性和一致性要求教师集体合作。对于教师而言，为了自身专业发展的需要，教师更需要进行深入充分的合作。教师文化作为学校与教师发展的灵魂，不仅决定着学校的发展方向，还影响着教师间合作的产生以及教师的成长。这里的“文化”是指潜在影响教师的意识、信念以及行为习惯的一种无形的符号系统。健康的教师合作文化会在潜移默化中提高教师的合作意识，使教师认识到合作的价值，从而促使合作的发生及发展。

但是，随着社会对教师的要求越来越高，在现实境遇中，学校往往只以学生成绩来评估教师的工作成绩，甚至将这些与教师职称评定、期末考核以及绩效等挂钩，重视那些能够出色完成教学、受到同事及学生好评的教师，而淘汰那些不能完成教学任务，不能顺应时代发展需要的教师。这种评价制度会导致教师间的竞争加剧，教师合作的愿望会被教师之间的竞争关系所磨灭。教师合作需要教师智慧和经验的共享，要求教师在合作中毫无保留地贡献自己的经验和知识。然而，学校的评价机制却往往存在缺陷，不能用合理的评价标准衡量教师的能力和专业发展程度，致使一些教师特别是有经验的教师不能心甘情愿地敞开心扉，造成一种硬性合作的假象。那么，合作与竞争就是对立的吗？当然不是。事实上，合作与竞争是相互依存、对立统一地影响教师合作的两个因素。教师合作离开竞争，就会缺乏活力和动力，适度的教师竞争不但不会阻碍教师间的合作，反而有助于教师合作的产生与发展。只有在目标确立的前提下，教师间开展有益的具有适当张力的竞争，才是促进教师合作的明智之举。

三、以共同愿景为纽带，以共享性的领导为保障

若想使 PLC 获得长足的进步与发展，仅仅基于合作还是远远不够的。在互联网迅速发展的今天，科技进步日新月异，人们的生活方式和思维习惯也面临着巨大的冲击，这是一个变革和超越的时代。PLC 的发展需要基于合作，更需要超越合作。这就需要教师制定共同愿景，以共享性的领导为保障来实现。

（一）共同愿景——PLC 的纽带

共同的愿景是 PLC 的基础。它绝非是一个简单的想法，而是能够促使专业群体迈向共同目标的一股强大动力。PLC 中的成员必须拥有共同的目标，但是仅拥有

① 郑杭生. 社会学概论新修（3 版）[M]. 北京：中国人民大学出版社，2003：139.

共同的目标还是远远不够的。共同体的目标，仅作为群体学习的最终结果而存在，它不能对组织产生强大的推动力。因此，共同的愿景对 PLC 的重要性是不言而喻的，建立一个学习共同体首先需要确立的就是共同的愿景。当群体中的所有成员都明白了共同目标的真正内涵，且被这一目标深刻感召，从而产生一股强大的推动力时，共同愿景才算产生。当群体成员拥有真正的共同愿景时，这个愿景也会紧紧将他们联系起来，从而使群体拥有更强大的向心力。因此，共同的愿景也是组织群体凝聚力的重要保障。

共同愿景是群体成员一切学习行为的基础，它体现在各种形式的组织活动中，也体现在群体成员的日常生活与工作中。真正的共同愿景会唤起组织成员的内在希望，它源自于组织群体中的个人愿景。但是，许多群体的共同愿景往往是个人愿景，这种个人愿景大多是群体的领导或者重要决策者个人意志的反映，而群体中的大多数成员，并不能清楚理解这一“共同愿景”的真正内涵，也不能将其与个人愿景有效结合起来，这样的“愿景”自然也不是真正的共同愿景。每个个体的需求和希望与其他个体均是不一致的，个体与个体之间通过平等的协商、交流与对话，将个体愿景互相融合，建立起共同的美好愿景，这种愿景自然会被每位成员认同。这种形式下建立起来的共同愿景，也为组织群体成员的专业发展提供了资源和情感支持，同时也为成员的专业发展搭建了反思-实践的平台①。

哈格里夫斯将教师文化分为四种类型，即个人主义文化、派别主义文化、自然合作文化和人为合作文化。持个人主义文化的教师往往与其他教师处于相对隔离的状态，即教师主要将自己的精力用于班级或课堂事务，认为教师的任务就是上好课，对与其他教师的关系则显得漠不关心。受中国传统文化影响，许多教师害怕同行的评价和指正，因而教师之间没有进行合作。当今学校课堂大多是封闭式的，教师都会有自己独立的班级、自己撰写的教案、自己的教学模式及教学方法。在实际的教学活动中，由于价值观念的保守和行为实践的孤立，教师往往也会对其他教师的教学行为采取不干涉的态度。在教学过程中如果遇到棘手的问题，也只愿意凭借自己的经验和力量去解决，即使问题得不到妥善解决，教师也不会倾向于求助他人。在这样的观念影响下，教师与教师之间的交流变得困难。另外，学校组织的各种教研活动大多也流于形式，教师的合作也只是因为制度或政策的要求被强制执行，这是一种硬性的合作，缺乏有效性和灵活性。个人主义文化阻碍了教师之间的沟通与互动，导致教师保守封闭的心态，同时也割裂了教师与外界的联系，使教师的反思成为一种个人活动。个人主义文化增强了教师职业的孤独感和倦怠感，不利于教师的专业发展及教师学习共同体的构建②。

① 彼得·圣吉. 第五项修炼——学习型组织的艺术与实务[M]. 郭进隆译. 上海：上海三联书店，1994：236-266.

② 彭婷. 共生理论视域下教师学习共同体分析[D]. 重庆：西南大学，2016.

教师的共同愿景是由教师的个人愿景汇聚而成的。在这一过程中，教师的观念与意识显得尤为重要，真正的愿景必须根植于个人的价值观念与意识当中。要想构建教师 PLC，就必须唤醒教师的专业意识，鼓励他们建立自己的个人愿景。如果教师没有自己的个人愿景，那么他们能做的仅仅是依附于共同的愿景，这样产生的结果则是被动的顺从，绝不是发自内心的意愿。再者，根据协同理论，原本各自拥有愿景的人结合起来，可以形成更强大、更有创造力的共同愿景。这需要共同体成员之间进行有效的沟通与交流，每位教师都乐于分享自己的愿景，乐于倾听他人的愿景。虽然愿景本身不会有多大的改变，但是在这一过程中，共同愿景会变得更加真实生动，个体的愿景也会和群体愿景趋于融合。

共同愿景是经由不断地厘清、沟通与奉献所形成的，教师讨论得越多，愿景也就越清晰，人们也就越热衷于追求更美好的愿景。愿景绝非源自共同体内部的某一单独个体，它必然产生于每位成员的意识之中。每位教师对于专业学习和自身发展的期待是不同的，这是必然的，也是自然的，不同的个人愿景是构成组织共同愿景的基础。教师经过充分的沟通与交流，深入了解群体成员的诉求，不断地对自己的愿景加以修正，逐渐形成并最终确立组织群体的共同愿景。真正意义上的共同愿景，能体现共同体中每位教师的发展需要，每位教师也都能在其中解决自己的诉求，从而获得快速发展，最终促进学习共同体的积极建构。

（二）共享性的领导——PLC 的保障

共享性的领导也可以称之为领导力的共享性，它是 PLC 得以有效进行的保障。在 PLC 中，共享性的领导能使群体成员之间有效地沟通与交流，促使成员的思想和言行趋于一致，从而在群体内部建立起真正的共同体。共享性的领导源自于民主主义理论，杜威曾经说过，“民主主义是一种协作的生活方式，是一种共同交流经验的方式”[①]。PLC 的构建要求每个成员都必须拥有强大的内在动力，这就意味着群体不能被单一的领导或决策所把握。单一的领导往往来自上层决策，这样的决策不会被群体成员真正接受。因此，群体成员在共事时，必须拥有自己的目标与意志，也必须将自己的理念与其他成员分享交流，以形成一种共享性的领导。而群体成员也应当参照其他人的目标与想法，以使自己的行动更有意义，更符合群体的共同愿景。这种共享性的领导能够营造一种协商、平等的群体氛围，没有因领导带来的角色不平等而产生压力，从而以更轻松、更融洽的方式促进个体的学习与进步，促进团体共同愿景的达成，并建立起真正的学习共同体。

这种领导力的共享性被佐藤学称作“同僚性”，即相识成员之间共同商议、共同治理、相互协作的一种状态。佐藤学认为，推进 PLC 的关键就在于构建学习群

① 杜威. 民主主义与教育[M]. 王承旭译. 北京：人民教育出版社，2001：97.

体的同僚性。在专业学习群体的实践中，成员之间不应该关注于批判的权利关系，个体与个体之间应当构筑起互相尊重、合作探讨的人际环境。如果成员之间的同僚性无法构建，那么 PLC 就无法成立，群体内部的每一位成员也无法成长。因此，同僚性要求 PLC 应尊重每个个体的学习与发展，尊重每个个体所秉持的理念与哲学[①]。

教师是学生学习的引导者和促进者，是 PLC 的构建者和领导者，在教师的合作学习中，教师是处于绝对的主体地位的。在学校教学活动中，教师的任务在于实现每位学生的学习权，同样，在 PLC 中，教师也应当确保自身学习权的实现。但是在真实的合作学习过程中，正如学生的学习权得不到保障一样，教师的学习权同样也得不到保障。教师和学生一样，往往是知识的被动接受者，只能服从于上级或领导的安排，而对于学习的内容、学习的方式、具体的需求等各方面均无自主权。教师的合作学习停留于表面的执行，上级或领导的意志驱使专业学习活动的开展，学生和教师仅仅是其意志的体现者。长此以往，领导会习惯于权力的执行，惧怕在管理中地位和权力的缺失，教师也会因循守旧、墨守成规，对于实现自身的学习权缺乏信念。在我国的教育教学活动中，由于科层制的影响，领导往往拥有绝对的权力，教师往往只是领导决策的执行者，教师的自主权大多体现在具体的教学实践活动中。在这种情况下，教师专业发展权更是沦为一纸空谈。在教师进行集体备课或教研活动时，若有上级领导的参与，教师往往会默认转变自己的角色，重新将自己定义为上级的下属而非学习的主体，教学研讨的话语权就轻易地被上级领导夺走了。教研活动讨论的结果往往是上级领导的意见，教师则成为教研活动的被动接收者，那么教师的主体地位和学习权都得不到应有的保障。如果教师在专业发展中丧失了自主权，教师的成长将会变得更加艰难。

在动态系统中，教师会与共同体周围的环境建立起一种共生关系。环境会影响教师的价值判断与选择，教师会从环境中获取促使自身专业成长的资源，教师自身的成长又反过来作用于环境，引起相应的变化，这是一个动态的相互作用的过程。因此，优化系统环境，改善 PLC 的设备与资源，同时在成员内部形成一种相互尊重、相互信任的关系，对于教师的专业成长来说极为重要。共生关系下的成员应该是多元异质的，每位教师因不同的认知、思维行动而与其他教师产生一种互补关系，共同体成员之间不会因为地位、年龄、角色等的差异而产生隔阂，这样才能使合作学习成为可能。因此，我们要保持共同体内部的一种张力，使教师学习共同体处于一种多元且异质的平衡之中，此外，还要赋予教师专业发展的权利，实现共享性的领导也是优化系统的一个方面。教师专业发展的权利是教师 PLC 良好运行的基本保障。教师应当树立一种终身学习的理念，明确教师专业发展并不是外界环境的必然导向，而是自身渴望成长的应然要求。教师的学习并非是一种责任，更是一种权

① 佐藤学. 学校的挑战——创建学习共同体[M]. 钟启泉译. 上海：华东师范大学出版社，2010：165-175.

利，PLC 的发展也是每位成员共同努力、共同领导的结果。因此，PLC 一定要采用一种扁平化的组织模式，将成员之间的角色差异降低到最小，使每个成员都能基于平等的地位与他人对话，这样才能创设一个和谐的专业发展环境。

四、注重团队协作，关注实践性反思

（一）团队协作——PLC 发展的有效策略

一般来讲，PLC 是以自愿为前提，以分享、协作为核心，以共同愿景为纽带把学习者联结在一起，进行相互交流和学习的组织。而对于 PLC 的特质，不同学者有不同的观点。西方社会互动理论以互动或交往的概念来构建社会理论，互动指人与人之间基本的社会交往活动，是人与人、人与社会环境的一种行动系统，也是人与社会环境之间一种相互作用、相互建构的关系。因此，可以将教师合作理解为人际互动与对话的过程，教师通过互动实现个体知识的扩充、心智模式的改变、新的意义的生成；教师通过人际互动与交往，在重要他人的影响下，积极吸纳他人观点并不断构建自身角色。首先，教师通过与他人的互动交往促进了自身“心灵”和“自我”的发展。教师自我的形成离不开他人，只有在与他人的交往互动关系中，对自身进行审视，才能不断发展关于自我的意识并形成自我。因此，互动交流对自我的产生具有重要的作用。教师通过与同事、教育专家及其他相关行政人员的互动交流，不断地调整自我、完善自我。其次，教师连续的互动交流有利于教师合作的持久性。根据西方社会互动理论的观点，个体在互动中诠释符号的意义，符号互动占据了人的一生。对教师发展而言，教师所处的学习环境、工作环境始终处于变动之中，教师需要在建构、解构、再建构的循环中不断地互动，从而获得符号知识和意义。因此，教师合作需要教师不断地进行互动交流，这将贯穿于教师的整个职业生涯。

个体（自我）与他人的互动是社会的本质。在 PLC 中，领导者（管理者）和教师在共同理念的引导下互动学习、分享知识和经验，在持续的协同工作中促进彼此的专业发展。我们也可以这样认为，教师 PLC 是在学习共同体基础上发展起来的一种新型社会群体。它由一群志同道合的教师组成，持有共同的信念、价值、目标或愿景，以合作方式致力于促进自身专业发展。他们为学生获得更佳的学习成绩以及学校的教育研究与革新不懈努力，是一个共同探究问题、解决问题的学习型社群。

当下社会是知识型社会，也是学习型社会。富兰认为，每一个以及所有的教育工作者必须争取做一名强有力的变革推动者①。诚然，在这样的社会中，教师想要

① 富兰. 变革的力量：透视教育改革[M]. 中央教育科学研究所，加拿大多伦多国际学院译. 北京：教育科学出版社，2004：19

获得专业的进步和发展，就必须追求持续的学习，以把握当下知识型社会的时代脉搏，更好地为学生的全面发展奠定基础。面对当下教育改革的潮流，教师自身应当成为改革的推动者而不是接受者，教师专业发展的关键是要提高教师自身的专业理念和专业意识，促进教师 PLC 的构建。

（二）实践性反思——PLC 的价值取向

在教师专业发展过程中，起到桥梁作用的便是反思，它是连接问题与实践的桥梁。问题是否得以有效解决，解决办法能否运用到实践当中，反思都起着至关重要的作用。因此在教师专业发展过程中，必须注意实践性反思的产生。每位教师所面临的问题都是实践性问题，如果不对这些问题进行深入的思考，而是用原有的办法去应对新的问题，那么该问题就不能得到有效解决。因此教师必须在某些方面有所突破，才能使情境问题得到解决。这就需要在专业发展的过程中，注意团队之间的沟通与协作，积极尝试，共同努力，力求对问题进行深刻而全面的反思。有效的专业发展是“问题—反思—实践”的不断循环，它要求在持续进行的学习过程中对问题及实践不断地反馈、调整与深思，并根据反思过程所形成的判断修正进程中的行为。只有通过实践性反思，才能够将解决策略更好地付诸行动与实践，也只有通过行动，才能实现问题性反思的实践性转化。因此，反思与行动的联结需要各个方面的共同努力，以减少行动实践的阻碍与困难，每位教师也应当积极主动地参与到行动实践当中，使自身的想法在实践中得到检验和发展，形成自身独特的专业知识结构。

在明确了要解决的具体问题之后，就需要对具体问题进行实践性的反思。这里的反思包括对实践问题的反思，对解决策略的反思，以及对具体行动的反思。在对反思过程中，我们需要思考解决一个具体问题的根本目的是什么，我们希望达到的目标又是什么，在现实情境中与该目标有多大的差距等。在对解决策略的反思中，我们需要思考该项解决策略有什么样的优势与劣势，解决策略的可行性在哪里，有无绝对的参照标准等。在对具体行动的反思中，我们需要思考问题解决的方式是否可行，实践的过程是否有效，实践的进度是否符合预期，在具体的行动中还存在哪些问题和不足等。

对于问题的反思是 PLC 得以有效进行的保障，它要求教师用已有的理论去反思实践，用实践来整合原有的认知。也就是说，在问题解决的过程中反思，在反思问题的过程中实践。就教师自身而言，无论是个体还是整个群体，对自身发展过程的批判性反思始终是学习共同体必不可少的一个环节。它使学习的计划、策略和实施不脱离问题情境和学习者的需求，以保证学习者实践性知识的获得及自身经验体系的重构。教师自身发展的关键在于反思与行动的联结，行动与反思的联结也是教师专业成长的最佳过程。教师的专业知识并非是本体性知识与条件性知识的简单叠加，在教学过程中更多的会用到实践知识，这往往与教师自身的思想或行动保持着一种相互共生的关系，因此，很难将教师的专业成长固定化、形式化，只能在具体的教育教学活动中加以完善和发展。现代教育理念和新课程改革背景下的教育观都强调学习者的主体地位，同样，在教师自身成长的过程中也需要以学习者为中心，把握教师专业的特点，以真实的情境问题为引导，反思问题的解决过程，反思知识的获得过程，反思整个行动学习的过程。

PLC 的特质决定了教师在自身发展时必须将理论与实践相结合，这也是与传统学习相比 PLC 的优势所在。在共同体中，教师原有的结构化知识为教师们教育教学提供了基础性保障，而反思性的教育模式能够帮助教师发现教育教学过程中内在或外在隐藏的各种问题。这种反思并非是人为刻意设计的情境问题，而是教育实践中真实存在的问题，因此具有很强的实践意义及教育意义。结构化知识的获得并不是主要目的，反思与行动的联结才是巩固知识技能的关键，教师的反思能力与行动能力才是教师专业发展的核心所在。现代教师观认为，行动加反思是教师自身专业成长最有效的途径之一，教师的专业发展应注意教师在已有经验与知识基础之上的反思与实践。

第十二章

我国 PLC 的形态拓展

目前，PLC 作为促进教师专业成长的具体方法和策略，是教师合作的直接体现，我国对 PLC 形式的分类存在多种划分标准。笔者根据教师参与互动空间场景的不同，将比较有代表性的 PLC 形式分为教师 PLC、师生学习共同体以及家校共同体三种类型。这三种分类主要是根据形成 PLC 的主体来划分的，其中，教师 PLC 是指一个学校内教师之间互动交流从而形成的共同体；师生学习共同体是指在学校课堂中创建一种由教学活动主体共同确立意义、构筑关系，借助交互主体式的实践构筑的学习共同体；家校共同体是指对学生最具影响的两个社会机构——家庭和学校形成共同联结，合力对学生进行教育的形式。

一、教师 PLC

建立基于教师合作的 PLC 是教师教育改革和教师专业发展的必然趋势，学界对教师 PLC 的探讨与研究也倾向于多元化的发展方向。韦斯特海默（J. Westheimer）认为，由于实践的独特性和情境性，不同的 PLC 在目标、方法、过程等方面均会有较大的差异[①]。PLC 是以学习促进教师专业发展的共同体，而共同体从本质上讲是基于协作关系的有机组织形式[②]，也就是人与人之间形成的一种自然而紧密的关系，是一种带有生机与活力的有机体，而并非简单形式上的组织或团体。因此，若想真正把握教师 PLC，并将其中蕴含丰富的理论运用于教学实践当中，就必须理解这种“有机组织形式”的内涵与意蕴。作为 PLC 的主体，教师与教师之间的合作，对教师的专业发展起着不可忽视的作用。

在实践教师 PLC 之前，我们应当对教师合作有一个较为清晰的理解与把握。

① Westheimer J. Communities and consequences：An inquiry into ideology and practice in teachers' professional work [J]. Educational Administration Quarterly，1999，35（1）：71-105.

② 李健平. 构建师生学习共同体实践研究[M]. 哈尔滨：黑龙江教育出版社，2012：8-12.

对教师 PLC 进行审视与反思，分析教师的合作与冲突、共享性领导策略与共享性领导意识、个人愿景与共同愿景、身份关系与制度关系四个方面的问题，我们可以得出，教师合作并非一味地亲密和谐，应当适当包容冲突与竞争；教师合作在采用共享性领导这一策略之前，应提高教师的共享性领导意识；教师合作在追求集体的共同愿景时，也应当关注个人愿景的达成；教师合作应当追求以情感为纽带建立起来的身份关系，而并非是以规则为保障建立起来的制度关系。

（一）包容冲突的理解与合作

对于教师专业发展而言，教师 PLC 应当走向基于理解的教师合作。霍德认为，PLC 的一项基本特征便是支持性条件，即教师之间应当相互理解、信任与尊重，从而形成一种互相关怀的结构关系[①]。文化关怀应当作为 PLC 的核心概念。劳尔和迪安认为，PLC 中必不可少的一环便是教职员工的互相支持与合作[②]。从以上学者的观点中，我们不难看出，和谐融洽的合作氛围对于教师专业发展起到多么重要的作用，似乎这样一种观点也成为一种共识。但是，我们就能缘于此而一味地追求共同体中和谐的合作氛围吗？

在实践过程中，共同体会指向教师与教师的精神联结，关注教师在专业发展过程中情感的释放。因教师间和谐关系的影响而回避教师合作中的冲突与竞争，会降低教师参与合作的积极性，遮蔽教师的自我存在感，会使一些没有想法的教师因盲目顺从他人而产生惯性的群体思维。诚然，一味地追求学习共同体中的和谐氛围，在一定程度上能够促使教师的专业成长，但长此下去，只会消磨教师探索与创新的激情，降低教师反思与改变的能力，合作学习也会变成影响共同体发展的内部阻力，使共同体成为一种静态化、固定化的组织。而那些拥有自身观念的教师虽然表面上与同伴进行和谐的合作，实际上未必认同对方的观点，这也为教师之间的真正冲突埋下了伏笔，而当这一冲突发生时，共同体就将处于濒临解体的边缘。因内部成员身份的统一性，教师也更希望自己成为与共同体其他成员具有相同理念与价值观的个体。囿于此，组织内部的个体更多的是考虑如何适应群体的问题，而不是对合作过程发起反思、质疑或挑战，这也往往使学习共同体走上封闭、僵化的道路[③]。布雷克认为，作为一种文化适应的过程，教师会不自觉地受到共同体已有愿景与价值观念的辐射与影响[④]。也就是说，教师本身就具有规避冲突、营造和谐氛围的倾向。而坎贝尔（E. Campell）认为，过分地营造一种和谐关系，宣扬同事之间的友好是

① Hord S M. Professional Learning Communities：Communities of Continuous Inquiry and Improvement [R]. Austin：Southwest Educational Development Laboratory，1997：6-78.

② Lauer P A，Dean C B. Teacher Quality Toolkit [M]. Aurora：McREL，2004：2-23.

③ 宋萍萍，黎万红. 西方教师共同体研究：概念、实践与展望 [J]. 中国人民大学教育学刊，2017，（1）：109-120.

④ Bryk A S. Support a science of performance improvement [J]. Phi Delta Kappan，2009，90（8）：597-600.

一种同事间的“暴政”[①]。这种形式上的和谐恰恰不利于共同体内部成员的专业成长，不利于共同体的长远发展。

冲突是社会互动过程中的一个必要阶段[②]。温格也认为，和谐并非是一个共同体的必备要素，共同体不代表一种具有亲密关系的和谐环境，也不代表冲突与竞争的无限矛盾[③]。冲突是有效合作的前提条件，是共同体发挥其功能的重要因素。合作与冲突并不是截然对立的，二者是可以相互并存的。冲突双方的价值观念可能是一致的，但是其在行动、策略等方面或许会存在争议，这样的冲突是很有必要的。多种方法下的行动策略会为共同体成员提供更多的视角，从而更有利于共同体目标的达成。目标的达成反过来又会促使共同体成员之间更加紧密团结。此外，PLC 也强调个体的反思，实践性反思是个体积极发展自身的体现，是保持共同体活力的有效因素。因此，学习共同体虽然强调成员之间的协调与合作，但并不过分追求一个和谐的环境，适当的冲突也是合作的一种形式，要比没有经过交流讨论就得出的一致结论有更大的价值。

从社会学的观点来看，所有一般共同体所具有的基本“社会生理冲动”可以分为两类：一类是基于个体之间的社会合作，另一类是导致个体之间的社会对抗。[④]通过个体之间的合作与对抗，就可以修改某些既定的、由各种关系构成的社会情境，使其迈向更加良性、更加稳固的发展道路。教师 PLC 是以和谐的合作关系为保障的，但教师合作中的冲突是客观存在的，也是十分必要的。在合作学习的过程中，教师可以对同伴的理念与价值观提出质疑，这同时也对教师间的和谐关系发起了挑战，而处于真正的共同体下的教师不会因为受到了质疑或挑战而感到不安或惶恐。相反，教师之间会进行充分有效的沟通，消解质疑，达成共识，促进双方的共同成长。合理的冲突实际上是教师之间营造团结、和谐氛围的有利因素。要处理好教师之间的冲突与合作，必须对 PLC 有深刻的理解与把握。一个有生命力的学习共同体是允许其成员以多种不同的方式联系起来以分享某些共同价值观念的共同体，也是在内部组织关系的不断消解与重构之中焕发勃勃生机的共同体。没有冲突，教师合作也就失去了生机与活力，成为一种形式上的合作，教师的专业发展也就失去了力量源泉。但是，PLC 也并非是一个刻意营造冲突的关系结构，而是基于和谐关系之上的对于冲突的包容

① Campbell E. Ethical implications of collegial loyalty as one view of teacher professionalism [J]. Teachers and Teaching，1996，2（2）：191-208.

② Achinstein B. Conflict amid community：The micropolitics of teacher collaboration[J]. Teachers College Record，2002，104（3）：421-455.

③ Wenger E. Communities of Practice：Learning，Meaning and Identity[M]. London：Cambridge Universit Press，1998：75-79.

④ 米德. 心灵、自我与社会[M]. 霍桂桓译. 北京：华夏出版社，1999：326-333.

环境。解决冲突，使成员走向和谐、统一是 PLC 应始终坚守的使命。

（二）建立共享性领导意识

PLC 要求教师在专业发展的过程中采用共享性的领导，以保障教师专业成长的自主权。霍德就将支持性条件及共享领导作为 PLC 的五项基本特征之一，他认为，共同体应当建构一种共享式的领导，即学校的领导者应通过共享权力使教师都能平等地参与到决策过程中来，从而营造出一种支持性的、发展性的学习氛围①。学校教育变革的关键在于建立教师 PLC，强调佐藤学所提出的教师之间的“同僚性”②，也就是共同体成员之间共同商议、相互协作的一种状态。在专业学习群体的实践中，教师之间不应该关注命令与服从的权力关系，而应当构筑起相互尊重、相互探讨的和谐人际环境。“民主是一种协作的生活方式，是一种共同交流经验的方式。”③也就是说，充分的自主权能够促使 PLC 形成一种协商、平等的专业合作氛围，但是采用共享性的领导，给予教师充分的专业自主权是否就意味着领导权的绝对丧失？基于共同体的教师专业自主权的获得应当以什么为前提？这是把握“共享性领导”这一概念深刻内涵的关键所在。

传统组织当中，领导与下属之间的关系是一种为了某种外在的目的而建立起来的固定的社会关系④。在这种关系影响下的校园里，领导往往是学校发展的控制者、决定者和绝对的权威者，教师只是领导决策的执行者、服从者和意志的体现者。因此，倡导教师的专业自主权似乎显得十分必要。而 PLC 也倡导权力的共享性，可以让教师民主商讨、自主决策。但是在共同体影响下的教师群体中，教师之间共享性的领导往往很难实现。一方面，因为决策经验所限，教师所提出的意见往往不符合共同体的发展要求和发展方向。教师仿佛已经习惯于领导作出决策、下属执行决策的方式，所以当被赋予自主决策权力时，教师会觉得难以适应。另一方面，即使教师适应了这一角色的转变，领导权的突然下放往往会造成组织体系的涣散，每位成员都可以充分表达自己的意见，在短时间内很难有效地达成一致的结果，决策会因为没有绝对的领导者而迟迟难以产生。为了保障组织的基本运转，最终领导者还将收回决策的权力，变回自己原来决策者的身份，教师依旧默认自己执行者的角色，共享性的领导最终将沦为一纸空谈。因此，共享性的领导是否意味着每位成员都能成为团队的决策者呢？PLC 中领导权与自主权究竟如何把握？这些是我们应当深刻反思的问题。

---

① Hord S M. Professional Learning Communities：Communities of Continuous Inquiry and Improvement[R]. Austin：Southwest Educational Development Laboratory，1997：14

② 佐藤学. 学校的挑战——创建学习共同体[M]. 钟启泉译. 上海：华东师范大学出版社，2010：165.

③ 约翰·杜威. 民主主义与教育[M]. 王承旭译. 北京：人民教育出版社，2001：97.

④ 李健平. 构建师生学习共同体实践研究[M]. 哈尔滨：黑龙江教育出版社，2012：8-12.

在孟德斯鸠（C. Montesquieu）看来，自主权既不等同于自由的意志，也不等同于绝对的独立，自由也应当基于对领导的服从，夺取领导权并不意味着恢复自主权，相反恰恰是自主权力的丧失①。一味的自主并不代表成员可以随意地滥用权力，而是意味着在一定领导范围内做事情的权力。共同体中自主权力的实现离不开领导权力的保障，领导的价值不仅仅在于营造一个平等、协商的群体氛围，更在于保障成员自主权的实现。因此，教师群体仍需要领导者的组织与协调。PLC 要发挥的是教师平等参与讨论、参与决策的过程，并不是对领导权力的取缔，民主决策的过程依然需要原则的约束，需要规则的保障。

因此，我们可以总结出，把握“共享性领导”这一概念的关键，既不在于将领导权力进行下放，也不在于给予教师充分的自主权，它在于提高教师的专业自主意识和民主参与决策的意识，也就是共享性的领导意识。如果教师不能从内心产生专业发展的动力，那么外在的各种方式都是无济于事的举措。内部同伴关系的影响，赋予教师共享性的领导，也会给共同体带来许多隐患，把握稍有不当，就会造成组织体系混乱无序的局面。共享性领导对共同体成员的素质有着较高的要求，如果不能达到这一要求，那么在共同体中实施共享性的领导无异于揠苗助长。共享性领导的根本宗旨是使教师能够不受同伴关系的干扰，主动参与到与教师的交流中来，主动参与到共同体的发展中来，积极进行个人反思，有效促使其专业成长。故在一个尚未成熟的共同体中，在共同体成员没有达到一定专业素养的前提下，在教师对“共享性领导”这一概念没有完全把握的情况下，不能盲目地采用“共享性领导”这一措施，而应当首先提高教师的专业自主意识，提高教师的专业素养，使教师清晰地认识到专业发展与个人意识的关系，进而能够在共同体决策者的带领下，有效地参与到民主决策的过程中，待共同体有了相应的发展与基础时，再将共享性领导纳入教师专业发展的版图。在此之前，共同体应当致力于提高教师共享性的领导意识。

（三）基于个人愿景的共同愿景

自 PLC 这一概念提出以来，对于共同体的目标，大多数学者们都强调愿景的共享性。霍德认为，PLC 的一项重要特征便是共享的价值和愿景。也就是说，经过教师之间的沟通与交流，群体的价值观念会被每一位成员认同，为共同体的发展奠定情感基础②。舒尔曼认为，界定学习共同体的重要标准之一就是“共享的意识形态或共同的愿景”③。斯托尔也指出，“共享的愿景和价值观念”是 PLC 的首要原

① 孟德斯鸠. 论法的精神[M]. 彭盛译. 北京：人民日报出版社，2008：11-137.

② Hord S M. Professional Learning Communities：Communities of Continuous Inquiry and Improvement[R]. Austin：Southwest Educational Development Laboratory，1997：19.

③ Shulman L S，Shulman J H. How and what teachers learn：A shifting perspective[J]. Journal of Curriculum Studies，2004，36（2）：257-271.

则[①]。因此，建立教师 PLC 的过程就是促使成员角色同质化的过程，是将个人愿景转化为共同愿景的过程。在这一过程中，教师之间的角色被认定，持有共同的愿景或目标的人被视为共同体的内部成员，成员之间因具备某种相同的特质而产生归属感，形成并维持着学习共同体的存在与运转。

教师为了维持共同体成员关系的平衡，往往不会与他人经过充分的协商、交流与讨论，就不自觉地或一味地附和共同的愿景与价值观。由于对共同体内涵的把握不当，教师往往会单纯地追求角色的同质性，而放弃了自己的思考与判断。此种情形下 PLC 的共同愿景也就充满了一致性和排他性，教师们也往往会掩盖个人的愿景，盲目服从于集体，致力于共同愿景的实现。因此，在实践过程中，共同愿景的作用并没有理论中的那样强大，教师也未必会产生足够的归属感与动力。

教师过分地追求成员角色间的同质性，以共同的愿景作为评判进入学习共同体的标准，不免使 PLC 变得越来越僵化。有效的学习共同体是能够包容成员角色间的异质性、能够实现个人愿景的有机组织。与社会组织不同，共同体是一种长久的、真实存在的、在情感一致基础上形成的有机群体，其共同愿景是共同体运行的保障，但并非是成为共同体成员的硬性条件之一。共同愿景就是在个人愿景的不断交流、融合的基础上产生的，共同体也是在成员角色由异质向同质这一动态转化过程中形成的。共同愿景的形成过程即是共同体的形成过程，而并非是共同体形成的前提条件。也恰恰是这一动态过程，体现了 PLC 是一种“有机团结”（organic solidarity），而并非是一种“机械团结”（mechanical solidarity）。共同的愿景并不意味着每位成员对相同的事情都保持相同的意见，恰恰相反，基于共同愿景的角色异质性才是促进共同体持续健康发展的重要因素。愿景的共享性只是一种形式上的共同。比如，对于教师共同体而言，其目的必然是促进每位学生的成长与发展，但这一共同愿景在形式上会有所不同，每位教师的理念、策略、方法也均会有差异，但不会因此而影响共同愿景的达成，影响共同体的建立。

PLC 强调共同愿景的建立，这是 PLC 的本质体现。如果教师迫于同侪压力而掩盖了自己的愿景，那么他们能做的也只有盲目的服从，其行为绝不是发自内心的意愿，动机和执行力也会因此受到影响[②]。因此对于共同愿景而言，也并非一定要在短时间内建立起来，它可经由内部成员反复交流、协商、讨论而逐渐清晰，并在外界环境的不断变化之中，在内部成员的不断更替之中逐步地演化发展。韦伯认为，只要是参与者主观感受到共同属于一个整体的感觉，这时的社会关系就应当称为共同体[③]。萨乔万尼也认为，共同体是人们“基于自然意志而形成的集合体”，是一种天

① Penelope P，Rob T，Eva B，et al. International Encyclopedia of Education（3rd ed）[M]. Oxford：Academic Press，2010：151-157.

② 彼得·圣吉. 第五项修炼——学习型组织的艺术与实务[M]. 郭进隆译. 上海：上海三联书店，1994：236-266.

③ 马克斯·韦伯. 社会学的基本概念[M]. 胡景北译. 上海：上海人民出版社，2000：62.

然的、相互依赖的关系[①]。可见，共同体的形成与共同愿景的形成并无严格意义上的联系，共同体所追求的应当是基于个人愿景的共同愿景，只要成员对于整体目标有共同的体验和感受时，此种情形下形成的组织关系便可以称为共同体。

（四）以情感为纽带的身份关系

对于共同体内部人员的结构关系，需要建立一种平等、协作的对话环境，而这样的环境容易因缺乏条件的制约和规则的保障而变得模糊不清。为了保证共同体内部和谐的对话关系，一些学者提出要加强共同体内部的制度建设，如斯托尔就十分看重共同体内部结构的稳定性，他指出学习是不可能发生在一个不稳定的环境中的[②]。同样，在基于共同体的合作学习中，制度的保障也显得尤为重要。教师之间的合作不会因为脱离了制度的束缚就自然地发生[③]。这也就意味着，教师 PLC 必须具备相应的制度保障，才会使教师合作有效地进行。在霍德所提出的支持性条件当中，还应包括一种结构上的支持，也就是学校各个系统之间的相互配合以及组织规则与制度的相应保障。制度性的保障与 PLC 的长久发展密切相关，因为建立在个人关系基础之上的共同体是不稳固的，强烈的个人关系可能会阻碍共同体的发展[④]。

在 PLC 的实践当中，整个组织结构会不自觉地走上静态、僵化的道路。为了避免此种情况的发生，许多学校试图建立一种基于共同体之上的制度性支持，以此维持共同体的持续发展。同时，学校的领导者也希望为教师间的合作创设一种制度化的保障，包括资源条件、时间空间的限制以及各种与之相关的措施。制度本身就具有行政规制性、导向性和固定化的特点，以僵化的措施解决僵化的矛盾显然不具有合理性。这些举措会使教师之间的合作走向硬性合作的方向，从而影响 PLC 的长久发展。因此，解决 PLC 静态、僵化的途径，并不在于建立何种有效的外在制度保障，而在于如何促使共同体内部成员之间进行有效的、富有活力的身份联结。

PLC 与社会制度性组织有着不同的社会基础和重心，共同体是受本体意志的驱使，以强烈的情感精神为特点，基于情感意志的基础而形成的联系紧密的有机群体。而以社会制度为保障建立起来的组织机构是在传统习俗、法律法规的基础上所形成的一种机械的、人造的聚合[⑤]。共同体是一种基本的社会联结方式，它通过根深蒂固的集体意识将具有同质性的诸多个体以情感为纽带凝结成为一个整体，整体的团

① Sergiovanni J J. Building Community in Schools [M]. San Francisco：Jossey-Bass，1994：48.

② Stoll L，Louis K S. Professional Learning Communities：Divergence，Depth and Dilemmas[M]. Berkshire：Open University Press，2007：1-14.

③ Hargreaves D H. The new professionalism：The synthesis of professional and institutional development[J]. Teaching and Teacher Education，1994，10（4）：423-438.

④ De Lima J Á. Forgetting about friendship：Using conflict in teacher communities as a catalyst for school change[J]. Journal of Educational Change，2001，2（2）：97-122

⑤ 宋萑. 教师专业共同体研究[M]. 北京：北京师范大学出版社，2015：48-51.

结来源于个体的相似性。而在现代社会之中，由于高度发展的社会分工，构成组织结构的个体充满了身份的异质性，个体对组织机构中的契约或规则十分依赖，一旦打破，社会组织就需要解体并重构①。共同体的本质被理解为现实的和有机的生命，社会（制度）的概念被理解为思想的和机械的形态。共同体是一种由人的完善意志组成的统一体，并且这种完善的意志也应处于一种原始的或天然的状态，而基于社会制度之上的组织机构是通过契约和制度联结起来的集合，个体的意志在相互结合的过程中仍然是孤立存在的。共同体能够基于合作之上对冲突进行包容，尽管存在着各种形式的分离，但仍旧保持着结合；而在社会制度影响下的组织机构中，尽管有通过规则而进行的种种结合，但人与人实质上仍然保持着分离状态②。

作为学校教师合作的基本单位，PLC 不应当追求一种大而广的外延，理论研究者与实践者也不应当一味地夸大共同体的作用。在高度发展的现代化社会中，我们所追求的是个体作为主体的意识独立和精神自由，但是这也并不适用于社会的方方面面。建设可持续发展的 PLC，需要对其内涵有精确的把握，在时代洪流之下对其有正确的认识，不因趋势的变化或潮流的倾向而随之改变共同体的形态。

二、师生学习共同体

教学需要跨越横亘在学生已有的经验和新的意义之间的无形屏障，需要将社会文化的共享注入课堂学习；教学是师生间展开辩证问答的过程，应实现从个体式学习走向合作式学习，从独白走向对话的转变。毫无疑问，重新界定的课堂教学特征在学习共同体理念中都逐一得到彰显。虽然传统课堂教学要实现向学习共同体视野下的课堂教学的转变，但这种转变并不意味着要剥夺教师在课堂上的权力，而是帮助他们更为恰当地运用自己的权力。具体来说，是要通过小组学习、同伴互助等方式，将原本集中于教师的权力分散到小组内的某些成员或同伴中的某个成员身上，而具体获得的权力大小将取决于他们学习的主动性和先进性。

（一）经验是知识的基础

经验是知识的基础，也是学习的重心。在师生学习共同体中，学习活动的发生必须建立在经验获得的基础上，如果与经验相分离，学习将会变得毫无意义。外在的条件只是促进学习者经验的转化，但并不起决定性作用。无论外在的环境或者条件发生怎样的变化，只有当学习者自身的经验发生重组或改变时，学习活动才真正地发生。著名教育家库伯曾经提出，每一个经验都是潜在的学习机会，学习的产生

① Durkheim E. The Division of Labor in Society[M]. New York：Free Press，1993：2-73.

② 费迪南·滕尼斯. 共同体与社会——纯粹社会学的基本概念[M]. 林荣远译. 北京：商务印书馆，1999：51-115.

就是对某些经验的再造或重组。[①]这种现象有时可被察觉，有时则不被察觉。在传统教育中，学习者的自身经验并非十分丰富，因此对新事物的理解和把握能力有限，如果在这个时期教师不能进行恰当的引导，并找到新事物与个体已有经验的结合点，学习就不能有效地发生，久而久之，将会导致学生对学习产生厌倦感，这也会影响个人以后的进步和发展。与此相比，学习者所拥有的最大优势便是丰富的经验，只要学习者能将新的经验与先前的经验进行有意义的结合，就能够促进个体的学习[②]。

虽然经验对于新知识的获得至关重要，但不可忽略的是经验对学习有正反两方面的作用。一方面，它鼓励个体探索未知的领域，发现新事物；另一方面，它也会抑制个体把握机会的反应能力。另外，如果学习者没有积极地对自己的经验加以处理或运作，学习也不会有效地发生。对于经验的处理，可以独自一人完成，也可以与他人共同完成，这个人可以是教师或者同伴，也可以是一人或多人。需要指出的是，在经验学习中，只要能产生有意义的经验，就会有学习的发生。有时个体是在接受新的经验很久之后，才将其与过去的经验进行有效的连接，如顿悟，就是这样一种学习现象。同时，新经验与旧经验的有效结合往往会产生新的意义，这会促使我们对过去所接受但疏忽的部分再作讨论和分析。由此而言，经验是刺激学习行为产生的必要基础。

杜威十分重视学习者的个人经验，强调教育与个人经验之间有着密切的联系，教育是在经验中、由于经验和为着经验的一种发展性过程。如果不能将经验作为学习的基础，那么这种经验学习就会流于形式，同时也是虚幻的。因此，若要明确经验学习的内涵，就一定要把握经验的两个基本性质，即连续性和交互作用。根据经验的连续性原则，每种经验的获得都会改变学习者自身的认知结构，并且会对学习者的态度产生较好或者较坏的影响，进而造成一定的偏好。学习者拥有的每一种经验都代表着一种价值取向，这种价值取向会影响个体对未来经验的选择。我们生活在一个真实的客观世界中，生活中的人和事都作为一种存在的客观条件而参与到我们的生活之中，个体生活在世界之中，就是生活在一系列的情境之中。因此，经验往往就是学习者和当时他所面临的环境发生作用的产物。[③]交互作用的原则就是要打破传统教育中只注重内部条件而不注重外部环境的局面，赋予经验的客观条件和内部条件这两种因素同等的地位和权力。

（二）学生主动参与学习

学习的实质是个体主动建构自身经验的过程，除个体之外的其他人都是促进者

① 房慧，张九洲. 库伯经验学习理论视域下的成人学习模式研究[J]. 成人教育，2010，（11）：10-11.

② 曹俊军. 反思与构想：我国基础教育新课程改革研究[M]. 长沙：湖南师范大学出版社，2008：23-34.

③ 李冲锋. 杜威论经验与教育[J]. 宁波大学学报（教育科学版），2006，（2）：7-11.27.

或帮助者的角色，即便是教师也不例外。无论外在的环境或条件多么适宜学习，个体如果不积极主动地构建自身的经验，学习就不可能真正地发生。这也是在传统课堂上，有一部分学生认真听课，但学习效果却不理想的原因。个体从一系列的事件中获取属于自身的独特意义，虽然别人可能会试图将自己理解的意义强加给他人，但最终还是要学习者自己来界定自己的经验，这一过程是旁人无法知晓的。不同的学习者在经历相同的事件时，对同一经验的构建也会不同。比如，面对同样的课堂和同样的教师，不同的学生会有不同的收获，这便是他们自身构建与重组经验的结果。

就传统课堂的实际学习情况而言，学习者从未扮演过“主动构建者”的角色。学校把过去已经拟定好的知识和技能作为教材，教师的任务是将这些知识和技能传授给学生①。同时社会已经建立了各种行为的标准和规则，学生被告知什么可以做，什么不可以做，却不知道这是为什么。教师们作为传授知识技能和行为规则的执行者，也不会考虑学习者的主观体验和感受。另外，传统的班级组织方式和教学方法都限制了学生，使之只能作为知识的被动接受者，无法成为经验的主动构建者，这样的学习效果自然不太令人满意。

共同体成员在构建自身认知体系的过程中，会受到各种层面经验的影响，而这种构建的过程恰恰是一种主动的过程。当个人与他人一起工作或学习时，会受到周围同伴经验的影响，并且也会将自身的经验分享给其他人，得到一个双方都能接受的结果。同时共同体成员也会将自身的期望、态度和情绪融入事件当中，从而影响自身对该事件的解释及经验的构建。个体对于自身的感觉和知觉，往往会使用语言符号来诠释自身所理解的意义。在此诠释过程中，个体对事物的界定会受到外在因素的影响。但除了经验者本人，他人是无法赋予经验意义的，自身的经验只能经由自己的大脑感知和理解。每一个经验都被共同体成员独特的过去所影响，个体会关注自己感兴趣的事物，主动地构建属于自身的知识体系，并对整体作调整。由此而言，师生学习共同体是学习者主动构建自身经验的过程。

只有当教育能够使每个人获得自尊感、使他们为自己的行为感到自豪时，教育才能发挥其真正的作用。在学习共同体中，学生是一个个具有独立生命存在的个体，要体现他们的尊严、维护他们的荣誉，就要充分发挥学生学习的主体性与独特性，尊重学生的差异。一方面，要让每个学生在原有知识、经验的基础上获得最优的发展，力求不用一个标准来衡量学生的进步，不搞平均化；另一方面，还要承认学生发展的独特性，不追求学生在各个方面都平均发展，而是让他们形成自己特色鲜明的个性。在构建学习共同体时，要鼓励每个学生根据自己的兴趣和愿望，积极主动地进行学习，倡导自由探索和独立思考，允许学生根据自己的认知结构和知识背景

① 钟启泉，安桂清. 研究性学习理论基础[M]. 上海：上海教育出版社，2003：38-42.

对“文本”进行不同的解读，避免用自己的标准去评判别人的观点。

（三）知识的社会文化属性

个体的行为源自于各种心理活动，但行为的表现却受社会情境的影响。在整个社会情境中，人们通过共同参与活动而发生各种交互作用，彼此之间交流和分享共同的经验。许多教育家都将经验看作是一种社会文化的构建，最为著名的便是苏联学者维果斯基。他认为，人的心理机能可以分为低级和高级两个部分，其中低级心理机能是与生俱来的，是个体动物性的表现，是个体与外界相互作用时直接表现出的特征；而高级心理机能是通过后天的学习发展起来的，它是以符号系统为中介而产生的心理机能，是人类在本质上区别于动物的特征。高级心理机能的发展必然会受到社会文化因素的制约和影响。

人类在社会的发展历程中创造了大量的财富，也积累了许多宝贵的经验，这些经验并不能直接传递给他人，而需要一定的语言符号作为中介。社会文化经验的传递使人类与动物有了根本的区别，个体的发展不仅受自然规律的制约，也受到社会历史文化因素的影响。因此，维果斯基十分强调社会文化在个体发展历程中的作用。共同体中的学习也是一种社会文化的再构建，对于学习者而言，在其构建自身知识的过程中，无法摆脱社会环境和历史文化等因素的影响，课堂学习也必须在一定的社会情景和价值规范中进行。人类社会中新出现的经验，源自于个体或小群体的发现，经其推广而在社会中广泛传播。在传播的过程中，新的知识必须经过社会群体的审视和评判，才会被历史文化接纳并吸收，个体的经验才能转化为群体的经验，主观的知识才能转化为客观的知识。个体学习知识的过程，即将社会文化知识纳入自身经验结构体系的过程，它也需要通过文字符号来进行，以社会文化为中介，将客观经验与自身经验结合。

要了解社会文化对经验学习的影响，就要对学习者以往的经验进行批判性的反思。事实上，社会文化的获得过程就是经验学习的过程，学习无法从社会文化的常模和价值中独立。我们进行交往的工具——语言，便是一种社会文化现象的体现，社会文化对经验学习最广泛的影响是通过文字符号来进行的。因为知识源自于经验，知识的表达也需要通过文字符号来进行，而经验和文字符号都属于一种社会性的构建。

社会文化属性需要共同体成员之间能够相互倾听，相互倾听是成功进行学习、实现主体间性的前提。只有在用心相互倾听的教室里，语言和情感的共振才能产生。大量的观察表明，那些善于倾听的人通常也是擅长学习的人，那些只顾自己主动学习、盲目发言而不尊重他人语言表达的人通常不会是学习的佼佼者。除了倾听外，人们还必须学会对他人的话语、观点和情感作出适当的回应。佐藤学教授把这种建立在倾听基础上的回应称作“被动的能动性”。教师和学生作为独立的个体，都以慎重、礼貌、倾听的姿态面对着身边的每一个人，无拘无束地交谈，从而很好地避免了由于不假思索的发言而带来的表面的课堂热闹，同时也避免了由于可怕的、缺少人情味的关系而形成的课堂沉闷。

（四）课堂情境促进学习的发生

除过上述各种特征之外，最容易被忽略的一项便是师生学习共同体的情境性。师生学习共同体离不开情境因素的影响，经验即是人与社会环境交往的产物，因此经验必然带有一定的情境性。不可否认，个体的认知水平和已有知识能帮助个体理解新的知识，但若知识与情境因素的联系不够密切，甚至背道而驰时，此时的学习者就容易产生厌倦和消极的心理，这对新知识的获得和掌握极为不利。如果将新知识带入与其相对应的情境因素中，并一起呈现在学习者的面前，则会使学习者更容易理解和接受新的知识，从而达到事半功倍的效果。因此，情境因素对师生学习共同体有着很大的促进作用。

在传统教育中，课堂教学几乎不考虑经验与知识的情境性，以往的教育工作者也认为环境对学习的影响不是很重要，他们往往更看重个人的努力和奋斗。但是对于现代教育来讲，情境因素对学习者的影响至关重要。情境因素可以引导个体注意到学习当中被忽略的部分，或者调整自己的状态与情绪，以较好的精神面貌投入到学习中去。因此可以说，对情境因素的否认，就是对经验学习的否认。一旦缺少了情境因素，师生学习共同体的成员就不能进行有效的学习。

情境因素是师生学习共同体活动的影响因素之一，即对学习者状态的影响，对学习者情绪情感的影响。情绪情感因素既能够促进学习活动的发生，也能够阻碍学习活动的发生。共同体成员过去的经验会影响其对当前学习活动的预期，而共同体成员也会把这些经验带入自己的情绪情感中。学习者的状态如果是积极的，则表现出一种对学习活动的支持和期待，那么便能够克服消极作用的影响。个体会进行与过去不同的分析与思考，获得新的知识和经验，从而有效地促进学习活动的发生。如果共同体成员处于紧张或者焦虑的情绪中，那么就会抑制学习动机和学习行为的发生，强化学习活动带来的负面作用。因此，产生何种类型的经验学习，需根据当时的情绪情感因素而定。

影响师生学习共同体活动的另外一个因素便是学习者的自尊和信心。除非学习者相信自己能够做到，否则学习活动无法发生。外部环境可以影响共同体成员的自尊和信心。因此，共同体成员在进行经验构建时，需要来自外界环境的支持、信任。只有当个体正确面对鼓励和挑战时，他才能以积极的态度认知当前的对象，接受新的信息和经验。因此对于教育工作者而言，应当尤其注意给予学习者适当的信任与鼓励；对于共同体成员自身而言，也需要选择一些能支持、信任自己的伙伴，只有这样才有助于学习。富有自尊和信心的情境能够有效地促进个体学习活动的发生。因此，学习情境中的尊重和信赖，也是影响经验学习的重要因素。

在一个真正的学习共同体中，学习者之间是合作互惠、相互促进的关系。教学主体之间也是共享知识、经验、智慧，共享生活意义与生命价值的关系。在这里，每个人既是学习者，也是潜在的教师，有知与无知、教师与学生没有绝对的分界线。教师所要做的，就是努力创造一种心理安全的课堂氛围，使学生敢于表达、敢于提问，鼓励学生就探索的内容展开交流，在对话中体现出头脑中的高级思维活动，而不仅限于表述各种事实、经验、定义或程序。

三、家校共同体

家校共同体就是指家庭和学校这两个对学生影响最大的社会机构协商合作，共同对学生的学习进行指导帮助，使学生的学习得到更多的支持与提高。家校共同体的构建是家庭参与学校教育的一个重要组成部分，作为社会组织结构中的基本单元，家庭的参与实际上是一个社会背景意义上的参与。家校共同体的构建体现着学校与家庭的开放态度，包括家长对学校的态度、对教师的态度以及对整个教育的态度。家校共同体的构建过程实际上也是一个双边互动的过程，在家校合作的过程中，学生、家长、教师之间的沟通与交流十分重要。有效的沟通与交流能促使家庭教育与学校教育的相互配合，家长会对学校教育给予支持，学校也会对家庭教育给予帮助。这样的互动能够有效促使家校共同体的构建，有效促进学生的学习和发展。在建立家校共同体的过程中，需要注意以下几个方面。

（一）学习观念与角色定位

更新学习观念、明确角色定位是构建家校共同体的第一步。只有家庭与学校在思想上达成了统一，在共同体的实施过程中，才能步调一致。但是就目前情况而言，许多家长和教师对共同体的认识还不够清晰，仍旧保持固有的学习观念，不能够明确自己的定位，也不了解自己的职责，使家长和教师的合作处于一个静态的局面。因此，加强家长和教师对家校共同体的了解，提高角色定位便成为当务之急。有效的家校合作需要处理好学校与家庭、教师与学生、家长与学生的关系，家校双方要分清权责，明确在构建学习共同体中各自应尽的责任和义务。一般来说，学校应主动承担起家校共同体构建的发起、计划和运作的任务，而家长也应尽自己最大的能力配合家校共同体的构建。学校应该及时将学校的教学、管理、学习进程等向家长汇报，提高学校教育教学的透明度，增进双方的了解程度和信任程度。家长也应该尽力配合，为学生提供必要的条件，创设相应的学习情境，共同推进共同体的构建。

无论是学校中的教师还是家庭中的父母都应该明白，现有的学习观念在很大程度上阻碍了学生的学习，若想克服传统教育的弊端，培养学生的学习意识和学习能力，促进家校共同体的构建，就应该大力提倡学生的自主学习。首先，传统教学模式下的学生学习往往具有很强的依赖性，对于教师的课堂讲授总是被动地接受，学习的过程和结果都不尽如人意。学生没有真正地将经验知识纳入自己的认知体系当中，自身的主动性和自主性也没有得到良好的发展。而共同体下的教育理念十分倡导学生自主性的学习，提倡学生在教师的指导下，自觉地从事学习活动，构建起属于自己的知识经验体系。其次，传统教育模式下的教学只是教师在课堂上的机械传授，往往会忽视对学生探索能力、创造能力的发掘和培养，这种观念下培养的人才难以适应现代社会日新月异的发展。而共同体下的学习观是学生在掌握知识的前提下，学习能力的提高与发展，这是一种更高层次的、更具价值与意义的学习方式，更能适应现代社会发展的需要，使学生不被社会洪流所淘汰。最后，传统教育观念下的学习不仅仅是知识的掌握，更是能力的提升。在联合国教科文组织发布的《学会生存——教育世界的今天和明天》中就指出，未来社会一定是一个坚持终身学习的社会，一定是一个学习型的社会。终身学习和学习型社会的概念已经被世界各国所接受，因此，培养学生的学习能力在当今时代就显得十分重要。只有懂得学习、学会学习的人才能适应当今世界的形势，才能在激烈的竞争中立于不败之地，才能更好地生存和发展。

总之，家校共同体的构建需要新型学习观的指导，即学生不再是知识的被动接收者，而是知识的主动建构者。学生通过与知识经验的有机交互，用自己独特的理解主动构建知识，并通过经验的重组和改造来培养自己的创新能力。家校共同体下的学习方式也不再是被动的学习、单一的学习，而是自主的学习、多样化的学习。在这种新型学习观念的指导下，学生将成为学习的真正主人，学习者的主体意识、个体能动性和创造力也会不断地进步和发展。

（二）合作双方的素养与积极性

建立家校共同体能够满足学习者的自尊心和归属感，提高学习者的学习兴趣和学习热情。家校共同体的建立使学生感到自身处于一个环境之中，不再有面对家庭和面对学校的双重困惑，从而获得较为一致的学习习惯和学习倾向。学生、家长、学校三者的有机统一会帮助学习者为同一个目标而努力，在这种共同倾向性的促使下，学习者能够与教师和家长更好地交流，也能与其他学习者互相协作，取长补短，从而激发学习者的学习兴趣和学习热情。因此，家校共同体的建立需要家长与教师提升合作素养，调动双方合作的积极性，共同促进学生的全面进步与发展。教师和家长在加强对 PLC 认识的同时，还要增强与对方的交往，教师和家长的有效交往是保证家校共同体有效建立并开展的重要保障。教师和家长必须能够善于沟通交往，在尊重、信任、理解的基础上与对方和睦相处。

在家校合作的过程中，合作双方的沟通与交流能力是一个值得关注的问题，但这个问题却常常被忽略。有的学者认为，教师和家长应具备一定的人际洞察能力、人际关系能力和合作交往能力。当教师以友善、坦诚的态度与家长沟通，注意倾听家长的意见与诉求，并积极为家长提供帮助、解决问题时，家长就会更加信任学校、信任教师。当家长对学校和教师充分信任时，自然也会认可教师的教育理念和教育方法，会在家庭教育的过程中尽力地配合教师，共同努力促使学生学习能力的提高。因此，对于家校共同体中的教师而言，除了要有一定的教育教学方法外，还需增强人际交往方面的能力，尤其针对家校合作而言，教师可以通过一些基本的技巧训练来实现，如针对如何开好家长座谈会、如何避免和解决冲突等对教师进行相关培训。

家长本身就是学生学习的榜样，是孩子成长的引导者，是孩子言行的规范者。家长自身素养的高低不仅影响到孩子未来的素养，也关系到家校共同体构建的成效。因此，家长也需要提高自身素质，努力营造良好的共同体环境。首先，家长需要主动参与、积极参与。要激发家长关心学校教育、关心学生学习、关注共同体的构建的热情，可以利用多种宣传方式，组织多种多样的活动，将学生、教师和家长联系起来。其次，可以开办知识讲座，宣传家庭教育的意义和家校合作的作用，结合学校的教学工作和实际需求举办家庭教育经验交流会，为家校共同体内部成员提供互相学习的机会，以提高家长的教育素养。最后，可以通过教师和家长的交流，向家长介绍教育子女的成功经验，根据不同家长的需求和学生发展的具体状况有针对性地确立交流议题，以实际的案例分析发生在个体身上的现象，并积极寻找解决方案，达成家校合作的共识。

（三）学习方式与学习内容的变革

家校学习共同体的目标就是通过建立一种全新的学习体系，使学生最大限度地投入学习。这不仅需要内外部环境的支持，还需要学生在学习过程中采用的学习方法、学习技巧、学习内容等都作出改变。学习共同体的一个重要特征便是团队式的协作学习，在这个学习模式中，学生、家长、教师都会参与进来，共同学习、共同进步。当代著名哲学家哈贝马斯（J. Harbermas）认为，人类的知识与旨趣有三个领域：第一，人类的旨趣在于控制与操作其所处的环境，通过这种旨趣我们累积工具性的知识；第二，我们想要了解彼此生活工作的社会规范，为此，我们获取沟通性的知识；第三，我们对于个人成长和发展有一个基本的旨趣，包括从无知的情境中解放出来，这种渴望引导我们去获取解放的知识[①]。以哈贝马斯的观点为基础，就团队合作学习所欲取得的知识类型而言，可以分为协同性学习、合作性学习和观点转换学习三类。

① 尤尔根・哈贝马斯. 公共领域的结构转型[M]. 曹卫东，等译. 上海：学林出版社，1999：11-77.

协同性学习是学习者在学习过程中针对某一目标与他人一起工作、分享、咨询，并彼此相互鼓励和支持的过程①。协同性学习的重点在于与他人相互协作去完成一项任务，以成功获得与该项任务相关的经验与知识。当团队合作学习被用以获取工具性的知识时，选择协同性的团队最为有效。工具性的知识是客观的、理性的、科学的，在协同性的团队合作学习当中，学习的焦点在于学习的主题，而并不在于人际互动的过程。合作性学习是许多学习者一起工作以建构经验知识体系的过程，而非发现客观知识的过程②。合作性学习认为经验知识是由人类社会创造的，任何人都能够参与并形成经验知识。合作性学习需要尊重合作者的观点和态度，并且能够关心团队中每一个个体的想法。当学习的目标是获得沟通性的知识时，合作性学习最为有效。合作性学习的过程和内容是一体的，无法分离。观点转换学习发生在学习者修正内部经验知识结构的过程中，当学习者有机会以另外一种方式看待获得的经验时，观点转换学习便具备了发生的条件③。团队的效应能刺激观点转换学习发生的可能性，观点转换学习的目的在于从无知的情境中解放出来。因此，这种类型的学习方式也被称为参与式学习。

团队合作学习可以分为四个阶段，即学习阶段（contained learning）、收集学习阶段（collected learning）、建构学习阶段（constructed learning）、持续学习阶段（continuous learning）④。学习阶段的团队仅仅是定义上的团队而已，个体虽处于团队之中，但尚未形成对团队的认同，学习仅存在于团体内个别成员身上。学习阶段的团队中，成员之间已经开始互相分享经验与观点，团体是个人知识的集合，团队中没有任何知识经验是被特定成员所拥有的。建构学习阶段的学习者，基于其他成员的经验与观点建构自己的知识体系，而到了持续学习阶段，将团队中成员的经验转换为自己的知识体系已经成为学习者的一种习惯。团队合作学习认为学习的过程是对知识与经验的反思过程。首先，学习者经历了再架构的过程，架构是基于对过去的理解和现在的投入，再架构则是知识经验转换的过程。其次，学习者以整合的视角进行实践，即学习者综合团队中的分歧，形成自己的看法和认知，并在实际行动中检验结论的正确性。最后，需要学习者具备跨界思维的能力，以便在不同的团队成员间进行沟通与交流。

家校学习共同体为其成员提供了非常宽泛的学习内容，以整合化和情境化的方式帮助共同体成员学习特定的知识，鼓励学习者采用不同的学习方式，广泛涉猎各方面的知识。无论是家庭还是教师，都需要具备广博的知识体系。教师不仅需要具

① H. 哈肯. 协同学——自然成功的奥秘[M]. 戴鸣钟译. 上海：上海科学普及出版社，1988：1-22.

② Kolb D A. Experiential Learning：Experiential as the Source of Learning and Development[M]. Upper Saddle River：Prentice Hall，1984：1-37.

③ Boud R C，Walker D. Using Experience for Learning[M]. London：Kogan Page，1985：2-9.

④ Jarvis P. Adult and Continuing Education：Theory and practice[M]. London：Routledge，1995：14-32.

备教育学的基本知识，还需要具备教学技巧和心理学、社会学方面的知识。家长也需要具备一定的家庭教育知识、日常的生活知识和人际交往方面的知识。在家校共同体中，教师和家长系统地思考他们的实践经验，从同伴的实践经验中学习，并开展反思-实践活动，以不断改进自身的知识结构。共同体中最有效的学习内容是那些关注所有成员的学习内容。组织内部成员的学习需要借助外部和内部资源的支持，展开多种形式的合作，对实践进行系统的反思。教师、家长和学生要在合作的状态下，互相为彼此提供合作的机会和渠道。家校学习共同体对家长和教师而言，意味着对他们所认可的传统教育教学理念提出挑战。对学生而言，学习任务不仅没有变得轻松，反而具有了更大的挑战性，他们需要适应新的学习方法和评价方式，通过多种多样的学习方式广泛涉猎各个学科的知识内容，同时培养人际交往的能力和技巧。教师和家长不仅要为学生的学习提供帮助，而且自身也需要参与到学习中来，通过三者的共同努力保障学习共同体的有效构建，保障学习者更加全面的进步与成长。

（四）沟通交流与平等协商

在传统的教育理念中，学习是学生自己的事情，学校的主要任务就是对学生进行教育，家庭的主要任务是教养和监护，三者分别处于一个独立的体系和环境之中。这样往往会使三者处于不平等的地位，学生往往不明白学习对于自身的意义，从而被动地参与到自身知识体系的构建中来；学校教育的力量也往往难以最大限度地促进学生的进步与发展；家庭教育仅仅作为学校教育的一个陪衬，难以发挥其应有的作用。

然而，家校共同体成员之间应该是一种民主、和谐的沟通关系，教师、家长、学生三者是平等的。构建学习共同体的目的就是要让教师放下指导者和管理者的角色，给家长和学生发表意见的机会，使家校共同体中的成员能够积极地创造自主学习的环境，使共同体中的成员能够站在他人的角度看待问题，体会他人的情感和需求。在共同体的建设中，学习是家长、教师、学生之间相互影响、相互分享的过程。学习共同体中没有绝对的权威者和领导者，在经验知识面前，每个人都是平等的。在这样的一种组织团队中，教师和家长之间注重平等交流，不断进行协商和探讨，充分尊重他人的意见，学校和家庭的学习资源就能够得到充分有效的利用，从而提高学生的学习效果。在这种互相学习、互相影响的环境中，共同体成员可以在良好的人际关系中取长补短，每个人都有选择学习内容和学习方法的权利，其学习态度也会变得更加积极主动，其学习效果也会大大提高。同时，在这种平等和谐的环境下，教师和家长都能够以一种学习者的角色促进自身的发展，这样更有利于他们在学生面前树立良好的形象和威信，从而能够更好地发挥对学生的教育引导作用。

教师与家长之间缺乏沟通、交流是阻碍学生学习的一大障碍，而家校学习共同体的构建就是为了扫清这一障碍，这是一个三方受益的过程，是三者共同学习、共同提高的过程。对于家长来说，其职业经历和社会背景不尽相同，虽然有一定的社会经验，但是对于子女的教育问题，他们却不一定很了解。而家校共同体的构建可以搭建一个家长与教师、家长与学生沟通交流、平等协商的平台，给家长提供一个自我发展的机会。在沟通交流的过程中，家长可以与共同体中的任何一名成员请教，不仅可以向教师学习，也可以向其他家长学习，向他们请教教育子女的成功经验，以不断提高自身的修养和教育素养。在与教师的交流中，家长能深刻地感受到教师无私奉献的精神，真正体悟到教师这一职业的艰辛与不易，感受到教师工作的神圣与伟大，从而更加尊重教师的劳动，支持教师的工作。只有家长从内心真正接受教师、理解教师、认可教师，才能使家长与学校之间形成良好的合作关系，才能建立起有效的学习共同体。处于这种环境下的家长，其道德品质和精神面貌都会发生积极的转变，从而改善家庭的氛围，改善亲子关系，为子女的学习营造良好的家庭教育环境。

家校共同体中的平等、和谐也有利于教师向家长了解学生的成长经历和家庭背景，这样能使他们在因材施教的过程中针对不同背景的学生采取不同的教学方法。不仅如此，家长们的社会经历和职业背景不尽相同，这为教师提供了很好的学习榜样。对于专业化程度很高的教师而言，家校共同体无疑为教师的发展提供了广阔的学习素材，教师可以在与家长的交流中获取各种各样的信息，分享家长的社会经验，改进自身的教育工作和管理工作。这样的改变也会得到家长的认可与支持，会使双方更加积极地寻求沟通交流的渠道和途径，使家校之间的关系变得更为密切。

总之，学习共同体的建立可以使教师与家长之间的沟通变得更加顺畅和便捷，使双方共同为学生树立良好的榜样，增强对学生的影响力和引导力。

（五）统筹安排与组织协调

家校共同体的建构不仅需要学校、家庭的合作交流，外部的保障也是必不可少的。就目前状况而言，我国的家校合作构建学习共同体的发展仍处于起步阶段。虽然我国有非常优秀的家庭教育文化，但是由于管理体制尚不完善，学校教育与家庭教育并没有充分地结合。实践证明，家校共同体的建构需要学校教育、家庭教育、社会教育的互相配合与支持，同时外部的软硬件支持也是必不可少的保障。组织结构的支持是促进 PLC 发展的重要因素，它为共同体成员之间的学习与交流提供了结构性的支持和互相尊重的合作氛围，促使成员分享实践经验，实现成员的平等对话。组织结构的支持还使成员能够更好地处理实践经验，这推进了共同体成员之间合作的程度。一般来讲，结构性的支持条件包括共同体所处的环境、共享的时间和空间、交流与学习的系统、各种硬件与软件的支持等。

因此，教育行政部门必须要在家校合作构建学习共同体的管理上有所作为，必须提高相关领导对学习共同体这一理论的把握和认识，改变过去单纯把“教育”理解为“学校教育”的看法，充分发挥教育行政部门的统筹、协调和组织作用，将家校共同体的构建落到实处。首先，要整合学校、家庭、社会三方面的教育资源，统筹安排，合理规划，把家庭与学校的合作活动切实有效地开展起来，把工作落到实处；同时设置相关的职能部门，发挥协调组织作用，以完成检查、监督、评估等工作。其次，各级各类教育行政部门应该在国家和政府的领导下，主动担负起促进家校共同体的构建工作，并与有关部门协同管理，提出一些明确的工作任务和预期目标，制定促进家校共同体构建的策略和方法。再次，积极组织教师开展学习共同体的理论研究和实践活动，并向家长大力宣传学习共同体的意义，组织对家长的培训活动，促进学习共同体的实践活动顺利开展。最后，有关部门应制定督导评估内容和业绩考核办法，使家校合作共同体的构建逐步走向科学化、系统化、制度化，并成为推动我国学校教育改革的强大动力。

对于学校层面的管理，也需要进行一定的改革。首先，学校可以将学习共同体的构建问题纳入学校发展的规划，成立由学校主要领导参与的共同体构建小组，组织家长、教师和学生共同讨论，制订出科学合理的学习共同体建构计划，包括构建学习共同体的目的和意义、学习共同体实施的具体方式、预期达到的效果、评价与监督机制等。其次，在新学期开始之前，学校可以组织召开一次家长、教师和学生共同参与的交流会，教师可以把学期教学安排以及对家长、对学生的要求详细地加以说明。家长和学生也可以在认真听取教师计划与安排的基础上，积极地表达自己的看法，提出合理的意见与建议。再次，在每学期结束之前，学校可以再次举办此类交流会，教师将本学期的学习情况与评价结果告知家长和学生，对本学期的工作进行总结，并提出改进措施，以便家校之间更好地配合。最后，学校还可以促使家长与教师达成协议，规定双方应尽的责任和义务。双方都要以主人翁的姿态参与到协议的制定中来，并积极地推进计划的落实，互相监督计划的实施进程和实施效果，发现有不当之处应立即指出，并大胆地提出合理的改进意见或改进措施，与教师共同对计划进行不断的修正和调节，以切实推动家校共同体的构建。

第十三章 PLC视域下我国教师专业发展的基模构建

教师专业发展必然是教师自我导向、自主驱动的结果。PLC 视域下的教师专业发展基模构建（图 13-1）正是通过促使教师个体迸发一种持续的动力，成为自己人生的规划师，充分关注个人发展需求，通过自我专业结构剖析、自我专业发展设计等实现教师的专业发展。影响教师专业发展的因素有很多，在进行教师专业发展的基模构建时，需要考虑影响教师发展的内部需求驱动因素、外部需求驱动因素、教师专业发展的理念转变和教师专业发展不同层次的互动等。而教师在进行专业发展的自我规划时，需要进行内部自我分析、外部环境分析，进而设定目标，制定策略。

影响教师专业发展的内部需求驱动因素包括认知能力、专业成长与教学效能感，而这三项恰恰是教师在进行专业发展自我规划时，在内部自我分析阶段需要考虑的内容。影响教师专业发展的外部需求驱动因素包括职业需要、学校文化与学生需求，这三项也是教师在进行专业发展自我规划时，在外部环境分析阶段需要考虑的影响因素。教师专业发展的理念转变包括促进教师的实践创新、对教师进行生命关怀和教师专业发展的人文引领，这三项也是教师在进行自我规划的目标设定时需要考虑的内容。教师专业发展的多层次互动包括微观层面实践共同体的互动、中观层面联动共同体的互动和宏观层面社会共同体的互动，这是教师专业发展在策略制定上需要考虑的三个不同层面的发展。

一、需求驱动：教师专业发展的力量源泉

（一）内部需求驱动

教师专业发展的内部需求驱动因素包括很多，一般而言，当我们讨论影响个体发展的内在因素时，首先想到的是人们的意愿、想法和对未来的发展倾向。

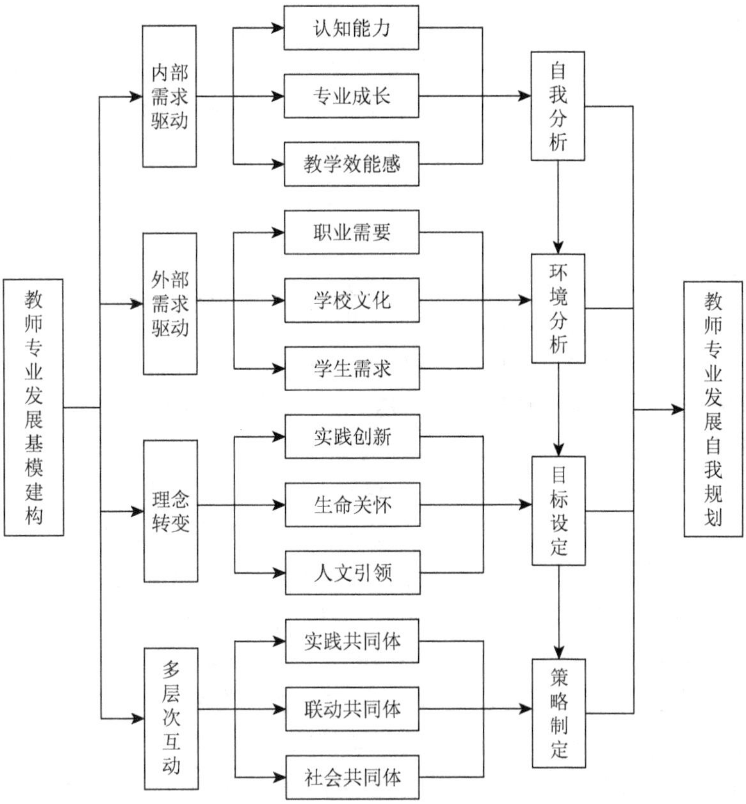

图 13-1　PLC视域下教师专业发展的基模构建

这些影响因素都是通过人们思想意识的变化进而影响人们行为的改变的。一名合格的教师如果能从内部需求上将专业发展作为自己职业生涯的重要组成部分，不仅可以提高自我发展的积极性和主动性，更能够推动教师教育的长远发展。对于教师专业发展而言，影响最大的是教师的认知能力、专业成长与教学效能感。

1. 认知能力

教师的认知能力是指教师在长期的教学实践过程中，形成的对教师专业知识以及教学技能的感知与认识能力。在面对新的教学事件时，教师关注的情境以及对情境的理解和应对都体现着教师的认知能力。教师的认知能力是教师成长的基础与内在动力，教师通过对自己的教学成果和工作业绩作出的反思与评价，进一步改进自己的认识水平和自我意识，进而促进自我发展。教师认知能力的发展是教师对自我发展的过去、现状及未来三个方面的规划意识。杜威曾经说过："生长最重要的是精神观念和知识能力的生长。但这种生长大部分都与人生愿望和冲动反对，所以不能专靠本能的发展，还需要有自觉的努力。”因此，教师认知能力的发展作为教师专业发展的内在驱动力量，可以外化为教师进步的动力，使教师主动地看待自身的成长，自己制定目标与规划，积极评价、反馈、反思，积极实现自身专业发展。教师要提高自身认知能力的水平，就需要不断学习，不断进步，同时善于观察与思考，从内心深处理解教师专业发展对自己的价值与意义。

教师认知能力的发展主要体现在三个方面：第一，教师个体发展的需要；第二，教师对职业的认同；第三，不断学习和反思的能力。

首先，行为的产生源自个体的需要，教师专业发展的内在动力是教师自身成长的需要。教师专业发展主要体现在自身需要上，这种需要包括自主学习的需要、自主规划的需要以及自我发展的需要。“无论人类是自觉地，还是不自觉地这样做，他们总是终生不断地学习和训练自己。这种学习和训练主要是通过周围环境的影响，通过亲身经验改变他们的行为、他们的人生观和他们的知识内容。”[①]为了满足教师个体发展的需要，教师要按照自身的现状制定适合自己的发展目标及规划，根据发展规划有条不紊地实施，并在实施的过程中不断反思与调整，逐步找到最适合自己的学习方式和学习内容，从而在不断的努力中超越自我。

其次，在从事教育工作的过程中，教师的一切行为都体现着对自己工作岗位的态度和看法。教师对职业的认同会直接影响教师个体专业发展的主动性与能动性。只有当教师对职业具有高度认同感时，教师的职业价值感才会上升到与个体自我价值一致的高度上来，才会使教师积极主动地投入到自身发展的过程当中。也就是说，如果教师能够高度地认可教育教学工作的价值，那么他就能够在实际的教育教学活动中更好地为实现自己的职业目标和价值而努力，主动提升自我的专业化水平，进而形成一种对教师职业的热爱。教师对职业的认同一旦确立，教师在每天的工作中就会有强烈的意愿和冲动，就能够在日常的工作中不断地挑战自我，从而感受到每天的教育工作都是崭新的，也才能拥有诗意的教育生活[②]。

最后，教师的专业成长需要不断学习与反思的能力。教师的学习能力也会在学生中树立一种榜样与威信，不自觉地增加教师职业的神圣感与使命感。教师的学习能力一旦养成，就会在日常的工作中主动地接受新鲜事物，不断地满足知识的需要。在知识信息迅速发展的今天，教师自我学习、自我反思的能力是教师保持自身专业性的基本保障。教师的反思能力也会促使教师关注自己的教学实践活动，深入地开展教学研究活动，丰富教师教育教学的实践知识。美国学者波斯纳（B. Posner）认为，教师的专业成长是教师经验与教师反思共同作用的结果。教学反思贯穿教师专

① 杜威. 杜威五大演讲（修订2版）[M]. 胡适口译. 合肥：安徽教育出版社，2005：267.

② 周震宇. 新教师工作全手册[M]. 南京：江苏教育出版社，2011：6.

业发展的全过程，能够不断地提高教师自身教育教学的能力和素养，推动教师认知水平的长期发展。

2. 专业成长

内在因素作为事物发展的推动力量，具有可持续性、稳定性和长久性等特征，是通过在人的头脑中形成一定的思维习惯而存在的。例如，当教师树立了正确的人生观、世界观和价值观时，他就会在教学活动中渗透这些观念和思想，从而对学生的各个方面施加影响。当教师对教育事业持有一种信念和理想时，他工作的信心与积极性就会被激发，并会将其展现于教学实践活动的各个方面。教师的专业成长贯穿于教师的整个教育职业生涯，它具有持久的内在动力。教师以积极的态度提升个人的专业水平和业务能力。专业成长是教师个体对自我从事教学工作的发展过程，这个过程会影响教师的教学行为和教学工作的效果。专业成长是一个复杂、多维、动态的表现体系，是人和环境之间长期相互作用的结果，它不仅影响着人们感受具体情境的方式，也影响着人们日常行为的方式。一般而言，教师的专业成长包括职业理想、专业态度和专业责任感三个方面。

职业理想是指个体在从事的职业中，按照社会既定的要求和个人条件树立的发展目标，或者期待达到的职业愿望。职业理想的实现有助于个人生活品质的提高，有助于自信心和行动力的增强。教师的职业理想会使教师对未来有所憧憬，会为自己设置的目标而奋斗。职业理想并非是一种空想，而是通过个人努力可能实现的一种奋斗目标。它是生活理想的一部分，因为职业本身就是生活的一部分。例如，有的人当教师，是因为喜欢学校中的生活节奏，个体有充足的时间去做自己喜欢做的事；有的人当教师，是因为教学给了教师许多的时间去品味人生，给了教师许多好书去阅读，给了教师许多独特的机会去探索和经历；有的人当教师，是因为教师能够将自己的世界与学生的世界联系起来，能够使学生从象牙塔式的传统教育中解脱出来，进入外面的真实世界。教师的职业理想会随着时代的发展、个体经历的不同而发生变化。它会随着个体知识文化水平的提高、年龄的增长和社会阅历的丰富而变得更加清晰和具体。

专业态度就是个体在从事自身专业的过程中所持有的观念和态度，如对专业的工作方法、发展前景、价值取向等内容的看法。个体的专业态度会直接影响其对专业的选择以及个人的发展。教师是一门专业性很强的职业，具有不可或缺的社会功能，具有较为完善的专业理论和成熟的专业技能，具有自己的专业组织和专业自主性，还具有专业的政策引导。教师的专业态度是伴随教师的专业成长而发展的。教师专业态度的基本要求就是要为学生的全面发展、自由发展提供尽可能多的帮助与指导。影响教师专业态度的因素有很多，其中主要包括社会因素、家庭因素和个体因素。社会因素包含社会环境以及社会期待等，社会不同的发展阶段对教师专业的期待是不一样的，这会影响到个体对专业的看法与态度。家庭因素多指家庭背景、家庭地位、父母期待与干预等，其中父母的干预往往会对个体的专业态度产生较为重大的影响。个体因素主要涉及个人的兴趣爱好、个性特征、人生观、价值观等，个体如果对自我比较了解、自我控制与选择能力较强，就会更加主动地作出较为符合自身条件的选择。

影响教师专业成长的另一个重要因素就是专业责任感。专业责任感是指个体在专业活动中对应承担的责任和义务的认知程度与认可程度。只要人们从事了一定的职业活动，就会对该职业活动产生一定的看法和态度，如果这些看法和态度是积极的、肯定的，个体所产生的专业责任感就是正向的、积极的；如果个体的看法和态度是消极的，那么他产生的专业责任感就是负面的、反对的。对于教师这一专业而言，也是如此。正向的专业责任感会让教师保持充足的工作精力，使自己以饱满的状态投入到每天的教育教学工作中去；负向的专业责任感会让教师得过且过，每天以消极的状态面对学生，不利于学生的成长与发展。影响教师专业责任感最主要的因素就是教师的专业态度，具有一定专业责任感的教师往往具备较强的责任心与行动力，在本职工作中总是表现出积极向上的一面，他们在谋求个体发展时总是与专业工作联系在一起，按照专业的要求提升自我。

3. 教学效能感

关于教师效能的研究源于西方国家的相关论述，一些学者在论述教师效能时使用“effectiveness”和“efficacy”两个词，这两个词的含义基本相同，都可以被译为“效能”，因而，我国在翻译该词时都使用“教师效能”的说法。如果究其差异，前者的含义偏重从教育学视角论及教师的效能，多指教师的“教”与学生的“学”之间构成的教学效能，是教师的教学结果与目标之间的实现程度的比较；后者偏重教师个人的效能感，如社会学习论（social cognitive theory）、自我效能理论（self efficacy theory）和效能感理论（sense of efficacy），都提到了教师效能感在心理学上的应用和研究成果。教师效能感的研究注重教师的心理状态与变化，效能感一旦产生就会持续较长的影响周期，形成相对稳定的精神状态和态度。当教师具有较高的自我效能感时，一般会表现出较高的效能水平和发展动力；相反，自我效能感较低时教师的专业发展态度会表现低落，从而影响整个教学实践活动。就两个词汇的关系而言，“教学效能”较“教师效能”的含义要广泛，前者包含了后者，后者是前者的核心内容。

教师专业发展离不开教学效能感的提升，有时人们用教师教学效能感的提升直接表示教师的专业化发展，这样，教学效能感便含有教师专业发展的意义了。为了提高教学效能感以促进教师的专业发展，相关研究往往更关注课堂教学，因为教师的课堂教学是教学效能感的实践场域，是教师专业发展成果的展示平台。一般而言，教学效能是指在特定的社会发展阶段和教育方针政策的指导下，为满足学生学习的需要和综合素质发展的要求，以教学实践活动为基础，以教师为主体，利用学校组织结构等各种资源，达到或者超出教育目标的实际教学能力。狭义上的教学效能将考察范围限定在课堂教学中，即在一定的学校环境中，以学生为中心，以教师为主体，通过教师专业化发展和教学能力的提升，创设和组织和谐、高效的课堂教学，最大限度地激发学生正确对待学习的态度和动机，达到或超出培养学生综合素质的教育目标的能力。教学效能具有一定的时代特征，不同的社会发展阶段对教学效能的理解也不尽相同。社会的不同时期科技文化的发展水平不同，对教育和培养人的要求也存在着各种差异，因而，对教学效能的重视程度及要求也不尽相同。社会在进步，教育在发展，信息社会中知识在迅猛更新，效率优先的理念深入人心，这使得社会对教学效能的要求越来越高，追求教学效率的思想已经深入到现代学校谋求发展策略之中。教师的教学效能感是教师在教学实践活动中，根据自我表现作出的有关效能的判断与评价，判断与评价的结果有助于教师对教学效能感的关注。如果教师对教学效能产生较多的关注并将之作为专业发展的重要依据，那么，教师就能关注与教学效能相关的各种信息，这与专业发展是一致的。在实际的教学过程中，教师只拥有专业发展的信心是不足以提高教学效能的，在具体的操作中，教师需要在思想上保持教学效能感并付诸实际行动，由内及外的效能感才是在教师教学效能的研究中占据重要地位的。迪汉姆（C. H. Oenham）和 迈克尔（J. J. Micheal）根据社会学习理论的观点将教师效能界定为认知及情绪成分所组成的一种中介变量，如果教师具有较好的自我效能，再能够进行有效教学，就会产生较佳的教学效能，也能更好地提升学生的学习成效[①]。

（二）外部需求驱动

教师专业发展的外部需求驱动也有很多，一般而言，影响教师专业发展的外部因素包括职业本身的要求、学校文化与学生的需求。教师职业对教师的专业发展提出了很多具体的要求，如教师的职业特征、职业规划等。学校的文化也会影响教师的专业发展，良好的学校文化会对教师的专业成长起到巨大的推动作用。学生的需求是教师专业发展必须考虑的因素，因为教师的专业发展从根本上来说还是为了学生的成长与进步。

1. 职业要求

教师对社会的存在与文化的传承具有不可或缺的作用，著名学者雅思贝尔斯（K. T. Jaspers）曾经指出：人与人精神的契合才使文化得以传播。人与人的交往是双方的对话与敞亮，这种双方关系是人类历史文化的核心[②]。英国哲学家弗兰西斯 • 培

---

① Oenham C H，Micheal J J. Teacher sence of efficacy：A definition of the construct and a model for futuer research. Contemporary Education Research Quarterly，1981，6（1）：39-63.

② 雅思贝尔斯. 什么是教育[M]. 邹进译. 北京：生活 • 读书 • 新知三联书店，1991：2.

根（F. Bacon）也认为，教师是知识的传播者、文明之树的培育者、人类灵魂的设计者。教师对学生的影响也是意义深远的，这种影响不会随着学生学业任务的完成而结束，它一旦形成，就会凝结成为内部稳定的个性心理特征和独特品质，从而伴随学生的一生。

首先，新课程改革以来，传统教师的角色和职业要求受到挑战，教师的身份与地位受到威胁，现代社会发展对教师的职业提出了新的要求，变革的时代呼吁新型的教师角色，未来教师应该比传统教师角色更加丰富、更具时代特征。新时期的教育理念认为，学习是学生积极主动构建自身的过程，教师的职责就是帮助学生进行思考，使其以一种新的方式去看待他们自己的过去和未来。

其次，随着时代的发展，教师应在文化知识传授者的角色基础上进一步提升，转变为学生学习的促进者与引导者。赫尔巴特认为，教师必须是在学生身上工作的人，学生对教师必须保持一种被动的状态①。随着信息时代的到来，人们的民主意识逐渐增强，作为权威者的教师，其形象越来越受到人们的质疑与批判，而作为合作者的教师形象则越来越受到人们的认可与肯定。人们已经日益认识到，师生之间不是强制的法律关系，而是基于合作的伦理关系，也就是说，师生之间是以彼此信赖和相互尊重为基础的。要实现这一点，教师就必须构建师生之间相互尊重、理解、信任的新型合作关系。

最后，在传统教育中，教师是书本知识的复述者，在课堂教学过程中缺乏自己的观点与看法，这极大地限制了教师专业水平的提高，也不符合时代发展对教师的要求。而如今，教师不再仅仅满足于作为知识的传播者，而是要成为具有判断能力与思考能力的研究型教师。因此，教师应当树立创造是教师职业基本要求的信念，养成创造型研究的习惯，必须具备以教育人文精神为基础的个人化的哲学观，具有开放性的知识结构以及知识转化的能力。只有这样，教师的职业要求才能在新时代的环境下得以充分体现，教师才能充分发挥职业的特长。

社会对教师职业有专门的要求，有特定的期望。这些要求和期望有些是永恒的，有些则是随时代发展而变化的。比如，基础教育课程改革就对教师提出了诸多新的要求。在当前某些国家，社会对教师没有非常明确的要求和期望，或者对这种要求和期望未进行明确的表述，但在很多国家和地区，这种要求和期望被明确化，并以教师专业标准的方式呈现出来。比如，美国、澳大利亚的许多州和我国香港地区等都有“教师专业标准”。这些教师职业要求的结构和具体呈现方式各不相同，但都对教师应当具备的知识和能力作出了明确的规定。教师职业要求标准反映了国家、社会、学校和学生对教师的期望，明确了不同发展层次的教师的角色形象。教师职业要求能够提供与体制和文化相关的情境标准、专业学习如何

① 张焕庭. 西方资产阶级教育论著选[M]. 北京：人民教育出版社，1979：294.

实施的过程标准以及考查教师知道什么和做什么的内容标准，可以成为设计和实施个人成长规划的指南。

2. 学校文化

学校文化可以分为广义的学校文化和狭义的学校文化。广义的学校文化是一种亚文化，它是在学校中形成的，由全体师生在长期实践的过程中积淀与创造出来的，并被所有成员共同认可的价值观念与行为方式的整合，其本质意义在于影响和促进学校内师生的发展。狭义的学校文化单指校园文化，属于一种隐性文化因素，通过学校文化，对学生进行教育，帮助学生在潜移默化中实现自我的认知与发展。学校文化既包括了校园建筑、环境布置等显性的要素，也包括了人际环境、心理环境等隐性的要素。一般而言，对教师专业发展影响比较大的有教师文化、学校管理和学校氛围。

教师文化是指学校教师群体共同享有的价值观念与行为规范，它是教师基于教育教学活动而形成的关于教师个体与集体的人际关系和组织文化的总和。教师文化本质上是一种教师共同体的文化，它对维系教师共同学习、促进教师专业发展、提高学校教育教学质量有着重要的意义和作用。派别主义文化中的教师之间会产生漠不关心甚至相互竞争的现象，学校中的教师很难有共享的目标，革新也难以在全校范围内进行。人为合作文化中的教师合作是由外在力量所控制的，教师合作的主要目的在于满足外在力量的要求，而不是学校实践的要求和个人的本意。而自然合作的文化是经过人为合作文化阶段后的更高级别的合作文化，它是渗透在日常教学中的教师之间自发的自然合作。

作为学校文化重要组成部分的学校管理，其管理方式的性质与特征直接影响教师专业发展的好坏。学校管理是管理者在国家教育政策的指导下，对学校内部进行管理，是对学校系统人力、物力资源进行计划、组织、协调、控制和决策的过程[①]。学校管理是最大限度发挥学校中人的因素，尤其是教师因素，教师教学生命力的强弱及专业发展的好坏直接受制于学校管理质量及效率的高低。具体来说，相对于传统的学校管理方式，在民主参与管理的方式中，教师享有更加充分的学校管理决策权利，同时也担负着更加重大的发展责任，这能真正调动教师发展的积极性，使每一位教师的专长得以充分体现，从而促进教师的专业发展。

学校氛围一般是指在一所学校内部形成的、对其成员的价值观念、态度、信念等产生潜移默化影响的心理环境。它蕴含一定的价值取向、思想观念等精神因素，体现出一所学校的独特风格和精神风貌。它也是学校文化的一个具体体现。开放性的学校氛围主要表现在领导工作以身作则，关心教师，时时为学生着想，给予教师合理的指导；领导与教师之间相互合作，相互尊重，教师工作认真负责，主动克服

① 赵昌木. 教师专业发展[M]. 济南：山东人民出版社，2011：103.

困难、战胜挫折。学校氛围的开放性是促进学校教师专业发展的重要条件，它能在客观上影响教师的教学观念和行为规范，改善学校教师精神风貌，形成相对统一的教师文化氛围。良好的学校氛围有利于充分发挥教师的主动性与创造力，使教师在工作中能够实现真正的自我价值，在组织中得到认可、满足与归属感，从而在精神层面和知识技能层面实现同步的专业发展。

3. 学生需求

影响教师专业发展的大多数因素都是可以被直观感受到的，但是人们往往会忽略一个重要的影响因素，那就是学生的需求。当前我们在讨论教师专业发展的时候，有一个明显的倾向，就是以各种外部指标来体现教师专业发展的程度，却忽视了最重要的一项内容，即学生的发展。尽管“教师专业发展”这一术语是从教师的角度出发来对专业发展进行描述的，但教师发展的最终归宿还是要落到学生发展上来，这才是教师发展的终极目的。如果不能有效地促进学生的发展，那么这种情况下的教师发展是毫无意义的。

例如，学生喜欢友善的教师，那么我们就不能忽略自己的态度对学生产生的影响，若想真正成为一名好教师，就必须改变自己对学生的态度。学生希望教师能够尊重他们每一个人，有充分的耐心面对每一个学生，这些都是学生发自内心的真正诉求。只有当这些诉求得到满足的时候，学生与教师之间才能相处融洽，才能互相促进，共同成长。无论是社会还是学校，往往都只是从自己的角度出发来考虑学生的需求。而作为一名教师，需要直接面对一群具体的学生。这些学生会有特定的需要与诉求，同时这些诉求构成了该教师专业发展的一个重要驱动因素。每位教师的专业发展规划都是独特的、个人化的，这种规划会因为个体的特点、个体所处的具体情境以及个体面对的具体学生而不同。

20世纪60年代末，富勒和布朗（O. Brown）提出了关注阶段理论，他们认为在教师成长的过程当中，教师们所关注的事物是依据一定的次序更迭的。由此，他们把教师成长分为四个阶段，分别是任教前阶段、早期求生阶段、关注教学情境阶段和关注学生阶段[①]。在不同阶段，教师所关注的问题是不一样的。在任教前阶段，教师处于角色的养成时期，对于教师这一角色仅仅是想象，并没有实际的教学经验，因此更多的是关注其自身。在早期求生阶段，教师关注的重点是自己的职业生存问题。比如，自己的教学设计与教学方法是否被同行所认可，是否得到领导的认可等。在这一阶段，教师解决的主要是生存压力的问题。在关注教学情境阶段，教师所注重的是如何完成规定的教学任务，所关注的侧重点是教师的“教”，而并没有在意学生的“学”。直至最后一个阶段，教师才真正关心起学习的主体——学生。在这个阶段，教

① Futler F F，Bown O. Becoming a teacher[C]//Ryan K. Teacher Education：Seventy-four Yearbook of the National Society for the Study of Education（Part II）. Chicago：University of Chicago Press，1975：25-52.

师才把学生的需求作为自己真正关心的问题，教师才得以真正的成长。可见，是否关注学生需求是教师是否成熟的重要指标，是教师专业发展的应然体现。

教师的专业发展不仅仅只关注自我的发展，同时应当关注学校的发展状况以及学生的需求。教师应当分析学校发展的目标和改革计划，以及学校对教师提出的要求，分析学生的需要，平衡自身需求、学校需求和学生需求三者的关系，认清自己在学校发展与学生发展中所处的位置与作用，明确自己是否能够在组织内部发挥专长，能否与其他教师互相协调配合，共同促进学校的进步与学生的发展。教师如何作好课前教学设计，如何更好地组织课堂教学活动等都需要考虑学生这一主体的诉求。学生需求是教师专业发展最主要的动力来源，教师的一切教学活动与教学行为能否取得相应的效果，是否被学生所接受，都需要通过学生这一主体来体现。只有教学活动得到了学生的认可，满足了学生的需求，教师才能获得教学效能感，教师的努力才能得到回报，教师才能对以后的教育发展生涯产生信心。

二、理念转变：教师专业发展的应然走向

（一）促进教师专业发展的实践创新

实践是教师发展的基础和生命，是最佳的学习方式。对于教师来说，对教学的认识是在教学实践中形成的，而教师专业发展的过程就是一个不断学习、积累学科知识、形成教学技能和提高教学能力的过程，这个过程离不开教师主体的实践性参与。因为，对于“教什么”“如何教”，教师只能在教学实践中逐渐获得正确的认识，教师的教学过程就是学习的过程，教师的教学应该以实践中的问题为出发点，通过学习的结果为实践提供解决问题的方向。因此，教师专业发展最核心的要素就是促进教师的实践创新。

教师的工作不仅仅是把在大学里所获取的理论应用于学校实践，更为重要的是培养其在教育情境中反思、选择、判断和解决问题的能力。真正意义上的教师专业发展是基于认知情境理论的实践智慧的发展，它强调教师自身的课堂教学经验及其对经验的不断反思，以及学校同事间的合作与交流①。而实践智慧是一种缄默知识，它隐含于教学实践过程中，更多地与个体的思想和行动过程保持着一种共生的关系。同时它又是情境性和个体化的，难以形式化或通过他人的直接讲授而获得，只能在具体的教育实践中发展和完善。教师专业发展的这一特性决定了教师培养要重视个体实践活动的参与，重视教师在实践活动中与学生的相互作用以及理论与情境一体化的建立。

从本质上讲，教师专业发展所依赖和面对的教育情境具有易变性、不确定性和

① 钟启泉. 教师“专业化”：理念、制度、课题[J]. 教育研究，2001，（12）：12-16.

特殊性的特征，教师教学过程也很难从属于某种确定性、概况性、普遍性的教育规则，丰富多彩、瞬息万变的教育情境要求教师将实践创新作为一种可供复制和参考的方法体系。实践只能用实践的方法和实践的行动获得创新的可能，科学的方法是实践创新的土壤。培养教师实践创新的习惯需要充分实现教师自身的内在超越，即教师教学实践过程中不断、持续和稳定地创新。教师专业发展具有持续性、长期性和终身性的特征。任何一项技能和能力都只有在相应的活动中才能形成并获得发展。实践性知识是教师从事教学活动所必须具备的智力资源积淀和固化教学实践资源所需的较为稳定的习惯。生成和坚持教师实践创新的习惯，以反思作为支撑，将教师主体作为其自身发展的核心和精髓，是成就教师专业人生的重要保障。

当前，教师教学实践与教学理论之间还存在着传统话语迷失、生活语言欠缺、西方话语泛滥、难以充分有效地表达和展示本土化教学实践场域属性等问题[①]，丰富的理论有助于有效促进、转化和提升教育教学实践。一方面，教师发展理论要建立在教师作为研究者的基础上，理论是实践的进一步提炼和提升；另一方面，理论与实践话语之间要有充分的衔接和交流。教师专业发展过程中，应该尽量消除教学中理论与实践产生的话语分歧，提升理论话语表达的效用，将具有实践品性的理论与具有理论品性的实践相互衔接与有机融合。在实践场域内形成能在常人知识范围内可以被内化的理论话语体系，使理论语言生活化，真正实现教育专家与一线教师之间的话语转换，促进理论的话语与实践的场域相互融合。

（二）对教师专业发展的生命关怀

教师专业发展不是外在力量的规约、外在要求的强加，而是教师自身生命走向充实、丰富和提升的过程，每一个教师不是倾听者、执行者而是自己专业发展的方案设计者、过程体验者和历史建构者。生命关怀意味着教师能够直面原生态的教育现象，去除成规旧俗的观念遮蔽，与生动的教育情境和变化的教育对象保持着对话与互动的格局，不断修正、补充和完善自己的教育理解，追寻有意义的教育，并将教育作为一种独特的生活方式和精神姿态。

首先，教师要具有主动开放的专业胸怀。主动开放是教师专业发展的心态和姿态，是一种促进自我发展的胸怀，更是推动教师向更高层次发展的大气与包容。因此，教师要主动、自觉地发展，提升自身的业务水平，促进自我身心素质的积极塑造；教师必须有甘于奉献的精神和开放豁达的心态；在教师自我发展中，教师要创新理念，开阔视野，启迪智慧，积极适应社会发展和人才培养内在规律的需求，打破学科专业的藩篱，充分学习跨学科、跨领域的知识，提高综合能力，加强多学科教师之间的互助协作。如此才能既提高个人专业素

① 李森，张东. 教学论研究三十年：实然之境与应然之策[J]. 西南大学学报（社会科学版），2009，（6）：118-124.

质，又提升教师群体水平。

其次，教师要培养个性生成的专业情感。教师的专业个性就是教师个体在社会生活尤其是教育教学生活中形成和表现出来的教育性、创造性等个人品质。一方面，教师是社会中的人，他与其他任何普通人一样具有独特的社会特征；另一方面，教师作为一种社会职业既要注重自我成长，又要关注他人尤其是学生个性的培育、生长。教师的生命个性蕴含着浓烈的专业情感，是不断与学生自然交流、自然流露、长期生成的生命体验。

（三）进行教师专业发展的人文引领

现代教育理念追寻科学与人文的对话与融合。以人文引领教师专业发展，并非排斥科学和理性，而是要抵制教师在专业发展中被异化的倾向，突出人文之于教师专业发展的根本性和主导性，确认教师专业发展的价值旨归，促进教师专业发展由科学范式转向人文范式。

首先，教师专业化背景下，如果教师只关心自己在专业知识、专业能力、专业素养方面发生的结构性变化，便失去了传统知识分子的普世悲悯和人文关怀。从人文引领的立场出发，我们强调，不管哪一个学科的教师专业发展，他们都应当拥有较好的语言、文学、艺术、美学的修养，终身学习关于“人”自身的课程。在教师教育的课程体系中，应当让人文课程发挥重要的引领作用。人文课程的引领，它带给教师的远不只是具体的方法和技能，而是启发教师对“人”的思考。因为，如何在具体的教育情境中关怀人、理解人、尊重人、发展人，才是教师专业发展中的终极追问。

其次，对教师而言，理性规范力是外在的、先验的，是科学范式的表征，而人际影响力和文化濡染力则是内在的、体验式的，是人文范式的体现。教师专业发展过程既是个体主动吸收、内化、参悟、创造的过程，又是教师群体之间相互影响、相互促进、相互合作探究的过程。因此，教师教育越来越需要建立教师发展与学校整体发展之间的文化关系。以合作、探究、交流为精神内核的教师行动研究，以经历、体验、反思为根本取向的教育叙事研究，着眼于教研共同体建设的校本教研策略，以及着眼于研究型教师成长的校园文化建设，都是教师专业发展中人文引领力量的实现方式，是让教师确证自我的社会坐标和人生价值的方式。

三、多层次互动：教师专业发展方式转变

随着研究的进展，我们可以看到，对于教师专业发展共同体的关注实际上涉及三个层次的研究，即处于微观层级的实践共同体、处于中观层次的联动共同体和处于宏观层次的社会共同体（图 13-2）。以教师实践为基础形成的实践共同体，着眼

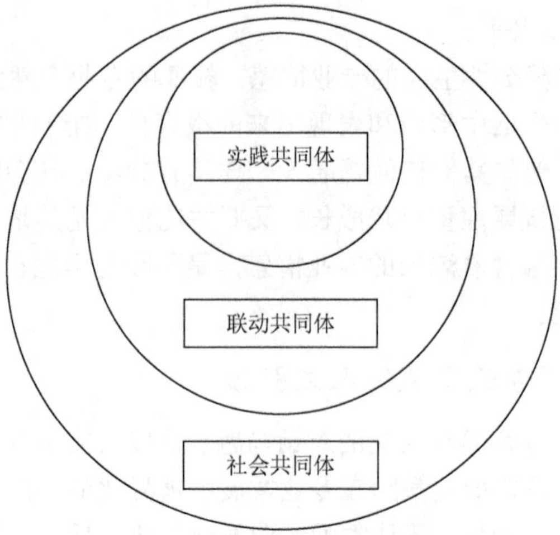

图 13-2　教师专业发展的多层面互动图

于教师与教师之间的关系链接，是教师专业共同体中最基本的结构单元。在实践共同体之中的教师可以互相交流、分享自身的积极经验，解决教育教学工作中遇到的实际问题，促进自身更好地发展。实践共同体向外延伸，构成以学校为基本单位的活动单元，形成中观层次的教师专业发展共同体。学校通过与政府、师范院校的联合联动，构建起具有区域代表性的联动共同体，从而使高校、政府与中小学协同发展。而区域联动共同体的扩展，关注教师专业共同体对更大环境的嵌入，则构成整个社会的发展共同体，也就是代表教师发展的学习型社会。

（一）实践共同体的互动

实践共同体最初被用来解释一种“基于知识的社会结构”，是我们理解情境认知教育的重要概念。在实践共同体中，教师的专业发展是通过实践构建的，而专业知识也是在与共同体成员合作过程中获得的。一方面，教师个人的知识构建和身份认同都处于特定的实践共同体之下，它构成了教师理解知识、获得经验的基础；另一方面，为了追求新的经验知识，教师应该以学习或实践为中心构建支持性的实践共同体，以提供理想的学习场所和环境。意义的协商往往涉及参与和具体化这两个过程。参与指的是教师作为共同体的内部成员积极地参与到学校管理事务中，积极地参与到共同体的建设中来。对共同体成员的行动者而言，参与是一个积极主动的过程。在这个过程中，参与者能够彼此熟知，在相互认知的体验过程中达到角色身份的认同；个体的经验特征不仅得以强化，共同体的特征也在这个过程中得以塑造。作为意义的组成部分，教师在作为共同体成员身份背景中从事教学这一意义协商活动，参与必定包含在共同体成员的身份中。需要注意的是，参与是包含人与人之间各种联结关系的综合，包括亲密、和谐、冷漠、合作、冲突、竞争等。而具体化是指将抽象化作实在的东西，或者将抽象转化为具体的事物对象。具体化的过程产生了之于个体的特殊经验凝结，把实践中的某些东西以一种便于个人理解的方式表达了出来。教师在参与共同体的过程中，具体化也就意味着自身经验的获得和构建。因为共同体中的经验并不是适合于每位教师的经验，只有通过具体化这一过程，将群体的经验转化为个体的经验，才能将新的知识真正融入自身已有的经验体系中去，教师才能获得真正意义上的进步与发展。

实践共同体包含着意义的协商和身份的认同，而个体的学习和发展不具有连续性的特征，个体与个体之间的交流合作是否能够融入更为广泛的社会实践当中，是决定参与者及活动是否属于一个实践共同体的关键。实践共同体能够提供多元的参与形式，为教师的学习提供了不同层次的参与机会，这既有利于新入职教师教学经验的养成，也有利于成熟教师教学理念的转化，更有利于实践共同体自身的发展。教师可以通过与各种水平教师之间的交互而得到多种不同层面的学习机会，并得到不同程度的收益，使教师的专业成长总是处在一个鲜活的场景之中，使共同体中的学习始终是一个动态的、可持续的过程。

基于教师专业素养和专业发展而形成的实践共同体，不仅能够促使教师落实新时代的教育理念，即着眼于培养学生的创新意识、创新能力，进而发展学生良好的个性品质，而且可以引导教师消除重学术研究、轻教学研究的思想，加强其对人才培养模式、课程体系、教学内容、教学手段、教学方法和实践教学等的研究改革，确保人才培养质量。实践共同体能够建立起相对稳定的教育实践基地，让教师实地观摩、体验、评价与分析教育教学行为，从而增加教师将理论运用于实践的机会，全面提升教师的专业素质。

（二）联动共同体的互动

实践共同体的成熟意味着教师与教师之间有了充分良好的互动，在此基础之上应当进行延伸，探索建立区域教师教育联动发展模式，建立 U-G-S 专业共同体。大学可以充分发挥理论创新的引导作用，将教师教育变革的最新理念贯穿联动共同体的建设；而政府可以给予共同体建设制度保障，有效保证联动共同体的持续发展；作为共同体的基本单位，中小学和中小学教师的发展则是联动共同体建设的最终目标。

教师教育联动发展共同体的建设，将在高校教师教育改革创新的实践基础上，充分发挥综合性大学参与教师教育的优势，并借助各级教育局开展中小学教师培训等工作的有利时机，全面深化教师教育领域综合改革，释放教师教育供给侧结构性改革活力，进而实现区域教师教育创新、协调、绿色、开放和共享发展。新时期，我们应以建立健全大学和地方教育局协同创新、融合发展的共同体为平台，以愿景相同、政策沟通、项目融通、师资联通为保障，建立共商、共建、共享、共赢的教师教育联动发展机制，构建区域教师教育联动发展机制最完善、教师教育要素流动最便利、合作成效最明显的跨区域教师教育联动发展共同体。

U-G-S共同体围绕建设目标，其工作思路是“坚持一个核心，突出两个重点，依托三个主体，搭建四个平台”。“一个核心”即始终以“教师专业发展”为核心，通过各主体间的联合联动和深度合作提升教师的专业素质和教育教学能力，从而促进高校教师教育专业和中小学、幼儿园教育教学质量的全面提升。“两个重点”即以职前教师和在职教师为重点，深化高校教师教育改革，提升职前教师的实践性智慧，为职前教师了解基础教育、走向工作职场奠定坚实基础。同时，通过职后培训、教育研究等，带动中小学教师教学和教研能力的发展。“三个主体”即以大学、教育行政部门和中小学校、幼儿园为主体，形成目标一致、权责明晰、共生共赢的U-G-S三位一体的合作关系。教育行政部门通过政策引导、项目资助、检查评估等方式，促进师范教育与基础教育的深度融合，以实现全面提高教师培养质量、有力促进教师专业发展的目的。“四个平台”即搭建职前教育创新平台、在职教育创新平台、教育研究创新平台和资源共享创新平台。职前教育创新平台主要通过双导师制、卓越教师教育培养计划、课程改革、教育实习等举措，从源头上创新教师培养机制。在职教育创新平台主要通过教师培训、项目合作、专家讲座、合作交流等促进在职教师的专业发展。教育研究创新平台吸收高校、政府和中小学具有较强科研能力的成员组成教师专业发展研究中心，通过问卷、访谈等多种形式了解教师教育存在的问题，利用申报立项等进行具有针对性较强的系列研究，为教师教育的智库建设奠定基础。资源共享创新平台充分利用高校教师教育精品资源课程、教育研究成果以及中小学校教学名师教育教学案例等资源，建立区域教师教育联动发展模式，形成资源共享、协同发展的良好局面。

联动共同体的建立无论是对于高校、政府、中小学还是对于一线教师都有积极的意义。首先，联动共同体建立了一支联合联动发展队伍。联动共同体为加强教师教育学科建设，组建并发挥区域教师教育智库作用，深入基层一线调查研究，围绕共同体内的教师教育改革发展顶层设计、师范生培养、在职教师培训、体制机制创新等涉及教师队伍建设的重大问题、重要事项汇聚了一批科研团队。其次，联动共同体打造了一个联合联动发展的U-G-S模式。大学与地方政府、中小学通过实质性的项目合作，打造区域教师教育改革发展命运共同体，建立高等师范院校、各级教育行政部门、基层教师发展中心和优质中小学、幼儿园联合立项、分工协作、协同推进、共同发展的联动发展工作机制，形成联动发展制度，建立区域内开放灵活的教师教育体系，推动区域联合联动的常态化和长效化。最后，联动共同体可以促使地区形成一个联合联动发展格局。围绕教育事业脱贫攻坚“十三五”规划，依托“互联网＋教师教育”平台，借助牵头单位的力量，建立并充分利用“个人空间-教师工作坊-网络研修社区”一体化研修体系，构建教师专业发展支持服务体系，形成区域内先进带后进、城区带乡村的手拉手、肩并肩的发展格局。

教师专业发展和教师教育研究等都离不开研究团队的建设和研究平台的建立，所以高素质的研究队伍和良好的科研平台应该是进行研究的基础与助推器。联动共同体的建设可以促使高校以专业发展学校为平台，创建以合作为基础的教研基地，提升教师教学技能和分析解决问题的实践能力及创新意识；培养一批具有较强理论素养、课堂教学能力、自我反思意识的未来教师，打造一支具有高度的理论水平和丰富的教学指导经验的综合素质优良的师资队伍。通过教师教育联动发展共同体建设，将高校教学研究的理论成果引入中小学课堂，不仅提升了中小学课堂教育的理论水平，一线教师的培养也将会得到进一步的加强。同时，将实习基地（中小学）优秀的教学经验、管理经验在教师群众中传播分享，可以在交流中促进高校与中小学的共同进步，以达到实现教师教育职前、职后一体化的目的。

（三）社会共同体的互动

教师的生活世界涵盖了个体在社会中存在的广泛空间，教师的专业意义不仅仅存在于教师的教育世界中，也存在于教师的生活世界中。若将教师的整个生活世界全部嵌入到实践共同体的框架之中，便构成了教师发展的宏观层次结构。实践共同体可以在更大环境的嵌入后形成联动共同体，这已经表明共同体本身并非是存在于社会和课堂之间的独立空间，共同体在任何场域下都有自己的表现形式和生存状态。而实践共同体与联动共同体又是彼此交叉、相互联系的，共同体对整个社会环境的嵌套，就形成了整个社会的学习共同体。

社会共同体是时代进步与发展的产物，它要求个体对学习有着充分强烈的意愿和需求，当下社会中的个体只有不断地学习，才能不断地应对新的挑战。联合国教科文组织在《学会生存：教育世界的今天和明天》中指出，教育的根本目的是培养人、造就人，现代社会比历史上任何时期都需要教育的育人功能。教育应当在培养人的终身学习、学会生存方面作出努力。虽然越来越多的学者和教育工作者已经意识到社会共同体建设的重要意义，但是实际效果却不尽如人意，究其根本原因，就是没有明确学习型社会的根本内涵。社会共同体就是学习共同体在整个社会环境下的映照，只有建立健全了微观和中观的学习共同体，才有可能在此基础上建设宏观的学习共同体，也就是学习型社会。宏观的学习共同体可以使学习者在任何场所、任何时间都能获得广泛的信息、资源和工具的帮助，为全社会成员提供了一个方便、快捷、高效的学习场域。知识的构建是对不同设计的反映，当代知识观的发展使我们日益认识到知识的复杂性，因而面向知识构建的教学设计和组织设计也是多元化的。在社会场域的学习空间中，以及在这些场域之间的相互嵌套和彼此互动中，共同体应当支持知识的构建和教师身份的认同。基于不同的知识目标，教师在进行宏观层面的学习时可以置身于宏观层面的学习共同体。但是教师专业成长的任务要求为他们提供由内而外的实践机会，使学习环境设计与宏观的学习文化和谐地体现在教师进入实践教学的过程中。知识观要求教师很包容地对待各种类型的知识，正视每种不同的知识在人类认知与发展中的独特作用，承认每种组织形态都会对知识产生独特的支持作用。在此基础下创建的学习共同体，对于知识的获得和创生而言，不是一个排他性的地方，而是一种兼容的支持知识创新的社会性编排。

从上述三个层次的互动出发可以帮助我们看到，学习共同体在实践问题、理论基础以及研究成果上都存在巨大的差异。也正是学习共同体可以在不同层面上展开，可以分别选取各自不同的视野、问题和策略，这恰恰印证了学习共同体生命力的强大以及适切性的广泛。学习共同体的微观层面、中观层面和宏观层面是不可分离、相互支撑的，它们各自在不同时段、不同视角下可能成为分析的重点，但也不能排除另外两个层次的影响或干扰。将学习共同体按照三个层面进行分析，正是借鉴了相互联系的观念。三个层次分别针对不同的问题，相互支持和补充，共同构成了共同体视域下知识生产和创新的比较完整的图景。

四、自我规划：教师专业发展的有效落实

规划亦即引领，引领的指导性和促进性对教师职业发展具有深远意义。教育改革的不断深入，呼唤着教师的专业发展。而要实现教师的专业发展，必须对教师的职业生涯进行科学的设计。这不仅是教师教育改革和教师专业化建设的客观要求，更是教师专业成长和专业发展的现实选择。教师专业规划的过程就是一个自主设计、主动构建、和谐合作和持续发展的过程。自我发展是教师内在动力投入最充分的过程，也意味着教师积极参与的状态，因此也就对教师的发展有着内在的推动作用。事先的考虑与设计，会把自己的职业生涯置于理性的思考之上，有了发展的目标与动力，才会对发展具有指导作用。发展规划能够指导教师不断认清自身的实际情况，结合自己的目标和理想，用积极向上的心态去完成人生的拼图。

（一）自我分析

自我分析是教师制定专业发展规划的第一步。通过不断的自我分析来把握自我，是制定专业发展规划的必要手段。美国教育社会心理学家林格（H. G. Lindgren）曾言：一名教师在教室里所要了解的第一件事便是了解自己。自己要了解自己的兴趣、性格气质、能力水平及价值观等，要对自己有清晰的认识，就需要从知识状况、

能力状况、个性特点、教学反思等方面入手。教师只有准确、客观地分析自己的性格、兴趣、特长、需求、学识、技能、智商、情商、行动、经历、社会关系等个人的基本素质、智能和资源特点，对自己有一个客观、全面、深入的了解和认识，才能制定出合乎本人个性的专业发展规划。

（二）环境分析

首先，教师在进行发展规划时，要把自己放在特定区域的政治、经济、文化等宏观社会背景中考虑，从而决定自己的未来发展方向，同时还要注重对周围环境的分析。社会环境因素对教师的影响最终是通过教师周围的社会小环境体现出来的。教师想作好社会环境分析并不难，但一定要处理好周围小环境和国家大环境的关系。

其次，教师在环境分析的过程中，要把对学校成长环境的分析看作重中之重。学校环境分为硬环境和软环境两个方面：硬环境包括学校大小、地理位置、师生人数、硬件设施等；学校的软环境包括校园文化、教师和学生素质、人际关系、学习风气、教学质量等。对硬环境的分析应该以知识获取为导向，着重分析校园网络、图书馆藏书量等方面的内容。教师应着重注意对学校软环境的分析，因为软环境是潜在的、弥散的、缓慢的，不易被人觉察，甚至经常被人忽视。

最后，关注学校、学生的发展需求，要保证自己的发展需求和学校、学生的发展需求达成一种有效的平衡。教师要面对的是一群具体的学生，这些具体的学生有特定的需求，这就成了自身专业发展环境的一个重要的构成部分。

（三）目标设定

教师应明确自己的专业发展目标。有效的专业发展规划需要切实可行的目标，以便排除不必要的犹豫和干扰，使自己全心致力于目标的实现。明确了目标应包含的内容和目标的分类之后，教师就应该着手按照不同维度制定自己的目标。教师在制定专业发展目标时应保证目标的可行性、合理性和稳定性。教师制定的目标必须是通过努力能够达到的目标，如果教师好高骛远，一味追求“大而高”的目标，那么在目标实施的过程中就会因为一再失败而半途而废。因此教师应制定一些具体且容易达到的目标，并逐步提高目标的档次。只有在一定时间内能够完成的目标才有意义。教师在实现目标的过程中应合理安排时间，按部就班地进行，避免出现上一目标没有实现就进入下一目标的情况。教师制定目标不能朝三暮四，这样做不仅浪费时间和精力，也会挫伤个人发展的积极性。

（四）策略制定

策略的拟定在一定的程度上反映了教师在思想是否和教育的大环境保持一致。

目标确立之后，设计行之有效的行动方案是一个重要的环节。这一环节包括关注当地教育部门和学校制定的教师专业发展活动规划；设计并安排自己的专业发展内容和活动，形成合理的、可行的、有效的行动方案；对可能存在的多种行动方案作全面的评估，以确定最佳的行动方案。策略的拟定应该具有个性化。教师应采取自己最擅长的策略来达到专业成长的目的。除此之外，策略的拟定也应实事求是。在拟定策略前，教师要全面分析自己的实际情况，尽量选择容易达到的策略来实行。教师应该做到实实在在，不亦步亦趋。教师切忌拟定不切实际的策略，避免在执行的过程中半途而废。

参考文献

操太圣，卢乃桂. 2007. 伙伴协作与教师赋权：教师专业发展新视角[M]. 北京：教育科学出版社.

陈时见. 2011. 教师教育课程论：历史透视与国际比较[M]. 北京：人民教育出版社.

戴维·W. 约翰逊，罗杰·T. 约翰逊. 2003. 领导合作型学校[M]. 唐宗清，等译. 上海：上海教育出版社.

董静. 2014. 关于学校场域下构建“专业学习共同体”的思考[J]. 现代中小学教育，(8)：112-115.

郝明君，靳玉乐. 2006. 教师文化的变革[J].中国教育学刊，(3)：70-71

莱斯利·P. 斯特弗. 2002. 教育中的建构主义[M]. 高文，等译. 上海：华东师范大学出版社.

李艳. 2014. 学习共同体中教师身份的建构[J]. 教育实践与研究，(35)：5-7.

联合国教科文组织国际教育发展委员会. 1996. 学会生存：教育世界的今天和明天[M]. 北京：教育科学出版社.

马克思·韦伯. 2002. 社会学的基本概念[M]. 顾忠华译. 上海：上海人民出版社.

玛丽莲·科克伦-史密斯，沙伦·费曼-尼姆塞尔，D. 约翰·麦金太尔. 2017. 教师教育研究手册：变革世界中的永恒问题（第三版）[M]. 范国睿，等译. 上海：华东师范大学出版社.

任宝贵. 2014. 专业学习共同体——中小学教师专业发展的新途径[J]. 当代教师教育，(4)：21-24.

茹荣芳，曹雪梅. 2014. 专业学习共同体：走向文化生态的教师教育实践[J]. 河北师范大学学报（教育科学版），16（4）：26-29.

沈佳乐. 2015. 教师共同体的要素及其情境分析[J]. 课程·教材·教法，(4)：105-109.

宋萑. 2011. 课程改革、教师赋权增能与教师专业学习共同体——上海市四所小学的个案研究[J]. 教育学报，7（3）：63-74.

吴艳茹. 2015. 教师“自我管理”——构建专业学习共同体的一个必要因素[J]. 天津师范大学学报（基础教育版），16（4）：17-21.

徐丽华，吴文胜. 2005. 教师的专业成长组织：教师协作学习共同体[J]. 教师教育研究，17（5）：41-44.

徐秀晖. 2008. 校本培训中专业学习共同体的构建[J]. 成人教育，10（261）：61-62.

约翰·杜威. 2005. 我们怎样思维·经验与教育[M]. 姜文闵译. 北京：人民教育出版社.

张立平. 2014. 拓展性学习：教师专业发展的共同体视角与实践意涵[J]. 教育学术月刊，(4)：73-79.

张立平. 2015. 十年教师专业学习共同体研究文献述评[J]. 教师教育论坛，(1)：73-80.

郑鑫，张佳. 2015. 中西方教师专业学习共同体的差异：跨文化比较的视角[J]. 外国教育研究，(8)：83-94.

周钧，罗剑平. 2014. 西方“教师学习”研究述评[J]. 比较教育研究，(4)：70-76.

佐藤学. 2003. 学校问题透视——形成学习共同体[J]. 钟启泉译. 全球教育展望，(7)：6-11.

佐藤学. 2011. 学校再生的哲学——学习共同体与活动系统[J]. 钟启泉译. 全球教育展望，40（3）：3-10.

佐藤学. 2014. 21 世纪学校改革的方向[J]. 人民教育，（1）：31-35.

Beijaard D，Verloop N. 1996. Assessing teachers practical knowledge[J]. Studies in Educational Evaluation，22（3）：275-286.

Day C，Harris A，Hadfield M. 2001. Challenging the orthodoxy of effective school leadership [J]. International Journal of Leadership in Education，4（1）：39-56.

Ernest L B. 1995. The Basic School：A Community for Learning[R]. Princeton：Carnegie Foundation for the Advancement of Teaching.

Fullan M，Hargreaves A. 1992. Teacher Development and Educational Change [M]. London & Washington：The Falmer Press.

Hargreaves A. 1992. Contrived collegiality：The micropolitics of teacher collaboration[C]. //Bennet N，Crawford M，Riches C. Managing Change in Education：Individual and Organizational Perspectives. London：Open University：80-94.

Hargreaves A. 1994. Changing Teachers，Changing Times：Teachers' Work and Culture in the Postmodern Age[M]. London：Cassell.

Hargreaves A. 1995. Teaching in the Knowledge Society：Education in the Age of Insecurity [M]. New York：Teachers College Press.

Hargreaves A，Fullan M. 1992. Cultures of Teaching：A Focus for Change. Understanding Teacher Development[M]. London：Cassell & Teachers College Press.

Little J W. 1990. Teachers as colleagues[C]//Lieberman A. Schools as Collaborative Cultures : Creating the Future Now. Britsol：The Falmer Press:165-193.

Paine LW，Fang Y P. 2006. Reform as hybrid model of teaching and teacher development in China[J]. International Journal of Educational Research，45（4-5）：279-289.

Penelope P，Rob T，Eva B，et al. 2010. International Encyclopedia of Education（3rd ed）[M]. Oxford：Academic Press.

Stoll L，Louis K S. 2007. Professional Learning Communities：Divergence，Depth and Dilemmas [M]. Berkshire：Open University Press.

Thomas M，Jones S. 2005. The impact of group teaching on the acquisition of key skills to teach personal，social and health education[J]. Health Education，105（3）：164-185.

Van D V. 1997. Using Conflict in Organizations[M]. Thousand Oaks：Sage.

Wenger E. 1998. Communities of Practice：Learning，Meaning and Identity[M]. London：Cambridge University Press.

后　记

全球化的教育改革浪潮将学校置于复杂多变的场域之中，学校教育的未来将何去何从众说纷纭。在众多的方案中，PLC 因其具有革新学校组织结构的优势而拥有了大批拥护者，为学校整体变革带来了希望。大量的研究证明，在学校中构建 PLC 并最终引领学校的整体转向，能够有效地促进教师专业发展，提升学生学习能力。经济合作与开发组织多次进行的 PISA 测试也表明，学生成绩优异的国家在构建 PLC 上具有较高的水平，优秀的教育系统通过构建 PLC 实现教师共同的探究和合作，从而促进学生的学习。

对教师发展来说，PLC 能够实现教师在个体层面和群体层面的整体提升。用 PLC 关切教师专业发展，赋予了教师教育新的发展理念和路径。越来越多的研究证明，建立教师协作文化和合作性的学校文化是改革成功的关键。

然而，传统的教师专业发展理论多是基于“理智”取向和“实践-反思”取向，把注意力集中在教师知识的积累和个别教师的实践与反思之上。本书秉持的是一种生态取向的教师专业发展思想，其目的在于构建一种自然的合作文化，常用的术语是“文化”“社群”“合作”“背景”“场域”，强调的是通过共同愿景、自我期待、身份认同和深度互动，实现知识共享、智慧互惠的目的。基于此，从 PLC 视域关照教师合作和协作文化就成了本书研究的起点。

本书是笔者主持的国家社会科学基金教育学一般课题——PLC 视域下教师专业发展研究（项目编号：BDA150021）的研究成果。该书的基本学术观点包括：

（1）与知识是“个体与客体的相遇”的观点不同，本书强调“知识是内嵌于社会的”，是“对话中的协商”“交流中的视界融合”“讨论中的意义创生”。

（2）与强调“专家引领”的观点不同，本书强调 PLC 中各因素的共在关系，以防出现硬造的“马赛克文化”的假象。

全书分为五大部分共十三章。第一部分“呈现与批判：PLC 视域下对我国教师合作的反思”，该部分基于专业学习共同体理论分析了我国教师合作的现状及存在的问题，并对问题进行了反思和归因，进而解读了专业学习共同体视域下教师合作的新内涵。第二部分“追问与解读：PLC 视域下教师专业发展的理论引导”，该部分对以专业学习共同体为手段实现教师专业发展的相关理论进行了梳理，进而对两者之间的现实关系进行了探究，分析了共同体中教师合作要处理的几对关系。第三部分“探寻和再现：PLC 视域下教师专业发展的现实考辨”，该部分是从实践视角分析我国专业学习共同体构建中教师合作的实然境况、影响因素，详细描述 PLC 中教师专业发展的现状、影响因素和发展路径。第四部分“学习与借鉴：美英两国基于 PLC 的教师专业发展”，探究了美国专业学习共同体促进教师发展的历史脉络，借助成功案例分析其现实运作机制以及英国基于专业学习共同体促进教师发展的现状、成效和局限性，为我国构建专业学习共同体提供反思和借鉴。第五部分“改革与重塑：中国特色 PLC 的建构”，明晰了本土化的专业学习共同体重构的原则，探究了我国 PLC 可以拓展的形态，在此基础上提出了我国基于 PLC 构建促进教师专业发展的基模。

本书在国家社科教育学项目研究的基础上，不断梳繁理纷，努力审慎评说，认真清理脉络，悉心把握源流。全书的整体构架、纲目拟定是在笔者主持下，全体参与者共同研讨、通力协作的结晶。具体分工如下：第一章由杜静、王晓芳共同撰写，第二章、第三章由王晓芳撰写，第四章由杜静、王晓芳共同撰写，第五章、第六章由王晓芳撰写，第七章由翟晓锦撰写，第八章由赵艳芳撰写，第九章由杨翠撰写，第十章由刘王敏撰写，第十一章至第十三章由常海洋撰写。全书由杜静、王晓芳负责统稿和校对。由于我们的时间、精力和能力有限，书中不足之处在所难免，恳请各位专家不吝批判指正！在编写过程中，我们参考和引用了国内外专家、学者的研究成果，在此，对这些专家、学者表示诚挚的感谢，同时，也感谢科学出版社为本书提供了出版的机会，感谢责任编辑的积极推动和辛勤工作！

杜　静

2019 年 6 月铁塔湖畔